# 2020 재미납세자가 알아야 할
# 한·미 세금상식

국세청

* 본 책자의 내용 중 제1장과 제2장에서 다루고 있는 미국의 조세제도에 관한 설명이나 답변은 공개된 미국의 법령자료를 기초로 민간 전문가들이 작성한 것입니다. 따라서 국세청은 그 내용에 관하여 책임질 수 없음을 양해하여 주시기 바랍니다.

* 아울러 본 책자는 2020년도 6월 현재 법령을 기준으로 일반적인 내용을 안내하고 있음을 알려드리며 실제 개별적인 세무보고 시에는 반드시 세무전문가의 조언을 받아서 처리하시기 바랍니다.

* 본 책자의 내용 중 오류나 개선의견에 대하여 아래 연락처로 알려 주시면 다음 기회에 적극 반영하겠습니다.

| | |
|---|---|
| 국세청 국제협력담당관실 | T. 82-44-204-2813 ~ 2814 |
| 국세관련 세금상담 콜센터 | T. 82-64-126 |

# 머리말

미국은 전 세계에서 우리 교민이 가장 많이 생활하고 있으며, 우리 기업들이 가장 많이 진출해 있는 국가 중 하나입니다.

대한민국 국세청에서는 재미 납세자들이 한·미 양국의 세법을 이해하고, 세무업무를 원활하게 처리할 수 있도록 주미한국대사관, 주뉴욕한국총영사관과 함께 2009년부터 「재미 납세자가 알아야 할 한미 세금상식」이라는 책자를 발간해 오고 있습니다.

특히, 올해는 코로나19로 경제적 상황이 어렵고 불확실한 만큼, 세금문제에 대한 재미 납세자의 관심이 크게 증가할 것으로 생각됩니다.

이 책자에는 한국에 재산을 가지고 있는 재미 동포가 한·미 양국에서 해야 할 세금신고 방법, 양국의 양도소득세, 상속·증여세 제도, 해외금융계좌 보고의무, 올해부터 전면 과세되는 한국의 주택임대 소득 관련 내용, 코로나 19로 인한 미국 세정지원 내용 등 재미 납세자가 가장 궁금해 하는 사안들을 알기 쉽게 안내해 드리고 있습니다.

아무쪼록 이 책자가 재미 납세자의 세무 궁금증을 해소하고 양국에서 성실하게 납세의무를 이행하는데 필요한 든든한 길잡이가 되기를 기대하며, 발간에 도움을 주신 주미한국대사관, 주뉴욕한국총영사관 관계자분들과 외부 전문가분들께 감사의 말씀을 드립니다.

앞으로도 대한민국 국세청은 재미 납세자들이 필요로 하는 세무 정보를 제공할 수 있도록 최선을 다하겠습니다. 재미 납세자 여러분들의 무궁한 발전과 행운이 깃들기를 기원합니다.

2020년 6월

국세청 국제조세관리관

# 인사말

먼저, 최근 코로나19의 확산으로 경제적, 정신적 어려움을 겪고 계신 우리 동포 여러분들께 심심한 위로와 격려의 말씀 드립니다.

또한, 지금까지 방역과 대응 과정에서 동포 여러분들이 지역사회에 보여주신 헌신과 상생의 노력은 앞으로 한·미 동맹을 더욱 공고히 하고, 양국 간 경제 협력을 강화하는데 큰 밑거름이 될 것으로 생각하며 지면을 빌어 깊은 감사의 마음을 전합니다.

전 세계가 팬데믹으로 큰 고통을 겪고 있는 이때에 한국과 관련된 세금 문제로 고민하시는 우리 동포 여러분들도 계실 것으로 생각이 됩니다. 특히, 한국에 투자한 주식이나 보유중인 부동산 등에 대한 양도소득세, 상속 및 증여세 등은 경제적 부담이 가중되는 지금과 같은 시기에는 더욱 고민거리가 될 것입니다.

뉴욕총영사관과 국세청은 재미동포 여러분들의 세금문제 고민을 덜어 드리고 일상 속에서의 꼭 필요한 세금상식을 전달해 드리기 위해 「재미 납세자가 알아야 할 한·미 세금상식」책자를 2009년부터 매년 개정·발간 해왔습니다.

본 책자의 1장에서는 한·미 양국의 양도소득세, 상속세, 증여세 등 실생활과 밀접한 세금체계를 상세히 설명하였고, 2장에는 그동안 세금상담 과정에서 동포 여러분들의 관심이 많았던 질문과 그 답변을 사례별로 제시하였습니다. 특히, 지난해 이슈가 되었던 한국의 12.16 부동산 대책에 따른 양도소득세 개정사항과 최근 코로나 19로 인한 미국의 구제 및 경기안정법(CARES act)에 따른 세제 지원 내용도 자세히 반영하였습니다.

아무쪼록 아직도 끝나지 않은 미증유의 사태로 인해 어려움 가운데 계시는 우리 동포 여러분들께 본 책자가 미약하게나마 실질적인 도움이 되기를 기대하며, 혼란스러운 상황에서도 묵묵히 책자의 발간을 위해 애써주신 민간 세무전문가와 모든 관계자 여러분들께도 깊은 감사의 말씀 드립니다.

2020년 6월

뉴욕총영사 장원삼

본 책자의 내용 중 제1장과 제2장에서 다루고 있는 미국의 조세제도에 관한 설명이나 답변은 공개된 미국의 법령자료를 기초로 민간 전문가들이 작성한 것입니다.

따라서 국세청은 그 내용에 관하여 책임질 수 없음을 양해하여 주시기 바랍니다.

아울러 본 책자는 2020년도 6월 현재 법령을 기준으로 일반적인 내용을 안내하고 있음을 알려드리며 실제 개별적인 세무보고 시에는 반드시 세무전문가의 조언을 받아서 처리하시기 바랍니다.

2020 재미납세자가 알아야 할 한·미 세금상식

# Contents

## 제1장 한국과 미국의 과세제도

### Ⅰ. 한국의 거주자 및 비거주자에 대한 판정 및 과세방법 ·········· 3
1. 거주자 및 비거주자의 정의 ·········· 5
2. 거주자와 비거주자 판정 ·········· 5
3. 거주자 또는 비거주자가 되는 시기 ·········· 6
4. 거주기간의 계산 ·········· 7
5. 거주자와 비거주자의 과세소득 범위 ·········· 8
6. 거주자와 비거주자에 대한 과세방법 ·········· 9

### Ⅱ. 한국의 양도소득세 과세제도 ·········· 11
1. 과세대상 ·········· 13
2. 납세의무자 ·········· 15
3. 취득 또는 양도의 시기 ·········· 16
4. 과세표준 및 세액의 계산 ·········· 17
5. 신고·납부 ·········· 23
6. 비거주자의 부동산 등의 국내원천소득에 대한 원천징수제도 ·········· 24
7. 재외국민 인감경유제도 ·········· 26
8. 재외국민·외국인 부동산등 양도신고확인서 제도 ·········· 26
9. 한국 거주자의 1세대 1주택 비과세 ·········· 26
10. 비거주자의 1세대 1주택 비과세 ·········· 37

### Ⅲ. 한국의 주택임대 소득세 ·········· 39
1. 주택임대사업자의 등록 및 관련 법령 ·········· 41
2. 한국의 주택임대 소득세 ·········· 47

## Ⅳ. 한국의 상속세 과세제도 · 53
1. 과세대상 · 55
2. 납세의무자 · 56
3. 과세표준 및 세액의 계산 · 57
4. 세율 · 58
5. 신고납부 · 58

## Ⅴ. 한국의 증여세 과세제도 · 63
1. 과세대상 · 65
2. 납세의무자 · 66
3. 과세표준 및 세액의 계산 · 67
4. 비거주자의 과세표준 · 68
5. 비거주자의 외국납부세액공제 · 68
6. 신고납부 · 69

## Ⅵ. 한국의 해외금융계좌 신고제도 · 73
1. 해외금융계좌 신고제도 · 75
2. 신고의무자 · 75
3. 신고의무면제자 · 76
4. 신고대상범위 · 76
5. 신고하여야 할 해외금융계좌정보 · 76
6. 신고시기 및 신고방법 · 77
7. 신고의무 불이행에 대한 제재 · 77
8. 해외금융계좌 신고포상금 제도 · 77

## Contents

**Ⅶ. 한국의 국제거래에 대한 과세제도** ················· 79
   1. 국제거래 ················· 81
   2. 국제조세의 의미와 과세근거 ················· 81
   3. 조세조약 ················· 82
   4. 이전가격 ················· 83
   5. 국가 간 조세행정 협력 ················· 86

**Ⅷ. 미국의 양도소득세 과세제도** ················· 89
   1. 과세대상 ················· 91
   2. 납세의무자 ················· 91
   3. 과세표준 및 세액의 계산 ················· 92
   4. 양도손실 공제 ················· 93
   5. 주거용 자택에 대한 혜택 ················· 94

**Ⅸ. 미국의 상속세 과세제도** ················· 95
   1. 과세대상 ················· 97
   2. 상속재산의 범위 ················· 98
   3. 납세의무자 ················· 99
   4. 과세표준 및 세액의 계산 ················· 99
   5. 세대생략세(Generation Skipping Transfer Tax, GST Tax) ················· 100
   6. 신고납부 ················· 101
   7. 주정부 상속세 ················· 101

**Ⅹ. 미국의 증여세 과세제도** ················· 103
   1. 납세의무 ················· 105
   2. 증여공제 ················· 106

3. 비과세 ········································································································· 107
   4. 과세표준 및 세액의 계산 ··········································································· 107
   5. 신고 ············································································································· 108
   6. 증여재산 또는 상속재산을 양도했을 때 양도차익 계산 ························ 108
   7. 해외거주자로부터의 증여 및 상속 보고 ··················································· 109
   8. 주정부 증여세 ····························································································· 109

## XI. 미국의 금융 관련 보고의무 ················································ 111

   1. 해외 금융계좌 보고의무(Reports of Foreign Bank and Financial Accounts) ·· 113
   2. 현금거래 보고(Currency Transaction Report, CTR) ······························ 114
   3. 의심스러운 거래 보고(Suspicious Activity Report, SAR) ······················ 114
   4. 해외 금융자산 보고의무(Foreign Financial Asset Reporting) ··············· 115
   5. 외국금융기관의 미국납세의무자 해외계좌 보고의무 ······························ 117
   6. 해외 자진신고 프로그램(Offshore Voluntary Disclosure Program, OVDP)의
      폐지와 새로운 자진신고 절차 ···································································· 119

## XII. 미국의 국적포기세 과세제도 ················································ 123

   1. 적용대상 ······································································································· 125
   2. 과세방법 ······································································································· 126
   3. 보고의무 ······································································································· 126
   4. 유의사항 ······································································································· 127

## XIII. 2020년 미국세법 변화 내용 ················································ 129

   1. 소득 세율 변경 ··························································································· 131
   2. 소득세 신고와 납부 기한 연장 ································································· 131
   3. CARES Act 세법 변화 내용 ····································································· 132

# Contents

2020 재미납세자가 알아야 할 한·미 세금상식

## 제2장  자주 물어보는 질문과 답변(FAQ)

### Ⅰ. 한국의 거주자 및 비거주자에 대한 판정 및 과세방법 ················ 139
1. 해외현지법인 파견임직원의 한국 거주자여부 ································ 141
2. 국내에서 생계를 같이하는 가족'과 '직업 및 자산상태에 비추어 계속하여 183일 이상 국내에 거주할 것으로 인정되는 때'의 의미 ············ 142
3. 거주자 판정의 개정사유(183일) ···················································· 143
4. 이중 거주지국 결정 관련 최근 대법원 판결사례 ···························· 144

### Ⅱ. 금융자산 투자 관련 ································································ 147
5. 영주권자(시민권자)의 국내 개설가능 계좌 및 그 특징 ···················· 149
6. 해외에서 국내 계좌 개설 방법 ···················································· 150
7. 국내 송금액에 대한 한국(미국) 국세청 자료통보 ···························· 151
8. 타인 명의로 국내 송금시 문제점 ·················································· 152
9. 친인척 명의로 국내 송금시 증여세 과세 여부 ······························ 153
10. 국내 친인척에 대한 자금대여 절차 ············································ 154
11. 미국의 해외계좌 보고의무(FBAR)의 내용 ···································· 155
12. 미국 이민 전 보유계좌에 대한 FBAR 보고의무 ···························· 157
13. 미국 지사(현지법인) 파견직원의 FBAR 보고의무 ·························· 158
14. 국내 $10,000 이상 계좌 보유자의 FBAR 보고의무 위반 Penalty ·········· 160
15. 미국의 해외 금융자산 보고의무 위반 Penalty ······························ 161
16. 영주권자(시민권자)의 국내 펀드·증권 투자 절차 ·························· 162
17. 국내 이자소득에 대한 납세의무 ················································ 163
18. 국내 채권 투자수익에 대한 납세의무 ········································ 164
19. 국내 주식 투자수익에 대한 납세의무 ········································ 165
20. 국내 펀드 투자수익에 대한 납세의무 ········································ 166

21. 국내이자, 배당, 양도소득에 대한 미국 신고시기 ················· 168
22. 국내투자에 따른 환차익에 대한 납세의무 ·········· 169
23. 국내 금융자산에 투자한 원금의 회수절차 ················· 170
24. 국내 금융자산에 투자한 원금을 해외에서 회수가능 여부 ········· 171
25. 국내에서 해외 송금시 한국 국세청 통보기준 ················· 172
26. 국내 거주자가 되었을 경우 금융소득 종합과세 적용요건 ········· 173
27. 국내 이자, 배당소득 등에 조약의 제한세율을 적용받기 위한 새 절차 ········ 175
28. 국내 거주자의 미국 부동산 및 기업 투자절차 ················· 176

## Ⅲ. 부동산 투자 관련 ················· 177

29. 영주권자(시민권자)의 국내 부동산 취득 절차 ················· 179
30. 국내 부동산을 시민권 취득 후 계속 보유를 위한 절차 ········· 180
31. 영주권자(시민권자)의 국내 부동산 취득(소유권이전)을 위한 서류 ········· 181
32. 영주권자(시민권자)의 해외에서 국내 부동산 소유권 이전 방법 ········· 183
33. 주민등록이 없는 영주권자(시민권자)의 국내 부동산 소유권 이전 ········· 184
34. 인감증명이 없는 영주권자(시민권자)의 국내 부동산 소유권 이전 ········· 185
35. 국내 부동산 소유권 이전시 인감 대신 서명을 사용할 수 있는지 여부 ········ 186
36. 부동산 실거래가격 신고의무제도 및 미신고시 불이익 ········· 187
37. 국내 상가, 오피스텔을 취득하여 부동산 임대업 영위 방법 ········· 188
38. 본인 자금으로 국내부동산 취득하여 타인명의 소유권이전등기 시 문제점 ····· 189
39. 부동산 이전등기 시 납부해야 할 국내 세금 ················· 191
40. 한국내 부동산 보유 시 납부해야 할 국내 세금 ················· 192
41. 영주권자(시민권자)의 국내 부동산 양도 절차 ················· 193
42. 영주권자(시민권자)의 해외에서 국내 부동산 양도 방법 ········· 194
43. 영주권자(시민권자)의 부동산 양도 시 납세의무 및 양도대금회수 ········· 195
44. 국내 부동산 임대소득의 미국 신고 여부 ················· 196

# Contents

**IV. 양도소득세 관련** ························································································ 197
    45. 한국 세법상 거주자와 비거주자의 납세의무 차이점 ······················· 199
    46. 한국과 미국 양쪽에서 거주자에 해당될 경우 납세의무 ················· 201
    47. 한국 양도소득세 납세의무 ································································· 204
    48. 한국 양도소득세 세율 ········································································· 206
    49. 비거주자의 한국 양도소득세 계산방법 ············································· 211
    50. 비거주자의 국내 부동산 양도 시 한국 양도소득세 신고 및 납부 ······· 212
    51. 비거주자에 대한 한국 양도소득세 장기보유특별공제 적용 ··············· 214
    52. 영주권자(시민권자)에 대한 한국 양도소득세 1세대 1주택 비과세 적용 ········ 216
    53. 이민 온 이후에 취득한 국내 주택에 대한 한국 양도소득세 1세대 1주택
        비과세적용 ····························································································· 217
    54. 한국에 돌아가서 거주하는 경우 한국 양도소득세 1세대 1주택 비과세 요건 218
    55. 고가주택에 대한 한국 양도소득세 계산 ········································· 219
    56. 상속·결혼으로 인한 2주택 보유 시 한국 양도소득세 과세 ············· 220
    57. 재개발(재건축) 주택에 대한 한국 양도소득세 납세의무 ··················· 221
    58. 재개발 조합에서 청산금을 받은 경우 한국 양도소득세 납세의무 ······ 222
    59. 비거주자의 상가, 대지 양도 시 한국 양도소득세 장기보유특별공제 및 세율 ·· 223
    60. 비거주자의 농지, 목장용지, 임야 등 양도 시 한국 양도소득세
        장기보유특별공제 및 세율 ·································································· 224
    61. 공익사업용으로 수용 및 협의매수된 부동산에 대한 한국 양도소득세 과세 ··· 225
    62. 미국의 양도소득에 대한 납세의무 ··················································· 226
    63. 영주권자(시민권자)의 국내 부동산 양도 시 미국에서의 납세의무 ········· 228
    64. 국내 부동산 양도시 미국의 양도소득 신고시기 및 방법 ················· 229
    65. 양도소득세에 대한 외국납부세액공제 ············································· 230
    66. 현금 증여와 부동산 증여의 한국 세금부담 차이 ··························· 232
    67. 부부 등 공동명의로 부동산 취득시 양도소득세 경감 ····················· 233

## V. 주택임대 관련 ··· 235

68. 한국의 상가, 아파트 등 부동산 임대업 등록 방법 ··· 237
69. 한국에서 상가임대와 주택임대의 차이 ··· 238
70. 주택임대 소득세 절세 방법 ··· 239

## VI. 상속세 관련 ··· 241

71. 한국의 경우 상속재산의 분배방법 ··· 243
72. 상속재산의 재분할 시 국내 과세 ··· 245
73. 영주권자(시민권자)의 상속재산 국내 등기 ··· 246
74. 영주권자(시민권자)의 해외에서 상속재산 국내 등기방법 ··· 247
75. 사망 후 상당기간 경과 후 국내 상속등기 ··· 248
76. 상속재산이 부채보다 적은 경우, 국내 한정승인 또는 상속포기 방법 ··· 249
77. 한국의 상속세 납세의무 ··· 250
78. 한국의 상속세 계산 ··· 251
79. 한국의 상속세 세율 ··· 252
80. 한국의 상속세 신고납부 ··· 253
81. 한국의 세대를 건너뛴 상속에 대한 과세 ··· 254
82. 미국의 상속세 납세의무 ··· 255
83. 비거주자인 피상속인의 국내 재산에 대한 상속세 과세 ··· 256
84. 영주권자(시민권자)가 국내 부모로부터 상속받을 경우 상속세 과세 ··· 257
85. 한국의 상속공제의 종류와 내용 ··· 258
86. 한국의 경우 증여와 상속의 세부담 비교 ··· 259
87. 상속세에 대한 외국납부세액공제 ··· 260
88. 상속받은 부동산 양도에 따른 과세 문제 및 양도대금 회수 ··· 261
89. 한국에서 상속인이 스스로 상속재산을 확인하는 방법 ··· 262
90. 실질적으로 국내 상속세를 부담하여야 하는 상속가액 기준 ··· 264

# Contents

2020 재미납세자가 알아야 할 한·미 세금상식

## VII. 증여세 관련 · 267

- 91. 한국의 증여세 납세의무 · 267
- 92. 한국의 증여재산의 범위 · 269
- 93. 친인척에게 양도 형식으로 소유권 이전할 경우 한국의 증여세 과세 여부 · 271
- 94. 한국의 증여추정을 배제하는 금액 · 272
- 95. 한국의 증여세 비과세 · 273
- 96. 증여재산을 반환할 경우 한국의 증여세 과세 여부 · 274
- 97. 한국의 증여세 계산 · 275
- 98. 한국의 증여세 세율 · 276
- 99. 한국의 비거주자의 증여재산공제 · 277
- 100. 한국의 증여세 신고납부 · 278
- 101. 미국의 증여세 납세의무 · 279
- 102. 미국의 Form 3520 보고의무 및 위반시 Penalty · 280
- 103. 국내 증여자가 미국의 수증자에게 국내 재산을 증여하는 경우 · 281
- 104. 국내 증여자가 미국의 수증자에게 미국 재산을 증여하는 경우 · 282
- 105. 미국 증여자가 국내 수증자에게 국내 재산을 증여하는 경우 · 283
- 106. 미국 증여자가 국내 수증자에게 미국 재산을 증여하는 경우 · 284
- 107. 미국 증여자가 미국 수증자에게 국내 재산을 증여하는 경우 · 285
- 108. 국내 증여자가 국내 수증자에게 미국 재산을 증여하는 경우 · 286
- 109. 자녀(배우자) 명의로 국내 부동산을 구입하는 경우 세무 문제 · 287
- 110. 증여세에 대한 외국납부세액공제 · 288
- 111. 증여받은 부동산 양도에 따른 과세문제 및 양도대금 회수 · 289

## VIII. 한국의 해외금융계좌 신고제도 관련 · 291

- 112. 재외국민의 신고의무 · 293
- 113. 신고대상 해외금융계좌의 범위 · 295
- 114. 해외금융계좌 실질적 소유자 관련 최근 대법원 판례 · 296

## IX. 미국의 국적포기세 과세제도 관련 ········· 297
115. 해외 소재 재산이 국적포기세 과세대상인 경우 세무문제 ········· 299

## X. 연금소득 관련 ········· 301
116. 연금소득의 세무문제 ········· 303

## XI. 기타 미국세법 관련 ········· 305
117. 급여보호프로그램(Paycheck Protection Program) 지원방법 ········· 307
118. 고용주들을 위한 직원유지세액 공제 혜택 받는 방법 ········· 308

## XII. 일반세무 안내 ········· 309
119. 한국에서의 사업자등록 신청방법 ········· 311
120. 한국에서 신고한 본인의 세무신고 등 조회 및 경정청구 방법 ········· 314
121. 억울한 세금의 권리구제 절차 ········· 315
122. 국내 법령정보 검색 방법 ········· 318
123. 미국 법령정보 검색 방법 ········· 319
124. 한국의 세무서 및 담당구역 안내 ········· 320

2020 재미납세자가 알아야 할 한·미 세금상식

제1장

# 한국과 미국의 과세제도

# I

## 한국의 거주자 및 비거주자에 대한 판정 및 과세방법

# Ⅰ. 한국의 거주자 및 비거주자에 대한 판정 및 과세방법

## 1. 거주자 및 비거주자의 정의

거주자란 국내에 주소를 두거나 183일 이상의 거소를 둔 개인을 말한다. 비거주자란 거주자가 아닌 개인을 말한다(소득법 §1의2①).

## 2. 거주자와 비거주자 판정

### 가. 주소와 거소의 판정

주소는 국내에서 생계를 같이하는 가족 및 국내에 소재하는 자산의 유무 등 생활관계의 객관적 사실에 따라 판정한다(소득령 §2①).

거소는 주소지 외의 장소 중 상당기간에 걸쳐 거주하는 장소로서 주소와 같이 밀접한 일반적 생활관계가 형성되지 아니한 장소로 한다(소득령 §2②).

### 나. 국내에 주소를 가진 것으로 보는 경우

국내에 거주하는 개인이 다음 어느 하나에 해당하는 경우에는 국내에 주소를 가진 것으로 본다(소득령 §2③).

① 계속하여 183일 이상 국내에 거주할 것을 통상 필요로 하는 직업을 가진 때
② 국내에 생계를 같이 하는 가족이 있고, 그 직업 및 자산상태에 비추어 계속하여 183일 이상 국내에 거주할 것으로 인정되는 때

## 다. 국내에 주소가 없는 것으로 보는 경우

국외에 거주 또는 근무하는 자가 외국국적을 가졌거나 외국법령에 의하여 그 외국의 영주권을 얻은 자로서 국내에 생계를 같이하는 가족이 없고 그 직업 및 자산상태에 비추어 다시 입국하여 주로 국내에 거주하리라고 인정되지 아니하는 때에는 국내에 주소가 없는 것으로 본다(소득령 §2④).

## 라. 외국 항행 선박 또는 항공기 승무원의 주소

외국을 항행하는 선박 또는 항공기의 승무원의 경우 그 승무원과 생계를 같이하는 가족이 거주하는 장소 또는 그 승무원이 근무기간 외의 기간 중 통상 체재하는 장소가 국내에 있는 때에는 당해 승무원의 주소는 국내에 있는 것으로 보고, 그 장소가 국외에 있는 때에는 당해 승무원의 주소가 국외에 있는 것으로 본다(소득령 §2⑤).

## 마. 해외현지법인 등의 임직원 등에 대한 거주자 판정

거주자나 내국법인의 국외사업장 또는 해외현지법인* 등에 파견된 임원 또는 직원이나 국외에서 근무하는 공무원은 거주자로 본다(소득령 §3).

* "해외현지법인"이란 내국법인이 발행주식총수 또는 출자지분의 100%를 직접 또는 간접 출자한 경우에 한정

## 3. 거주자 또는 비거주자가 되는 시기

### 가. 비거주자가 거주자로 되는 시기(소득령 §2의2①)

① 국내에 주소를 둔 날
② 국내에 주소를 가지거나 국내에 주소가 있는 것으로 보는 사유가 발생한 날
③ 국내에 거소를 둔 기간이 183일이 되는 날

## 나. 거주자가 비거주자로 되는 시기(소득령 §2의2②)

① 거주자가 주소 또는 거소의 국외 이전을 위하여 출국하는 날의 다음 날
② 국내에 주소가 없거나 국외에 주소가 있는 것으로 보는 사유가 발생한 날의 다음 날

## 4. 거주기간의 계산

### 가. 일반적인 거주기간 계산

국내에 거소를 둔 기간은 입국하는 날의 다음 날부터 출국하는 날까지로 한다(소득령 §4①). 국내에 거소를 둔 기간이 1과세기간 동안 183일 이상인 경우에는 국내에 183일 이상 거소를 둔 것으로 본다(소득령 §4③).

### 나. 국내에 거소를 둔 개인의 일시적 출국기간

국내에 거소를 두고 있던 개인이 출국 후 다시 입국한 경우에 생계를 같이 하는 가족의 거주지나 자산의 소재지 등에 비추어 그 출국목적이 관광, 질병의 치료 등으로서 명백하게 일시적인 것으로 인정되는 때에는 그 출국한 기간도 국내에 거소를 둔 기간으로 본다(소득령 §4②).

### 다. 재외납세자의 일시적 입국기간

재외납세자가 입국한 경우 생계를 같이 하는 가족의 거주지나 자산소재지 등에 비추어 그 입국목적이 사업의 경영 또는 업무와 무관한 것으로서 단기관광, 질병의 치료, 병역의무의 이행, 친족 경조사 등의 사유에 해당하여 그 입국한 기간이 명백하게 일시적인 것으로 입국사유와 기간을 객관적으로 입증하는 경우에는 해당기간은 국내에 거소를 둔 기간으로 보지 아니한다(소득령 §4④, 소득칙 §2).

| 재외납세자의 일시적 입국사유와 입증방법 |

| 입국 사유 | 입증 방법 |
|---|---|
| 단기 관광 | 관광시설 이용에 따른 입장권, 영수증 등 입국기간 동안 관광을 한 것을 입증할 수 있는 자료 |
| 질병 치료 | 「의료법(§17)」에 따른 진단서, 증명서, 처방전 등 입국기간 동안 진찰이나 치료를 받은 것을 입증하는 자료 |
| 병역의무 이행 | 병역사항이 기록된 주민등록초본 또는 「병역법 시행규칙(§8)」에 따른 병적증명서 등 입국기간 동안 병역의무를 이행한 것을 입증하는 자료 |
| 친족 경조사 등 기타 | 사업의 경영 또는 업무와 무관하게 일시적으로 입국한 것을 입증하는 자료 |

## 5. 거주자와 비거주자의 과세소득 범위

### 가. 거주자의 과세소득 범위

거주자에게는 소득세법에서 규정하는 모든 소득에 대해서 과세한다. 즉, 국내외에서 발생한 소득세가 과세되는 모든 소득에 대해서 과세한다.

다만, 해당 과세기간 종료일 10년 전부터 국내에 주소나 거소를 둔 기간의 합계가 5년 이하인 외국인 거주자에게는 과세대상 소득 중 국외에서 발생한 소득의 경우 국내에서 지급되거나 국내로 송금된 소득에 대해서만 과세한다(소득법 §3①).

여기서 "외국인"의 범위에 대한민국 국적을 보유하는 자로서 외국에 영주하는 자는 포함되지 아니한다(국제세원-588, 2009.11.30).

### 나. 비거주자의 과세소득 범위

비거주자에게는 소득세법 제119조에 따른 국내원천소득에 대해서만 과세한다.

| 국내원천소득의 종류 | 소득세법 제119조 |
|---|---|
| 이자소득 | 1호 |
| 배당소득 | 2호 |
| 부동산소득 | 3호 |
| 선박·항공기 등의 임대소득 | 4호 |
| 사업소득 | 5호 |
| 인적용역소득 | 6호 |
| 근로소득 | 7호 |
| 퇴직소득 | 8호 |
| 연금소득 | 8호의2 |
| 부동산등 양도소득 | 9호 |
| 사용료소득 | 10호 |
| 유가증권양도소득 | 11호 |
| 기타소득 | 12호 |

## 6. 거주자와 비거주자에 대한 과세방법

### 가. 거주자에 대한 과세방법

거주자에 대해서는 이자소득금액, 배당소득금액, 사업소득금액, 근로소득금액, 연금소득금액 및 기타소득금액을 합산하여 종합소득금액으로 과세하고, 퇴직소득금액과 부동산 등 양도소득금액은 각각 구분하여 과세한다(소득법 §14).

### 나. 비거주자에 대한 과세방법

국내사업장이 있는 비거주자 또는 부동산소득이 있는 비거주자는 국내원천소득을 종합하여 과세하고 국내 사업장이 없는 비거주자에 대해서는 국내원천소득별로 분리하여 과세한다. 다만, 퇴직소득과 부동산등의 양도소득이 있는 비거주자는 거주자와 같은 방법으로 분류하여 과세한다(소득법 §121).

## 비거주자의 국내원천소득에 대한 과세방법 요약

| 국내원천소득 소득세법 제119조 | | 국내사업장이 있는 비거주자 | 국내사업장이 없는 비거주자 | 분리과세 원천징수 세율(소득세법상) |
|---|---|---|---|---|
| 1호 | 이 자 소 득 | 종합과세, 종합소득세 신고·납부 (특정소득은 국내사업장 미등록시 원천징수) | 분리과세, 완납적 원천징수 | 20%(채권이자:14%) |
| 2호 | 배 당 소 득 | | | 20% |
| 4호 | 선박등임대소득 | | | 2% |
| 5호 | 사 업 소 득 | | | 2% |
| 10호 | 사 용 료 소 득 | | | 20% |
| 11호 | 유 가 증 권 양 도 소 득 | | | Min(양도가액×10%, 양도차익×20%) |
| 12호 | 기 타 소 득 | | | 20%, 15% |
| 7호 | 근 로 소 득 | | | 거주자와 동일 |
| 8호의2 | 연 금 소 득 | | | |
| 6호 | 인 적 용 역 소 득 | | 분리과세(종합소득 확정신고 가능) | 20%(3%) |
| 3호 | 부 동 산 소 득 | | 종합소득세 신고·납부 | - |
| 9호 | 양도소득 | 거주자와 같음 [분류과세 단, 1세대 1주택(조합원 입주권 포함) 비과세 및 그 장기보유 특별공제 적용 배제] | 거주자와 같음 (분류과세. 다만, 양수자가 법인인 경우 예납적 원천징수) ☞ 2007.1.1. 이후 최초 양도분부터 적용 | Min(1. or 2.) 1. 양도가액×10% 2. 양도차익×20% |
| 8호 | 퇴 직 소 득 | 거주자와 동일 분류과세 | | |

※
1. 국내사업장이 있는 비거주자에는 부동산소득이 있는 비거주자 포함
2. 국내사업장이 있는 비거주자의 국내원천소득으로서 제156조 제1항 및 제156조의 3부터 제156조의 6까지의 규정에 의하여 원천징수되는 소득에 대하여는 제119조 각 호(제8호 및 9호는 제외)의 소득별로 분리하여 과세(소법§121 ④)
3. 국내사업장 또는 부동산소득이 있는 비거주자의 경우에도 일용근로자 급여, 분리과세이자소득, 분리과세배당소득, 분리과세기타소득 등에 대하여는 거주자의 경우와 동일하게 분리과세·원천징수함
4. 소득세법상의 원천징수세율이 조세조약상의 제한세율보다 높은 경우에는 조세조약상의 제한세율을 적용하여야 함(예외 : 소득세법 제156조의4·5(원천징수절차특례)의 규정에 따라 원천징수하는 경우)
5. 건축·건설, 기계장치 등의 설치·조립 기타의 작업이나 그 작업의 지휘·감독 등에 관한 용역의 제공 또는 제119조제6호에 따른 인적용역의 제공 대가는(조세조약상 사업소득으로 구분하는 경우 포함) 업장을 구성하더라도 사업자등록을 하지 않은 경우에는 원천징수하여야 함
6. 양수자가 법인인 경우 양도소득은 양수자가 양도가액의 10% 또는 양도차익의 20% 중 적은 금액을 예납적으로 원천징수·납부한 후에, 양도자는 별도의 절차에 의하여 양도소득을 신고납부하는 것임
   양수자가 개인인 경우 원천징수의무 면제(2007.1.1 이후 최초 양도분부터)
7. 인적용역소득이 있는 비거주자는 본인이 선택하는 때에는 분리과세·완납적 원천징수 대신 종합소득 확정신고 (소득세법 제119조 제1호~제7호, 제10호~제12호 합산) 가능(소법§121⑤)
8. 양도소득은 토지 또는 건물, 부동산에 관한 권리, 사업용 자산(토지·건물·부동산에 관한 권리)과 함께 양도하는 영업권, 특정 시설물 이용권·회원권 등, 특정주식 등, 부동산주식* 등
   * 조세조약 상대국과 상호합의에 따라 우리나라에 과세권한이 있는 것(한·미조세조약 상 부동산 주식)

# II

# 한국의 양도소득세 과세제도

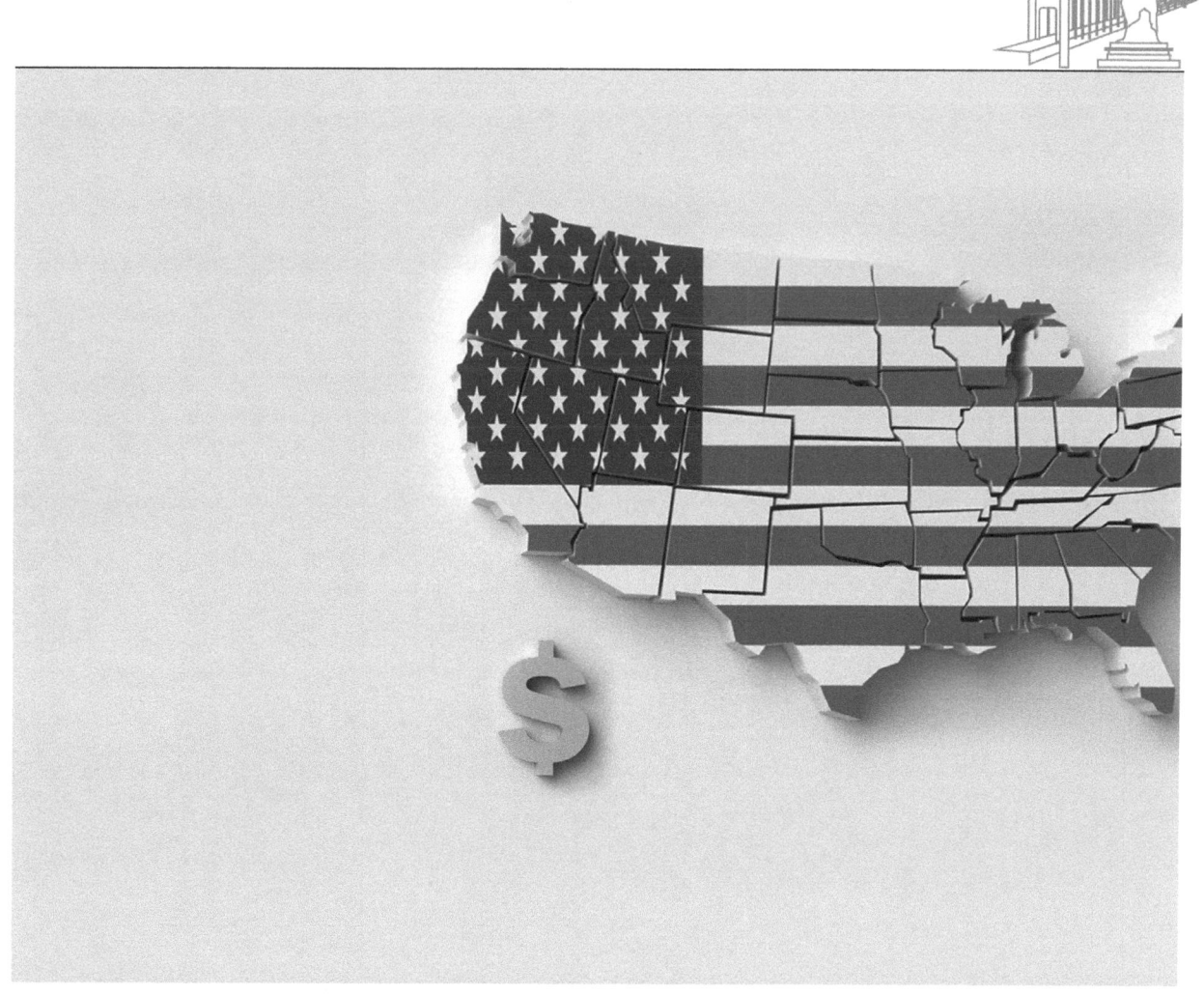

# II. 한국의 양도소득세 과세제도

## 1. 과세대상

양도소득세가 과세되는 자산의 양도란 자산에 대한 등기·등록에 관계없이 「소득세법」에 열거된 자산이 매도·교환·법인에 대한 현물출자 등으로 인하여 유상으로 사실상 이전되는 것을 말한다.

부동산이 채무불이행으로 경매되거나 상대방의 부동산과 서로 교환하는 경우, 증여자가 수증자(증여 받는 자)에게 자산을 증여하면서 해당 자산에 담보된 증여자의 채무를 수증자가 인수하는 경우 채무(부담부증여)에 상당하는 부분은 사실상 유상으로 이전된 것이므로 양도에 해당하여 양도소득세가 과세되며, 소유권이 이전되었더라도 혼인 중 공동 노력으로 형성된 일방의 재산이 재산분할청구권의 행사로 이전(재산분할) 되거나 채무담보를 목적으로 소유권을 이전하는 경우(양도담보)는 「소득세법」상 양도에 해당하지 않아 양도소득세가 과세되지 않는다.

양도소득세 과세대상 자산은 토지, 건물, 부동산을 취득할 수 있는 권리(예 : 아파트 분양권, 조합원입주권), 지상권, 전세권, 부동산과 함께 양도하는 이축권, 등기된 부동산 임차권, 주식 또는 출자지분, 특정주식, 부동산과다보유법인의 주식, 사업용 고정자산과 함께 양도하는 영업권, 특정시설물이용권(관련 주식 포함) 등이다. 상장법인의 주식은 대주주(아래 표1 참고)가 양도하거나 증권시장(유가증권·코스닥·코넥스)에서의 거래에 의하지 아니하고 양도하는 경우 양도소득세 과세대상이나 대주주 외의 자가 장외거래 및 K-OTC(Korea Over The Counter 협회장외시장:금융투자협회가 운영하는 비상장법인 주식 거래시장)를 통한 거래 시 주식의 포괄적 교환·이전 및 포괄적 교환·이전에 대한 주식매수청구권 행사에 따라 양도하는 주식은 과세대상에서 제외('18.1.1.이후 양도분부터)되며, 비상장법인의 주식의 경우(아래 표1 참고) 모두 과세대상이지만 대주주

외의 자가 K-OTC를 통해 양도하는 중소기업(양도일 현재 중소기업기본법 제2조에 따른 중소기업에 해당하는 기업)·중견기업(양도일 현재 조세특례제한법시행령 제4조 제1항에 따른 중견기업에 해당하는 기업) 주식은 과세대상에서 제외된다('18.1.1.이후 양도분 부터). 금융상품 간 과세형평 제고를 위해 2016.1.1. 이후 거래 또는 행위가 발생하는 파생상품(아래 표2 참고)을 과세대상에 포함하여 20%('18.3.31.까지 탄력세율 5%, '18.4.1.이후 양도분부터 탄력세율 10% 적용) 세율로 과세하도록 추가하였고, '18.1.1. 이후 국내 거주자가 해외이주 등으로 국외로 전출하는 경우 출국 당시 소유한 국내 주식 등(상장 및 비상장, 특정주식, 부동산 과다보유법인의 주식)의 평가이익을 양도소득으로 보아 20%(과세표준 3억원 초과분 25%) 세율로 과세하도록 신설되었다.

| 표1. 양도소득세 과세대상 상장·비상장법인 대주주의 범위 |

| 구 분 | 상 장 주 식 | | | 비상장주식 |
|---|---|---|---|---|
| | 코스피 | 코스닥 | 코넥스 | |
| 지분율 | 1% 이상 | 2% 이상 | 4% 이상 | 4% |
| 시가총액 | 25억원 이상('18.3.31) | 20억원 이상('18.3.31) | 10억원 이상 | 25억원 이상('18.3.31) |
| | 15억원 이상('18.4.1~)<br>10억원 이상('20.4.1~)<br>3억원 이상('21.4.1~) | | 3억원 이상('21.4.1~) | 15억원 이상('18.4.1~)<br>10억원 이상('20.4.1~)<br>3억원 이상('21.4.1~) |

| 표2. 파생상품의 범위 |

| 과세시기 | 과세대상자산 | 세율 |
|---|---|---|
| 2016.1.1.이후 양도 | KOSPI200 선물·옵션<br>해외파생상품 | 20%<br>탄력세율<br>(5%→10%)<br>'18.4.1. 양도분<br>부터 10% |
| 2016.7.1.이후 양도 | 미니KOSPI200 선물·옵션 | |
| 2017.4.1.이후 양도 | KOSPI200 주식워런트(ELW)증권 | |
| 2019.4.1.이후 양도 | 코스닥150선물·옵션<br>KRX300선물<br>섹터지수 선물<br>배당지수 선물<br>KOSPI200 변동성지수선물<br>KOSPI150 주식워런트(ELW)증권<br>주가지수 관련 장외파생상품(주가지수 관련 장내파생상품과 경제적 실질이 동일한 상품에 한함) | |

## 2. 납세의무자

양도소득세 납세의무자는 「소득세법」에 열거된 과세대상 자산을 양도함으로써 발생하는 소득이 있는 개인으로서, 양도일 현재 거주자는 국내·외에 소재하는 자산의 양도소득에 대하여 납세의무가 있고, 비거주자는 국내 소재 자산의 양도소득에 대하여만 납세의무가 있다.

이 경우 거주자란 국내에 주소를 두거나 183일 이상 거소를 둔 자를 말하며, 비거주자는 거주자가 아닌 자를 말한다.

| 거주자와 비거주자의 과세대상 및 과세방법 차이 |

| 구분 | 거주자(주소 또는 183일 이상 거수를 둔 자) | 비거주자(거주자가 아닌 자로서 국내원천소득이 있는 개인) |
|---|---|---|
| 적용법령 | 제3장 거주자의 양도소득에 대한 납세의무 (제88조~제118조의8) | 제4장 비거주자의 납세의무 (제119조~제126조의2, 제156조) |
| 납세지 | 주소지/거소지 | 국내사업장 소재지/부동산 소재지 등 |
| 과세대상 | • 토지·건물·부동산에 관한 권리<br>• 주식 등<br>  - 비상장주식<br>  - 대주주 상장, 코스닥주식, 코넥스주식<br>  - 장외거래주식<br>• 기타자산, 파생상품 | • 국내원천소득의 원천징수제도(부동산 등은 매수자가 법인인 경우에 한함)<br>  - 예납적 원천징수<br>   · 토지, 건물, 부동산에 관한 권리, 비상장 부동산주식<br>   · 기타자산<br>  - 완납적 원천징수<br>   · 비상장주식(부동산 주식 외)<br>   · 상장·코스닥주식(25%이상 소유시 과세) |
| 과세방법 | • 분류과세<br>  - 실가 및 기준시가 | • 분리 및 분류과세<br>  - 원천징수 및 기납부세액 공제방법 |
| 과세절차 | • 예정·확정신고 | • 완납적 원천징수제도<br>• 예납적 원천징수(예정신고 등 필요)<br>• 재외국민 인감경유제도 |

## 3. 취득 또는 양도의 시기

취득 또는 양도의 시기는 원칙적으로 자산의 대금을 청산한 날이지만, 대금청산 전에 소유권이전등기·등록·명의개서를 한 경우에는 등기부·등록부 또는 명부 등에 기재된 접수일(또는 명의개서일)이며, 대금청산일이 불분명한 경우의 양도 또는 취득시기는 아래와 같다.

| 매매계약서상 잔금약정일 | 잔금약정일~등기접수일 까지의 기간 | 양도 또는 취득시기 | |
|---|---|---|---|
| | | 2001.12.31.이전 양도분 | 2002.1.1.이후 양도분 |
| 잔금약정일이 있는 경우 | 1월 이하시 | 잔금약정일 | 등기접수일 |
| | 1월 초과시 | 등기접수일 | |
| 잔금약정일이 없는 경우 | | 등기접수일 | |

장기할부조건*으로 거래하는 경우에는 소유권이전등기(등록 및 명의개서를 포함한다) 접수일·인도일 또는 사용수익일 중 빠른 날이 양도 또는 취득시기이며, 상속으로 취득한 자산은 상속개시일(사망일)을, 증여로 취득한 자산은 증여받은 날(증여등기접수일)을 취득시기로 본다.

※ 장기할부조건(①과 ② 모두 충족하는 것)
　① 계약금을 제외한 해당 자산의 양도대금을 2회이상으로 분할하여 수입할 것
　② 양도하는 자산의 소유권이전등기(등록 및 명의개서를 포함함) 접수일·인도일 또는 사용수익일 중 빠른 날의 다음날부터 최종 할부금의 지급기일까지의 기간이 1년 이상인 것

## 4. 과세표준 및 세액의 계산

### 가. 양도소득세액의 계산

양도소득세액의 일반적인 계산구조는 아래와 같다.

**| 양도소득세 계산 흐름도 |**

|  |  |
|---|---|
| 양 도 가 액 | • 실지거래가액(확인안됨 ☞ 매매사례가, 감정가액) |
| (−) 취 득 가 액 | • 실지거래가액(확인안됨 ☞ 매매사례가, 감정가액, 환산가액) |
| (−) 기타필요경비 | • 자본적 지출액('16.2.17.이후 법적증빙) 또는 양도비용 등, 개산공제액 |
| ↓ 양 도 차 익 | |
| (−) 장기보유특별공제액 | • 양도차익 × 장기보유특별공제율 |
| ↓ 양도소득금액 | • '국내자산', '국외자산', 각각의 '부동산'·'주식 등'<br>• 파생상품, 국외전출자 국내주식등 |
| (−) 소득감면대상 소득금액 | • 신축주택 감면 등(농어촌특별세 = 감면되는 세액 × 20%) |
| (−) 양도소득기본공제 | • 1과세기간 동안 1인이 위 6개 자산별로 각 250만원<br>  (최고 1,250만원까지, 비거주자는 750만원까지) 공제 가능 |
| ↓ 양도소득과세표준 | |
| × 양도소득세율 | |
| ↓ 양도소득산출세액 | |
| ↓ 감면세액 | • 농어촌특별세 = 감면 세액 × 20% |
| 결 정 세 액 | |
| (+) 가 산 세 | • 무(과소)신고, 납부불성실, 기장불성실(대주주), 환산취득가산세 |
| ↓ 기납부세액 | • 예정신고산출세액, 기결정·경정고지세액, 수시부과세액<br>• 비거주자원천징수세액 |
| ↓ 자진납부할세액 | • 지방소득세 추가 부담 ('20.1.1.부터 자치단체 신고) |

## 나. 양도차익

양도차익은 양도가액에서 취득가액 등 필요경비를 공제하여 계산하며, 2007년 1월 1일 이후 양도 분부터는 모든 자산에 대해 실지거래가액으로 양도차익을 계산해야 한다.

양도가액은 실지거래가액으로 계산하며, 실지거래가액은 양도자와 양수자간에 실제로 거래한 가액을 말한다. 취득가액도 원칙적으로는 실지거래가액으로 해야 하나 실지거래가액을 확인할 수 없는 경우에는 매매사례가액·감정가액·환산가액을 순차적으로 적용한다.

매매사례가액이란 양도일 또는 취득일 전후 각 3개월 이내에 해당 자산과 동일성 또는 유사성이 있는 자산의 매매사례가 있는 경우 그 가액을 말하며, 다만, 상장법인의 주식은 매매사례가액을 적용할 수 없다. 감정가액이란 양도일 또는 취득일 전후 각 3월 이내에 해당 자산에 대하여 2이상의 감정평가업자가 평가한 것으로서 신빙성이 있는 것으로 인정되는 감정가액이 있는 경우 그 감정가액의 평균액을 말하며, 다만, 주식은 감정가액을 적용할 수 없다.

환산가액이란 양도 당시 실지거래가액 등의 가액에 취득 및 양도 당시 기준시가의 비율을 곱하여 계산한 가액을 말한다.

양도차익 계산 시 양도가액에서 공제하는 필요경비는 취득가액, 자본적지출액, 양도비 등 세가지로 규정하고 있으며, 취득가액을 어떻게 계산하느냐에 따라 필요경비 계산액이 다음과 같이 달라진다.

| 취득가액의 구분 | | 취득가액 및 기타필요경비 산정 |
|---|---|---|
| 의제취득일 이후 취득분 | 실지거래가액 | 취득당시 실지거래가액 − 필요경비로 산입되었거나 산입될 감가상각비 + 자본적 지출액 + 양도비용 |
| | 매매사례가액, 감정가액, 환산취득가액 | 취득당시(매매사례가액, 감정가액, 환산가액) + 취득당시 기준시가에 개산공제율<br>(예 : 등기된 부동산은 3%)을 곱한 금액 |
| 의제취득일 이전 취득분 | 2011. 1. 1. 이후 환산취득가액에 의하여 신고하는 경우 | 아래 ①과 ② 중 큰 금액으로 공제<br>① 필요경비 = 환산취득가액 + 취득당시 기준시가에 개산공제율을 곱한 금액<br>② 필요경비 = 자본적 지출액 등 + 양도취득비 등 |

※ 의제취득일 : 토지·건물 등 1985.1.1., 주식 등 1986.1.1.

## 다. 양도소득금액의 구분계산

양도소득금액은 다음 각 호의 소득별로 구분하여 계산하며, 이 경우 소득금액을 계산할 때 발생하는 결손금은 다른 호의 소득금액과 합산하지 않는다.

① 토지, 건물, 부동산을 취득할 수 있는 권리, 지상권, 전세권과 등기된 부동산임차권, 기타자산에 대한 양도소득
② 주식 등의 양도로 발생하는 소득
③ 파생상품 등의 거래 또는 행위로 발생하는 소득

## 라. 양도차손의 통산

양도소득금액을 계산할 때 양도차손이 발생한 자산이 있는 경우에는 위 2.의 각 호별로 해당 자산 외의 다른 자산에서 발생한 양도소득금액에서 그 양도차손을 공제하는데 공제방법은 아래와 같이 순차로 공제한다

① 양도차손이 발생한 자산과 같은 세율을 적용받는 자산의 양도소득금액
② 양도차손이 발생한 자산과 다른 세율을 적용받는 자산의 양도소득금액
⇒ 다른 세율을 적용받는 자산의 양도소득금액이 2 이상인 경우에는 각 세율별 양도소득금액의 합계액에서 당해 양도소득금액이 차지하는 비율로 안분하여 공제한다.

양도소득금액에 감면소득금액이 포함되어 있는 경우에는 순양도소득금액(감면소득금액을 제외한 부분)과 감면소득금액이 차지하는 비율로 안분하여 양도차손을 공제한 것으로 보아 감면소득금액에서 양도차손 해당분을 공제한 금액을 감면소득금액으로 본다.

## 마. 양도소득금액

양도소득금액은 양도차익에서 장기보유특별공제액을 공제하여 계산하고 장기보유특별공제액은 양도차익에서 양도자산의 보유기간별 공제율(최고 30% 또는 80%)을 곱하여 계산하며, 장기보유특별공제액은 원칙적으로 3년 이상 보유한 등기된 부동산에 대하여만 적용하므로 3년 미만 보유한 부동산, 미등기 양도자산, 국외 소재 부동산은 장기보유특별공제 규정을 적용하지 않는다. '20.1.1.이후 양도하는 분부터는 2년 이상 거주한

경우에 한해 10년 최대 80%의 장기보유특별공제율을 적용하며, 2년 미만 거주시 15년 최대 30%의 장기보유특별공제율을 적용한다. 또한 고가 1주택자는 비사업용 토지의 경우에는 2017.1.1. 이후 양도분부터는 장기보유특별공제 적용한다.

장기보유특별공제율(아래 표 참고)은 토지·건물 등 일반부동산의 보유기간과, 과세대상인 1세대의 1주택 여부에 따라 구분하여 적용하며, 비거주자의 경우에는 비록 양도일 현재 국내에 1주택만을 보유하더라도 1세대의 1주택에 대한 공제율(최고 80%)을 적용하지 않고, 일반부동산에 대한 공제율(최고 30%)을 적용한다(2010.1.1. 이후 양도분부터).

2019.1.1. 이후 양도분 부터는 일반부동산에 대한 연간 공제율을 하향 조정하고 적용기간을 최대 15년으로 연장하였고, 2020.1.1.이후 양도분부터는 1세대 1주택인 경우 2년 이상 거주한 주택만 최대 80% 공제율을 적용한다.

| 보유기간 | 양도자산 유형별 공제율 | | | |
|---|---|---|---|---|
| | 일반부동산 (거주자/비거주자) | 1세대 1주택 (거주자) | 장기임대주택 (거주자/비거주자) | 장기일반민간임대주택 (거주자) |
| 3년 이상 4년 미만 | 100분의 6 | 100분의 24 | | |
| 4년 이상 5년 미만 | 100분의 8 | 100분의 32 | | |
| 5년 이상 6년 미만 | 100분의 10 | 100분의 40 | | |
| 6년 이상 7년 미만 | 100분의 12 | 100분의 48 | 일반부동산에 2% 추가 | |
| 7년 이상 8년 미만 | 100분의 14 | 100분의 56 | 〃 4% 〃 | |
| 8년 이상 9년 미만 | 100분의 16 | 100분의 64 | 〃 6% 〃 | 50% |
| 9년 이상 10년 미만 | 100분의 18 | 100분의 72 | 〃 8% 〃 | |
| 10년 이상 11년 미만 | 100분의 20 | 100분의 80 | 〃 10% 〃 | 70% |
| 11년 이상 12년 미만 | 100분의 22 | '20.1.1.부터 2년 이상 거주한 주택 | | |
| 12년 이상 13년 미만 | 100분의 24 | | | |
| 13년 이상 14년 미만 | 100분의 26 | | | |
| 14년 이상 15년 미만 | 100분의 28 | | | |
| 15년 이상 | 100분의 30 | | | |

* 장기임대주택
  – 민간매입임대주택 : 1호 이상, 임대개시당시 기준시가 6(수도권 밖 3)억원 이하
  – 건설임대주택 : 2호 이상, 대지 298㎡ & 주택 연면적(공동주택은 연면적) 149㎡이하, 임대개시당시 기준시가 6억원 이하
* 장기일반민간임대주택 : 전용 85(수도권 제외 읍·면 100)㎡이하, 보증금·월세 연 5% 인상률제('20.2.11.이후 주택 임대차계약을 갱신하거나 새로 체결하는 분부터는 연 기준 삭제) 및 임대개시일 당시 기준시가 6억원(비수도권 3억원) 이하
* 임대주택에 대한 장기보유특별공제 특례는 2014.1.1.이후 양도분부터 적용
* 임대기간 : 세무서와 구청에 임대주택으로 등록하여 임대를 개시한 날부터 기산

## 바. 과세표준 및 세액의 계산

양도소득 과세표준은 양도소득금액에서 양도소득기본공제를 공제하여 계산하며 양도소득 기본공제금액은 거주자별로 해당 연도의 양도소득을 '국내자산'과 '국외자산' '토지·건물·부동산에 관한 권리 및 기타자산' '주식 등'('20.1.1. 이후 주식을 양도하는 분부터는 국내·해외주식을 통산하여 250만원 공제) '파생상품' '국외전출자의 국내주식 등'으로 구분하여 각각 연간 250만원씩을 공제하므로 거주자는 연간 최고 1,250만원을, 비거주자는 연간 최고 750만원(비거주자는 국내소재 자산에 대하여만 과세되므로)까지 공제가 가능하다.

양도소득세 산출세액은 양도소득세 과세표준에 세율을 곱하여 계산한다. 양도소득세 계산시 적용하는 세율은 다음과 같다.

| 양도소득세 세율 |

| 자산구분 | 과세표준 등 | 국내재산 ||||||| 국외자산 |
|---|---|---|---|---|---|---|---|---|---|
| | | '16년 || '17년 || '18년 이후 ||| |
| | | 일반 | 비사업용 토지 | 일반 | 비사업용 토지 | 일반 | 비사업용 토지 | 누진공제 | |
| 토지·건물·부동산에 관한 권리 | 1200만원 이하 | 6% | 16% | 6% | 16% | 6% | 16% | - | 일반세율 |
| | 1200만원 초과 4600만원 이하 | 15% | 25% | 15% | 25% | 15% | 25% | 108만원 | |
| | 4600만원 초과 8800만원 이하 | 24% | 34% | 24% | 34% | 24% | 34% | 522만원 | |
| | 8800만원 초과 1.5억원 이하 | 35% | 45% | 35% | 45% | 35% | 45% | 1,490만원 | |
| | 1.5억원 초과 3억원 이하 | 38% | 48% | 38% | 48% | 38% | 48% | 1,940만원 | |
| | 3억원 초과 5억원 이하 | 38% | 48% | 38% | 48% | 40% | 50% | 2,540만원 | |
| | 5억원 초과 | 38% | 48% | 40% | 50% | 42% | 52% | 3,540만원 | |
| 토지·건물 | 1년 이상 2년 미만 | 40%(주택 : 일반세율) |||||||  없음 |
| | 1년 미만 | 50%(주택 : 40%) ||||||| |
| | 미등기 | 70% ||||||| |
| 기타자산 | | 일반세율 ||||||||

| 구분 | 분양권 | 1세대 2주택 | 1세대 3주택 이상 |
|---|---|---|---|
| 조정대상<br>지역 내 | '18.1.1.이후 양도분부터<br>보유기간 관계없이 50% | '18.4.1.이후 양도분부터<br>기본세율 + 10%p | '18.4.1.이후 양도분부터<br>기본세율 + 20%p |

| 구분 | '14년~'15년 | '16년 ~ | '18년 ~ |
|---|---|---|---|
| 주식 or<br>출자증권 | 중소기업(대주주포함) : 10% | 중소기업 : 10%<br>중소기업 대주주 : 20% | 대주주 3억 이하 : 20%<br>대주주 3억 초과 : 25%<br>* 중소기업은 '20.1.1.이후 적용 |
| | 중소기업 외 : 20%, 중소기업 외 대주주 1년 미만 : 30% | | |
| 파생상품 | '16.1.1. 이후 최초로 거래 또는 행위가 발생하는 분부터 5%<br>'18.4.1. 이후 거래 또는 행위가 발생하는 분부터 10% | | |
| 국외전출자<br>국내주식등 | '18.1.1. 이후 출국하는 경우부터 적용, 20%('19.1.1..이후 출국하는 경우에는 과세표준 3억원<br>초과 25% → 중소기업 대주주 주식은 '20.1.1.) | | |

※ 부동산·기타자산의 경우 하나의 자산이 둘 이상의 세율에 해당할 경우 각각의 산출세액중 큰 것이 납부할 세액. 1년에 2개 이상의 자산을 양도할 때에는 총 과세표준에 일반세율과 각 자산별 세율을 적용한 세액의 합계액 중 큰 것이 납부할 세액
※ 조정대상지역 내 분양권·1세대2주택·1세대3주택자가 조정대상지역 공고 전에 매매계약하고 계약금을 받은 사실이 증빙서류에 의해 확인되는 경우에는 중과세율을 적용하지 아니함('18.8.28. 이후 양도).

| 주식 양도세율 적용 시 대주주 범위: 소유비율 또는 시가총액이 아래표 이상이면 대주주 |

| 주식<br>종류 | 주식 소유비율 | | 시가 총액 | | | | |
|---|---|---|---|---|---|---|---|
| | ~'16.12.31. | '17.1.1.~ | ~'16.12.31. | ~'18.3.31. | '18.4.1.~ | '20.4.1.~ | '21.4.1.~ |
| 코스피 | 1% 이상 | | 25억원 이상 | | 15억원 이상 | 10억원 이상 | 3억원 이상 |
| 비상장 | 2% 이상 | 4% 이상 | 50억원 이상 | 25억원 이상 | 〃 | 〃 | 〃 |
| 코스닥 | 2% 이상 | | 20억원 이상 | | 〃 | 〃 | 〃 |
| 코넥스 | 4% 이상 | | 10억원 이상 | | | | 〃 |
| 벤처기업 | 4% 이상 | | 40억원 이상 | | | | |

* 대주주 판정 특수관계의 범위
 – '16.3.31.까지 6촌 이내의 혈족 및 4촌 이내의 인척
 – '16.4.1.부터 지배주주는 전과 같고, 지배주주가 아니면 배우자·직계존비속

## 5. 신고·납부

### 가. 예정신고·납부

자산을 양도하는 자는 양도차익이 없거나 양도차손이 발생한 경우에도 반드시 예정신고를 하여야 하며, 예정신고 및 납부를 하지 않은 경우에는 20%의 무신고 가산세 등 가산세가 부과된다.

| 자산종류 | 신고·납부기한 | 적용시기 |
|---|---|---|
| 토지·건물, 기타자산 부동산에 관한 권리 | 양도일이 속하는 달의 말일부터 2개월 이내 | - |
| 부담부증여 | 증여일이 속하는 달의 말일부터 3개월 이내 | '17.1.1. 이후 부담부증여부터 |
| 국내 주식 | 양도일이 속하는 분기의 말일부터 2개월 이내 | '17.12.31. 까지 |
| 국내 주식 | 양도일이 속하는 반기의 말일부터 2개월 이내 | '18.1.1. 이후 |
| 국외전출자 국내주식등 | 출국일이 속하는 말일부터 3개월 이내 | '18.1.1. 이후 |

※ 국외자산 중 주식 등에 대해서는 2012년 양도분부터 예정신고납부제도가 폐지되었으며, 코스피 파생상품에 대해서는 예정신고·납부의무가 없다.

### 나. 확정신고·납부

예정신고를 한 경우에도 1과세기간(1.1.~12.31) 동안 2회 이상 양도소득세 과세대상 자산을 양도하고 예정신고시 합산하여 신고하지 않은 경우 및 양도소득기본공제 적용에 따라 산출세액이 달라지거나 비교과세 적용으로 산출세액이 달라지는 경우에는 양도한 연도의 다음연도 5월1일부터 5월 31일까지 양도소득 과세표준과 세액을 납세지 관할 세무서장에게 반드시 확정신고하고 자진납부해야 한다. 거주자는 통상 주소지 관할 세무서장에게, 비거주자는 국내사업장 소재지 관할 세무서장에게, 국내사업장이 없는 경우에는 양도자산의 소재지(국내원천소득발생 장소, 예 : 부동산 소재지) 관할 세무서장에게 신고한다.

## 6. 비거주자의 부동산 등의 국내원천소득에 대한 원천징수제도

### 가. 대상

비거주자가 국내에 소재하는 부동산 등을 양도하는 경우, 양수자가 내국법인 또는 외국법인인 경우 양도소득세를 원천징수하게 된다. 원천징수 대상이 되는 비거주자의 부동산 등의 국내원천소득이라 함은 국내에 있는 토지, 건물, 부동산에 관한 권리, 기타자산을 양도하여 발생한 소득을 말한다. 여기서 기타자산에 해당하는 주식의 경우는 양도일이 속하는 사업연도 개시일 현재 당해 법인의 자산총액 중 부동산과 부동산에 관한 권리의 가액의 합계액이 50% 이상인 비상장법인의 주식 또는 출자지분을 의미한다.

상장주식인 경우에는 당해 주식의 양도일이 속하는 연도와 그 직전 5년의 기간 중 계속하여 당해 주식을 발행한 법인의 발행주식총액의 25% 이상을 소유하거나 25% 미만 보유하더라도 증권시장 밖에서 거래한 때에는 과세대상이 된다.

### 나. 원천징수

원천징수의무자는 비거주자에게 양도가액을 지급하는 내국법인 또는 외국법인이며 비거주자가 당해 원천징수의무자의 납세지 관할 세무서장에게 「양도소득세 신고납부(비과세 또는 과세미달) 확인 신청서」에 확인을 받아 원천징수의무자에게 제출하는 경우에는 양수자의 원천징수의무가 면제된다. 이 때 양도자인 비거주자가 비과세 또는 과세미달로 신고하고 「비과세 등 확인서」를 발급받기 위해서는 다음과 같은 절차에 따른다.

| 비과세 등 확인서 발급절차 흐름도 |

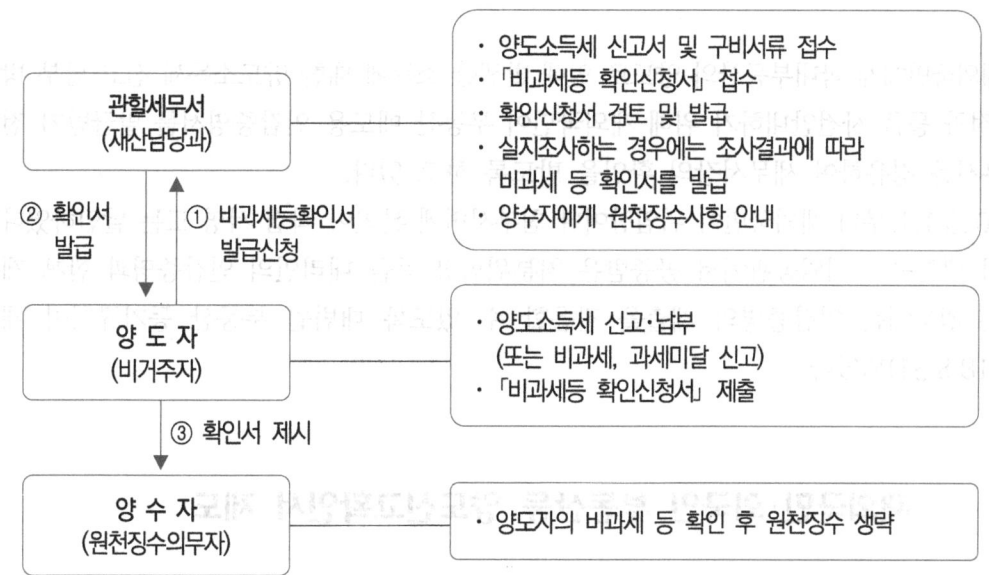

2011.1.1.이후 양도분부터 국내에 있는 자산을 민사집행법에 따른 경매 또는 국세징수법에 따른 공매의 방법으로 양도함으로써 국내원천소득이 발생하는 경우에는 해당 경매대금을 배당하거나 공매대금을 배분하는 자가 해당 비거주자에게 실제로 지급하는 금액의 범위에서 원천징수를 하여야 한다.

원천징수의무자는 양도가액(지급액)의 10%를 원천징수하여 다음달 10일까지 납부하여야 하며, 당해 자산 양도자의 취득가액 및 양도비용이 확인되는 경우에는 양도가액의 10%와 양도차익의 20% 중 적은 금액을 원천징수한다. 양수자가 원천징수세액을 기간 내에 납부하지 아니하거나 미달하여 납부한 때에는 그 미납부세액 또는 미달세액의 10%를 가산세로 가산하여 납세지 관할세무서장이 원천징수의무자(양수자)에게 부과·징수한다.

## 다. 비거주자의 양도소득세 신고납부

양도자(비거주자)는 거주자와 동일한 방법으로 양도소득세를 예정(확정)신고·납부하여야 하며, 양수자에게 지급한 원천징수세액이 있는 경우에는 예정(확정)신고시 기납부세액으로 공제하여 예정(확정)신고 세액을 계산한다.

## 7. 재외국민 인감경유제도

재외국민에게 국내부동산의 양도로 인해 발생한 소득에 대한 양도소득세 신고·납부 방법 및 절차 등을 사전안내하기 위해 재외국민이 부동산 매도용 인감증명서를 발급받기 전에 세무서를 경유하여 세무서장의 확인을 받도록 하고 있다.

2019.1.1.부터 재외국민이 위임장이나 첨부서면에 본인이 직접 서명 또는 날인하였다는 뜻의 대한민국 재외공관에서 공증받은 처분위임장 등을 대리인의 인감증명과 함께 제출하는 경우에는 인감증명의 제출을 갈음할 수 있도록 대법원 부동산 등기규칙이 개정(2018.8.31)되었다.

## 8. 재외국민·외국인 부동산등 양도신고확인서 제도

'20.7.1.이후 양도분부터 재외국민 또는 외국인이 소득세법 제94조 제1항 제1호의 자산(토지 또는 건물)을 양도하고 소유권 등기하는 경우 세무서장으로부터 발급받은 "부동산등 양도신고확인서"를 등기관서의 장에게 제출하여야 한다(소득세법 제108조).

다만, 인감증명법 시행령 제13조 제3항 단서에 따라 재외국민 인감경유를 한 경우에는 부동산등 양도신고확인서를 제출하지 않아도 된다.

## 9. 한국 거주자의 1세대 1주택 비과세

1세대 1주택 비과세는 거주자에만 적용되는 규정으로 거주자인 1세대가 양도일 현재 1주택을 보유하고 아래의 요건을 모두 갖추고 양도하는 경우에는 비과세를 적용하며, 부부가 법률상 이혼을 하였으나, 생계를 같이 하는 등 사실상 이혼한 것으로 보기 어려운 경우에도 동일세대원으로 본다.

- 보유기간이 2년 이상일 것
- 취득할 때 조정대상지역 내에 있는 주택은 보유기간 중 거주기간이 2년 이상일 것
- 양도 당시 주택이 고가주택(실지거래가액 9억원 초과)에 해당하지 않을 것

## 가. 1세대 1주택 비과세 요건

### (1) 거주기간 요건

'17.8.2. 부동산 대책에 따라 '17.9.19. 이후 양도분부터는 취득할 때 조정대상지역에 있는 주택은 보유기간 중에 거주기간(주민등록표 등본에 따른 전입일부터 전출일까지의 기간)이 2년 이상인 경우에 비과세를 적용하며, 양도할 때 조정대상지역에서 해제되더라도 거주요건을 충족하여야 한다.

다만, '17.9.19. 시행령 개정 당시 부칙(제28293호) 제2조제2항에서 ① '17.8. 2.이전에 취득한 주택 ② '17.8.2.이전에 매매계약을 체결하고 계약금을 지급한 사실이 증빙서류에 의하여 확인되고 계약금 지급일 현재 무주택 1세대인 경우, ③ '17.8.3. 이후 취득하여 '17.9.19. 전에 양도한 주택에 대해서는 2년 거주요건 없이 2년 보유기간만 충족하더라도 비과세를 적용한다.

### (2) 거주기간 예외

조정대상지역의 공고가 있은 날 이전에 매매계약을 체결하고 계약금을 지급한 사실이 증빙서류에 의하여 확인되는 무주택 1세대의 경우에는 거주요건을 적용하지 아니한다.

한편 1세대가 1주택을 임대주택으로 등록한 경우 종전에는 임대의무기간*을 충족하고 임대료(임대보증금) 증가율 5%를 초과하지 아니한 경우에는 거주요건을 적용하지 않았으나, 12·16 부동산대책에 따라 '19.12.17. 이후 사업자등록·임대사업자등록 하는 경우에는 거주요건을 적용하도록 개정되었으며, '19.12.16. 이전에 사업자등록 신청하고 '19.12.17. 이후 사업자등록된 경우에는 거주요건을 적용하지 않는다.

### (3) 개정된 보유기간 계산 방법('21.1.1. 시행)

주택의 보유기간은 원칙적으로 취득일부터 양도일까지 계산하나, 2주택 이상을 보유한 1세대가 1주택 외의 주택을 모두 양도하고 1주택을 보유하게 되는 경우에는 1주택을 보유하게 된 날부터 보유기간을 기산하도록 개정되었으며, 일시적 2주택에 해당하는 경우에는 종전주택 취득일부터 보유기간을 기산하지만 신규주택을 취득하여 일시적 2주택이 된 경우에는 양도 후 1주택을 보유하게 된 날부터 보유기간을 기산한다.

또한 일시적 2주택자가 종전주택을 양도하고 새로운 주택을 취득하여 일시적 2주택 상태가 계속적으로 반복되는 경우에도 종전주택 취득일부터 기산하는 것으로 기재부는 해석하고 있다(기획재정부 재산세제과-194, 2020.02.18.외).

◆ **일시적 2주택에 해당하지 않아 최종주택 양도일로 기산하는 사례**

① 2주택 보유 중 B주택 먼저 양도(과세)하고 남은 최종 A주택 양도하는 경우 A주택이 일시적 2주택에 해당하지 않으므로 보유기간 기산일은 B주택 양도일인 **'21.04.**

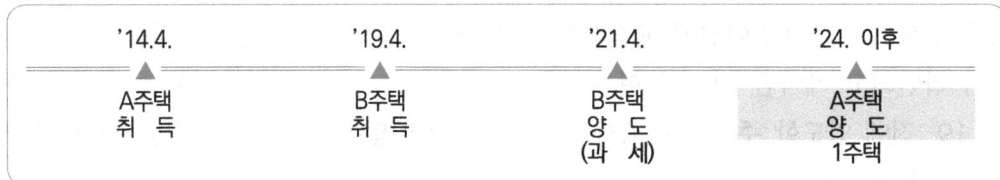

② 1주택과 1입주권(원조합원) 보유중에 1입주권 양도(과세) 후 남은 "최종 1주택" B주택 양도할 때 A조합원입주권이 일시적 2주택에 해당하지 않으므로 보유기간 기산일은 A입주권 양도일 **'22.2.**

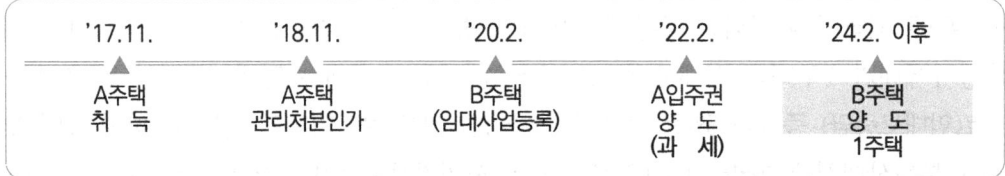

③ 2주택 보유 중 1주택을 양도(과세)하여 1주택이 된 후 다시 "신규주택 취득으로 일시적 2주택" 상태에서 A주택(종전주택) 양도할 때 보유기간 기산일은 B주택 양도일 **'19.8.7.**

```
    '16.9.        '16.12.       '19.8.7.      '21.8.6.
      ▲             ▲             ▲             ▲
   A주택          B주택        B주택 양도      A주택
   취 득          취 득        C주택 취득      양 도
                              (B 과세)       일시2주택
```

◆ **일시적 2주택에 해당하여 종전주택 취득일로 기산하는 사례**

① 3주택 보유중에 C주택 양도(과세)하고 남은 A,B주택이 일시적 2주택이 된 상태에서 종전주택 A를 양도하는 경우 A주택은 신규주택을 취득하여 일시적 2주택이 된 경우에 해당하지 않으므로 보유기간 기산일은 A주택 취득일 '15.10.

| '15.10. | '19.1. | '19.3. | '20.12. | '21.이후 |
|---|---|---|---|---|
| ▲ | ▲ | ▲ | ▲ | ▲ |
| A주택<br>취 득 | B주택<br>공동취득 | C주택<br>취 득 | C주택<br>양 도<br>(과 세) | A주택<br>양 도<br>일시2주택 |

② 3주택을 보유한 세대가 먼저 C주택을 양도(과세)하여 일시적 2주택이 된 상태에서 A주택 양도하고 남은 최종 B주택을 양도할 때 보유기간 기산일 B주택 취득일 '19.01.

| '15.10 | '19.1 | '19.3 | '20.12 | '21.이후 | '21.이후 |
|---|---|---|---|---|---|
| ▲ | ▲ | ▲ | ▲ | ▲ | ▲ |
| A주택<br>취 득 | B주택<br>공동취득 | C주택<br>취 득 | C주택<br>양 도<br>(과 세) | A주택<br>양 도<br>(비과세) | B주택<br>양 도<br>1주택 |

③ 2주택 이상 보유 중에 1주택 외의 주택을 모두 양도(비과세) 후 다시 "신규주택 취득하여 일시적 2주택"이 된 상태에서 A주택(종전주택)을 먼저 양도하고 B주택 양도할 때 보유기간 기산일은 B주택 취득일 '17.03.

| '15.10. | '17.3. | '18.4. | '18.5 | '21.3. |
|---|---|---|---|---|
| ▲ | ▲ | ▲ | ▲ | ▲ |
| A주택<br>취 득 | B주택<br>취 득 | A주택<br>양 도<br>(비과세) | C주택<br>취 득 | B주택<br>양 도<br>일시2주택 |

④ 일시적 2주택 세대가 A주택 양도(비과세) 및 신규주택(C) 취득으로 다시 일시적 2주택이 된 다음 B주택 양도 후 남은 "최종C주택"을 양도할 때 보유기간 기산일은 C주택 취득일 '18.05.

| '15.10. | '17.3. | '18.4. | '18.5 | '21.3. | '21.5. |
|---|---|---|---|---|---|
| ▲ | ▲ | ▲ | ▲ | ▲ | ▲ |
| A주택<br>취 득 | B주택<br>취 득 | A주택<br>양 도<br>(비과세) | C주택<br>취 득 | B주택<br>양 도<br>(비과세) | C주택<br>양 도<br>1주택 |

⑤ 2주택 이상 보유세대가 1주택 외의 주택을 모두 양도(비과세) 후 다시 "신규주택 취득하여 일시적 2주택"이 된 상태에서 C주택(종전주택) 먼저 양도하는 경우 보유기간 기산일은 C주택 취득일 '14.12.

```
'09.4.      '13.12.     '14.12.     '15.12.     '17.8.      '18.11.     '21.이후
  ▲           ▲           ▲           ▲           ▲           ▲           ▲
A주택        B주택        C주택        A주택        B주택        D주택        C주택
공동취득    상속취득     취 득        양 도        양 도        취 득        양 도
                                   (비과세)     (비과세)                  일시2주택
```

### (4) 부득이한 사유에 해당하는 비과세 규정

주택을 부득이한 사유로 취득·양도하는 경우 또는 취득한 주택을 양도할 때 세대전원의 거주요건을 필요로 하는 경우 등 부득이한 사유 등으로 비과세를 적용하는 규정은 아래와 같으며, 또한 세대전원 중 일부가 취학 등 사유로 거주하지 못하는 경우에도 포함한다.

| 사유 | 요 건 | 관련법령 |
|---|---|---|
| 5년 이상 거주한 건설임대주택 | 세대전원 거주요건 | 시행령 §154①1<br>시행규칙§71③ |
| 부득이한 사유로 1년 이상 거주하고 양도 | 1년 이상 거주한 주택 | 시행령 §154①1<br>시행규칙§71③ |
| 조정대상지역내 일시적 2주택 전입 요건 | 신규주택 취득일로부터 1년이내에 그 주택으로 세대전원이 이사 | 시행령 §155①2가<br>시행규칙§72⑦⑨ |
| 부득이한 사유에 따른 수도권 밖 주택 취득 특례 | 부득이한 사유가 해소된 날부터 3년 이내 양도 | 시행령 §155⑧<br>시행규칙§72⑦⑨ |
| 귀농주택 특례 | 세대전원이 귀농주택으로 이사 가서 거주할 것 | 시행령 §155⑩5<br>시행규칙§72⑦⑨ |
| 일시적 1주택 및 조합권입주권 특례 | 신축주택 완성 후 2년 이내에 세대전원이 이사가서 1년이상 거주 | 시행령 §156의2④1<br>시행규칙§75의2① |
| 대체주택 비과세 | 신축주택 완성 후 2년 이내에 세대전원이 이사가서 1년 이상 거주 | 시행령 §156의2⑤2<br>시행규칙§75의2① |
| 1세대 2주택 중과제외 주택 | 취득 후 1년 이상 거주하고 사유가해소된 날부터 3년이 경과하지 않은 주택 | 시행령 §167의10①<br>시행규칙§83 |
| 1세대2주택·조합원입주권에서 제외되는 주택 | | 시행령 §167의11①<br>시행규칙§83 |

➡ 세대원 중 일부가 취학 등의 사유로 거주하지 못하는 경우에도 비과세 적용

### (5) 비과세 적용 배제

매매거래 당사자가 매매계약서의 거래가액을 실지거래가액과 다르게 적은 경우에는 비과세 규정을 적용할 때, 비과세 받을 세액에서 다음 ㉮, ㉯ 중 적은 (비과세)의 금액을 빼도록 하여 비과세 적용을 배제한다.

> - 비과세 제외금액: ㉮, ㉯ 중 적은 금액
>   ㉮ 비과세에 관한 규정을 적용하지 않았을 경우의 양도소득 산출세액
>   ㉯ 매매계약서의 거래가액과 실지거래가액과의 차액
>
> - 양도가액 다운 계약서 작성
>   - 실제 양도가액 : 800,000,000원  - 취득가액 : 500,000,000원
>   - 매매계약서상 양도가액 : 650,000,000원
>     (허위 기재 금액 : 150,000,000원) ㉯
>   - 보유기간 : 15년 3개월
>   ⇒ 2020.3.23. 양도

| 구 분 | 1세대1주택 적용 | 1세대1주택 미적용 (㉮) |
|---|---|---|
| 양도가액 | 800,000,000 | 800,000,000 |
| 취득가액 | 500,000,000 | 500,000,000 |
| 양도차익 |  | 300,000,000 |
| 장특공제 |  | 90,000,000(30%) |
| 양도소득 |  | 210,000,000 |
| 기본공제 |  | 2,500,000 |
| 과세표준 |  | 207,500,000 |
| 세율 |  | 38% |
| 산출세액 | 0 | 59,450,000(납부세액) |

## 나. 1세대2주택에 대한 비과세 특례

1세대가 1주택을 양도하기 전에 아래의 사유로 2주택 이상을 보유하게 된 경우 1세대 1주택 비과세 요건을 충족한 후 양도하는 1주택에 대해서는 비과세를 적용한다.

**1세대 2주택에 대한 비과세(소득령 §155)**
- 일시적으로 1세대 2주택을 보유하는 경우
- 상속으로 2주택 이상을 보유하는 경우
- 동거봉양 합가 및 혼인으로 2주택을 보유하는 경우
- 문화재주택
- 농어촌주택
- 부득이한 사유에 따른 취득한 수도권 밖 주택
- 장기임대주택 및 장기가정어린이집을 보유한 거주주택 특례

### (1) 일시적으로 2주택을 보유한 경우

국내에 1주택(A주택)을 소유한 1세대가 그 주택(A주택)을 양도하기 전에 다른 주택(B주택)을 취득함으로써 일시적으로 2주택이 된 경우 종전의 주택(A주택)을 취득한 날부터 1년 이상이 지난 후 다른 주택(B주택)을 취득하고 그 다른 주택(B주택)을 취득한 날부터 ①, ②에 따라 종전의 주택(A주택)을 양도하는 경우에는 1세대1주택으로 보아 비과세를 적용한다.

① 종전의 주택(A주택)이 조정대상지역 내에 있는 상태에서 조정대상지역에 있는 주택(B주택)을 취득하는 경우에는 아래 ㉠, ㉡요건을 모두 충족한 경우
다만, 조정대상지역의 공고가 있은 날 이전에 신규 주택, 분양권, 조합원입주권을 취득하거나 신규 주택을 취득하기 위해 매매계약을 체결하고 계약금을 지급한 사실이 증명서류에 의해 확인되는 경우에는 종전규정(아래(2))을 적용한다.
또한 신규주택 취득일 현재 기존 임차인이 거주하고 있는 것이 임대차계약서 등 명백한 증명서류에 의해 확인되고 그 임대차기간이 끝나는 날이 신규 주택(B주택)의 취득일부터 1년 후인 경우에는 전 소유자와 임차인간의 임대차계약 종료일까지 기한을 연장하여 신규주택(B주택) 취득일부터 최대 2년을 한도로 하고 신규주택 취득일 이후 갱신한 임대차계약은 인정하지 아니한다.

㉠ 신규 주택의 취득일로부터 1년 이내에 그 주택으로 세대전원이 이사하고 전입신고를 마친 경우(취학, 근무상의 형편, 질병의 요양 그 밖의 부득이한 사유로 세대의 구성원 중 일부가 이사하지 못하는 경우에는 비과세를 적용한다)

㉡ 신규주택 취득일부터 1년 이내에 종전의 주택을 양도하는 경우

② ①외에 해당하는 경우는 신규주택(B주택)을 취득한 날부터 3년 이내에 종전의 주택(A주택)을 양도하는 경우

(2) 중복 보유 허용기간

| '18.9.13. 이전 | '18.9.14. ~'19.12.16 | | '19.12.17.이후. | |
|---|---|---|---|---|
| | 조정대상 지역내 | 조정대상 지역외 | 조정대상 지역내 | 조정대상 지역외 |
| 3년 | 2년 | 3년 | 1년 | 3년 |

① '18.9.14. 이후 종전주택(A주택)이 조정대상지역 내에 있는 상태에서 조정대상지역 내 주택(B주택)을 취득하는 경우에는 2년 이내에 종전의 주택(A주택)을 양도하여야 하나, '18.9.13. 이전에 주택·분양권·조합원입주권을 취득한 경우 또는 주택·분양권·조합원입주권을 취득하기 위한 매매계약을 체결하고 계약금을 지급한 경우에는 3년 이내에 양도하면 비과세 적용

② '19.12.17. 이후 종전주택(A주택)이 조정대상지역 내에 있는 상태에서 조정대상지역 내 주택(B주택)을 취득하는 경우에는 1년 이내에 종전의 주택(A주택)을 양도하여야 하나, '19.12.16. 이전에 주택·분양권·조합원입주권을 취득한 경우 또는 주택·분양권·조합원입주권을 취득하기 위한 매매계약을 체결하고 계약금을 지급한 경우에는 2년 이내에 양도하면 비과세 적용

(3) 상속주택 특례

상속인이 1주택(A주택)을 보유한 상태에서 별도세대인 피상속인(사망자)으로부터 1주택(B주택)을 상속받아 2주택을 보유하다 상속인의 1주택(A주택)을 양도하는 경우에는 1주택을 소유하고 있는 것으로 비과세를 적용하며, 상속주택을 먼저 양도하는 경우에는 과세대상이다.

① 피상속인이 2주택 이상 보유한 경우

　피상속인이 사망당시 2개 이상의 주택을 소유한 경우에는 ① 피상속인이 소유 기간이 가장 긴 주택 ② 피상속인의 거주기간이 가장 긴 주택 ③ 피상속인이 상속개시 당시 거주한 주택 ④ 기준시가가 가장 높은 주택(기준시가가 같은 경우는 상속인이 선택) 순서에 따른 1주택을 상속주택으로 본다.
　또한 조합원입주권을 상속받아 사업시행 완료 후 취득한 신축주택도 상속받은 주택에 포함하며, 상속받은 1주택이 재개발·재건축 등으로 2주택 이상이 된 경우 1주택에 대해서만 상속주택 특례를 적용한다('20.2.11.시행령 개정).

② 상속주택 특례는 1번만 적용

　2013.2.15. 이후 일반주택을 취득하여 양도하는 분부터는 상속주택을 보유한 상태에서 일반주택을 수차례 취득·양도하여도 매번 1세대 1주택 비과세 특례를 적용받는 폐단을 막기 위해 상속개시 당시 보유하고 있던 주택만 상속주택 특례를 적용하도록 개정되었으며, 수도권 밖 읍·면 지역 농어촌에 소재하고 피상속인이 취득 후 5년 이상 거주한 주택을 상속받은 경우에는 상속인의 일반주택을 계속하여 취득·양도하더라도 비과세를 적용받을 수 있다.

③ 공동상속주택 소수지분자 특례

　상속으로 여러 사람이 공동으로 소유하는 1주택을 공동상속주택이라 하는데 공동상속주택의 소유자를 판단할 때는 상속지분이 가장 큰 상속인의 소유주택으로 보는 것이므로 나머지 소수지분자가 공동상속주택 외에 다른 주택을 양도하는 때에는 공동상속주택은 소수지분자의 소유주택으로 보지 않는다.
　또한 상속지분이 가장 큰 상속인이 2명 이상인 경우에는 ㉠ 당해 주택에 거주하는 자 ㉡ 최연장자 순서로 공동상속주택의 소유자로 본다. 이 때에도 상속개시 당시 피상속인이 2주택 이상을 보유한 경우에는 위 ①순서에 따른 1주택

(4) 장기임대주택에 대한 거주주택 특례

　장기임대주택(아래①)과 거주하는 1주택(거주주택)을 보유하다 거주주택을 양도하는 경우, 아래 요건을 충족하여 양도하게 되면 생애 한 차례만 비과세를 적용받을 수 있다. 또한 아래 요건을 충족하기 전에 거주주택을 먼저 양도하는 경우에도 비과세를 적용받을

수 있으나, 비과세를 적용받은 후 임대기간요건(5년)등을 채울 수 없는 경우에는 사유발생일이 속하는 달의 말일부터 2개월 이내에 양도소득세를 신고·납부하여야 한다.

> **거주주택 적용 요건**
> • 거주주택 : 주택을 취득하여 보유기간 중에 2년 이상 거주한 경우
> • 장기임대주택 : 양도일 현재 세무서에 사업자등록을 하고, 지자체에 임대사업자등록하여 임대하고 있으며, 임대보증금(임대료)의 증가율이 100분의 5를 초과하지 않은 경우

① 장기임대주택에 대한 정의

「민간임대주택에 관한 특별법」에서 규정하고 있는 "민간임대주택"을 매입임대주택과 건설임대주택 및 임대기간 4년 이상과 8년 이상 등으로 구분하여 6가지 종류의 장기임대주택으로 정의하고 있다.

② 장기임대주택의 종류 및 요건

> ① 민간매입임대주택(민간임대주택법§2-3) 1호 이상
>   - 5년 이상 임대
>   - 임대개시일 당시 기준시가 6억원(수도권 밖 3억원) 이하
>   - 임대보증금 또는 임대료 5% 이하
>
> ② '03.10.29.이전에 사업자등록한 국민주택규모 이하의 민간매입임대주택(민간임대주택법 §2-3) 2호 이상 임대
>   - 5년 이상 임대
>   - 임대개시일 당시 기준시가 3억원 이하
>
> ③ 대지면적 298㎡이하, 주택의 연면적 149㎡이하인 건설임대주택 2호 이상 임대
>   - 5년 이상 임대하거나 분양전환
>   - 임대개시일 당시 기준시가 6억원 이하
>   - 임대보증금 또는 임대료 증가율 5% 이하
>
> ④ 민간매입임대주택(민간임대주택법§2-3) 중 미분양주택으로서 '08.6.11.~'09.6.30. 최초로 분양계약을 체결하고 계약금을 납부한 주택에 한함.
>   ㉠ 대지면적 298㎡이하, 주택의 연면적 149㎡이하
>   ㉡ 5년 이상 임대
>   ㉢ 취득 당시 기준시가 3억원 이하
>   ㉣ 수도권 밖의 지역에 소재

- ㉠부터 ㉣까지의 요건을 모두 갖춘 매입임대주택이 같은 시·군에서 5호 이상
⑤ 장기일반민간임대주택등(민간임대주택법§2-4·§2-5)으로 8년이상 임대한 주택
 - 임대개시일 당시 기준시가 6억원(수도권 밖 3억원) 이하
 - 임대보증금 또는 임대료의 증가율이 5% 이하
⑥ 민간건설임대주택(민간임대주택법§2-2) 중 장기일반민간임대주택 등으로서
 - 대지면적 298㎡이하, 주택의 연면적 149㎡이하인 건설임대주택 2호 이상 임대
 - 8년 이상 임대하거나 분양전환
 - 임대개시일 당시 기준시가 6억원 이하
 - 임대보증금 또는 임대료 증가율 5% 이하

※ '19.2.12.이후 거주주택 비과세 적용방법

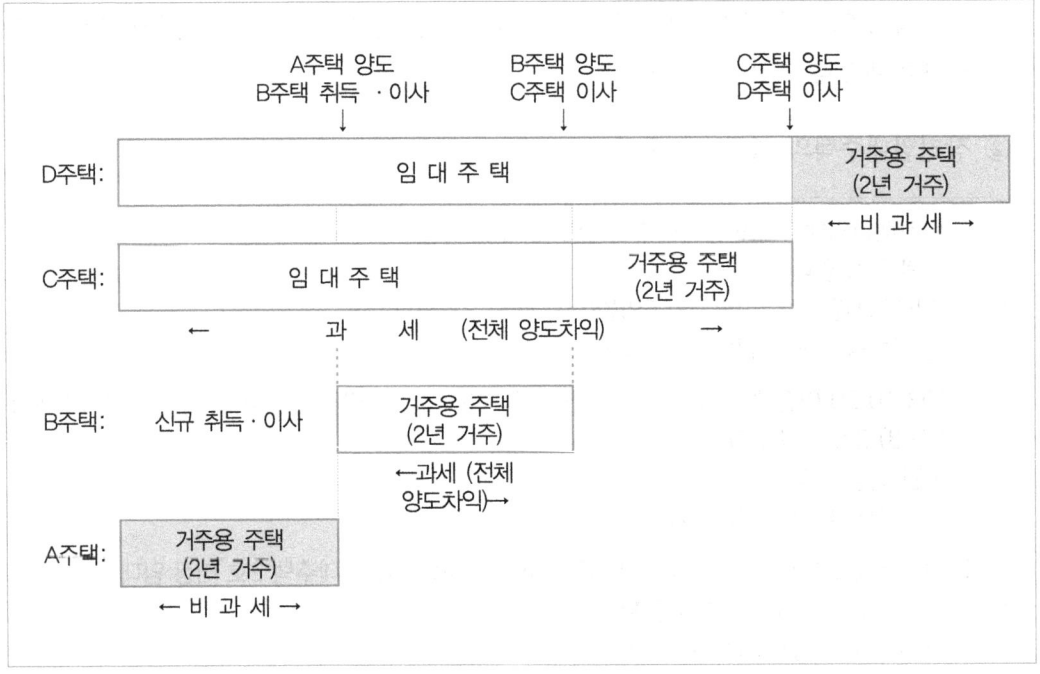

## 10. 비거주자의 1세대 1주택 비과세

1세대 1주택에 대한 양도소득세 비과세 규정은 원칙적으로 양도자가 양도일 현재 소득세법상 거주자인 경우에 한정하여 적용한다.

다만, 1세대가 출국일 및 양도일 현재 1주택을 보유한 경우로서 해외이주법에 의한 해외이주로 세대전원이 출국한 후 출국일(현지이주의 경우는 영주권 또는 그에 준하는 장기체류 자격을 취득한 날)부터 2년 이내에 당해 주택을 양도하는 경우에는 보유기간 및 거주기간의 제한을 받지 아니하고 양도가액 9억원 이하에 상당하는 양도차익에 대하여는 양도소득세가 비과세 된다.

따라서 이민 온 이후에 비거주자 신분 상태에서 국내 소재 주택을 새로 구입하거나 상속 또는 증여받은 경우 동 주택을 양도하였을 때는 비과세 규정을 적용받을 수 없으므로 양도일 현재 1세대가 1주택만을 보유한 경우일지라도 양도소득세를 납부하여야 한다.

또한, 1년 이상 계속하여 국외거주를 필요로 하는 근무상의 형편으로 세대전원이 출국하는 경우는 출국일 및 양도일 현재 국내 1주택을 보유하고 출국일부터 2년 이내에 양도하는 경우에 한하여 2년 이상 보유 요건 및 거주기간의 제한을 받지 않고 비과세 혜택을 받을 수 있지만, 출국일부터 2년을 경과하여 양도하는 때에는 출국일 현재 1세대 1주택 비과세 요건을 충족하였다고 하더라도 과세대상이 된다.

# Ⅲ

# 한국의 주택임대 소득세

# III. 한국의 주택임대 소득세

## 1. 주택임대사업자의 등록 및 관련 법령

### 가. 임대사업자 등록 및 절차

"임대사업자"란 「공공주택 특별법」 제4조제1항에 따른 공공주택사업자가 아닌 자로서 1호 이상의 민간임대주택을 취득하여 임대하는 사업을 할 목적으로 등록한 자를 말한다 (민간임대주택에 관한 특별법).

임대사업을 하고자 하는 자는 지방자치단체에서 임대사업자등록증을 발급 받은 후 세무서에 주택임대 사업자등록을 신청하여 발급받을 수 있다.

개인(법인·단체는 제외)이 지방자치단체장에게 임대사업자 등록 신청 시 신청서에 '세무서 사업자등록 신청서 제출'에 동의하는 경우에는 기관간 연계하여 신청정보를 주고 받아 사업자등록을 처리해 주는 서비스(사업자등록신청 간소화 서비스: '18.4.2.시행)로 세무서를 따로 방문할 필요없이 사업자등록을 신청할 수 있다(아래 ❸단계 생략 가능).

| 등록절차 |

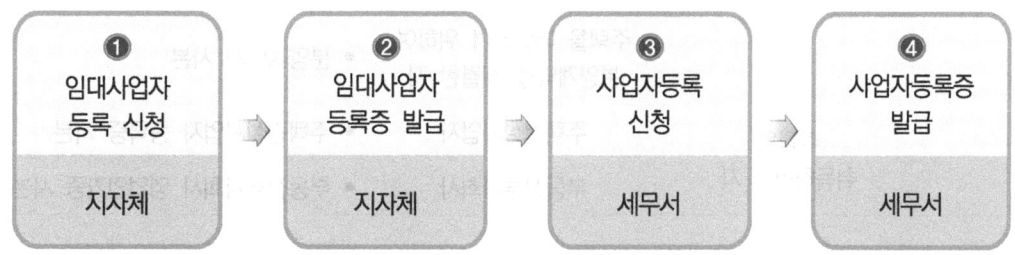

지자체에 임대사업자 등록시 임대사업자 등록신청서와 신청인이 개인인 경우 주민등록표 초본, 법인인 경우 등기사항증명서, 재외국민인 경우에는 여권정보, 재외국민등록증, 외국인등록 사실증명서 등이 필요하다(아래 표 참고).

세무서 사업자등록신청은 사업장 관할 세무서에 해야 하며, 사업장은 원칙적으로 임대주택의 소재지이나, 「민간임대주택에 관한 특별법」 제5조의 규정에 따라 임대등록한 경우 그 등록한 주소지를 사업장으로 하여 신청할 수 있으며, 관할 세무서에 사업자등록을 신청할 때는 신청서에 "임대사업자 등록증" 사본을 함께 제출하여야 한다.

| 지자체 임대사업자 등록 시 필요한 서류 |

| 구분 | | | 필요한 서류 |
|---|---|---|---|
| 공통 | | | • 임대사업자 등록신청서 |
| 사업자 유형별 | | | • 신청인이 개인인 경우(행정정보공동이용 미동의시) : 주민등록표 초본<br>• 신청인이 법인인 경우 : 법인 등기사항증명서<br>• 신청인이 재외국민 등 : 여권정보, 재외국민등록증, 외국인등록 사실증명서 등 |
| 주택 유형별 | | 주택을 소유한 자 | • 건물등기사항증명서 |
| | 주택을 취득하려는 계획이 확정되어 있는 자 | 주택을 건설하기 위하여 「주택법」 제15조에 따른 사업계획승인을 받은 자 | • 주택사업계획승인서 사본 |
| | | 주택을 건설하기 위하여 「건축법」 제11조에 따른 건축허가를 받은 자 | • 건축허가서 |
| | | 주택을 매입하기 위하여 매매계약을 체결한 자 | • 매매계약서 사본 |
| | | 주택을 매입하기 위하여 분양계약을 체결한 자 | • 분양계약서 사본 |
| | 주택을 취득하려는 자 | 주택건설사업자 | • 주택건설사업자 등록증 사본 |
| | | 부동산투자회사 | • 부동산투자회사 영업인가증 사본 |

## 나. 임대주택 관련 법령(양도소득세·종합소득세·종합부동산세)

### (1) 양도소득세

| | 구 분 | 특례내용 및 요건 | 대상 |
|---|---|---|---|
| 소득세법 | 장기임대주택 등 보유자에 대한 거주주택 양도 시 비과세 특례<br>(소득세법 시행령 §155⑳) | 거주주택 양도 시 보유주택에서 제외<br>❶거주주택 : 2년이상 거주할 것<br>❷장기임대주택 : 지자체 및 세무서에 임대등록 후 임대하고 있을 것 | 거주자 |
| 소득세법 | 조정대상지역 신규취득 장기임대주택 중과<br>(소득세법 시행령 §167의1①마목) | 1주택 이상을 보유한 1세대가 조정대상지역에 새로 취득한 주택은 임대등록시에도 양도세 중과<br>❶적용시기 : '18.9.14. 이후 조정대상지역내 주택을 신규 취득하여 임대등록하고 '18.10.23. 이후 양도하는 분부터 적용 | 거주자 |
| 소득세법 | 조정대상지역 내 등록임대주택에 대한 1세대 1주택 비과세 요건에 거주요건 적용<br>(소득세법 시행령 §154①) | 조정대상지역 내 등록임대주택도 2년 거주요건 충족해야 비과세 적용<br>❶적용시기 : '19.12.17.이후 사업자등록·임대사업자 등록분부터 적용<br>❷경과조치 : '19.12.16.이전에 등록신청하고 19.12.17. 이후 등록된 경우에는 종전 규정 적용 | 거주자 |
| 조세특례제한법 | 장기일반민간임대주택등 양도세 과세특례<br>(조세특례제한법 §97조의3) | 8년 이상 임대 후 양도 시<br>장기보유특별공제 50%(10년 이상 70%)<br>❶임대보증금 및 임대료 연5%초과하지 않을 것<br>❷국민주택규모(85㎡) 이하<br>❸임대개시 당시 기준시가 6억원(비수도권3억원) | 거주자 |
| 조세특례제한법 | 장기임대주택 양도세 과세특례<br>(조세특례제한법 §97조의4) | 6년 이상 매년 장기보유특별공제율 2%p 씩 가산<br><br>| 임대기간 | 추가공제율 |<br>|---|---|<br>| 6년 이상 7년 미만 | 2% |<br>| 7년 이상 8년 미만 | 4% |<br>| 8년 이상 9년 미만 | 6% |<br>| 9년 이상 10년 미만 | 8% |<br>| 10년 이상 | 10% | | 거주자<br>비거주자 |
| 조세특례제한법 | 장기일반민간임대주택등 양도세 감면<br>(조세특례제한법 §97조의5)<br>* 15.1.1.~18.12.31. 취득분에 한해 적용 | 10년 이상 계속 임대 후 양도 시 임대기간 발생한 양도소득에 대한 양도세 100% 감면<br>❶임대보증금 및 임대료 연5%초과하지 않을 것<br>❷국민주택규모(85㎡) 이하<br>❸임대개시 당시 기준시가 6억원(비수도권3억원) | 거주자 |

### (2) 종합소득세

민간임대주택 공급의 활성화를 위해 일정요건을 충족한 소형주택 임대소득에 대하여 세액감면 혜택을 적용한다(조세특례제한법 §96조).

| 구분 | 임대호수 | 감면율 ~'20년 | 감면율 '21년~ | 비고 |
|---|---|---|---|---|
| 단기민간임대주택 | 1호 | 30% | 30% | • 임대사업자 등록 및 사업자등록을 하였을 것<br>• 국민주택규모의 주택[5배(도시지역 밖 10배) 이내 부수토지 포함]으로서 임대개시일 당시 기준시가 6억원을 초과하지 아니할 것<br>• 임대보증금 또는 임대료 증가율 5% 초과하지 아니할 것<br>• 단기 4년, 공공지원 및 장기임대 8년 이상 임대 |
| 단기민간임대주택 | 2호 이상 | 30% | 20% | |
| 공공지원민간임대주택<br>장기일반민간임대주택 | 1호 | 75% | 75% | |
| 공공지원민간임대주택<br>장기일반민간임대주택 | 2호 이상 | 75% | 50% | |

\* 조세특례제한법 제96조에 의한 소형주택 임대사업자에 대한 세액감면은 거주자에게 적용

### (3) 종합부동산세

과세기준일(6.1.) 현재 지자체 임대업등록과 세무서에 주택임대 사업자등록을 하고 실제 임대하거나 소유하고 있는 요건 충족 주택의 경우 합산배제하며 과세기준일 현재 임대를 개시한 자가 합산배제 신고기간 종료일(9.30.)까지 지자체 임대업등록 및 세무서 사업자등록을 하는 경우에는 과세기준일 현재 임대사업자로서 사업자등록을 한 것으로 본다.

| 구 분 | | 임대기간 | 전용면적 | 주택 수 | 공시가격 |
|---|---|---|---|---|---|
| 매입<br>임대주택 | 18.3.31. 이전 등록 | 5년 이상 | - | 전국<br>1호 이상 | 6억원 이하<br>(비수도권<br>3억원 이하) |
| 매입<br>임대주택 | 18.4.1. 이후 등록<br>장기일반민간임대주택 | 8년 이상 | - | 전국<br>1호 이상 | 6억원 이하<br>(비수도권<br>3억원 이하) |
| 건설<br>임대주택 | 18.3.31. 이전 등록 | 5년 이상 | 149㎡ 이하 | 전국<br>2호 이상 | 6억원 이하 |
| 건설<br>임대주택 | 18.4.1. 이후 등록<br>장기일반민간임대주택 | 8년 이상 | 149㎡ 이하 | 전국<br>2호 이상 | 6억원 이하 |
| 기존임대주택 | | 5년 이상 | 국민주택<br>규모 이하 | 전국<br>2호 이상 | 3억원 이하 |
| 미임대 민간건설임대주택 | | - | 149㎡ 이하 | - | 6억원 이하 |
| 리츠·펀드에 의한 매입임대주택 | | 10년 이상 | 149㎡ 이하 | 비수도권<br>5호 이상 | 6억원 이하 |
| 미분양 매입임대주택 | | 5년 이상 | 149㎡ 이하 | 비수도권<br>5호 이상 | 6억원 이하 |

※ 종합부동산세 세율

| 과세표준 | 일반 | | 3주택 이상 조정대상지역 2주택 | | 비고 |
|---|---|---|---|---|---|
| | 세율 | 누진공제 | 세율 | 누진공제 | |
| 3억원 이하 | 0.5% | - | 0.6% | - | * 세부담 상한액<br>: 직전연도 해당 주택에 대한<br>총세액상당액 × 150%<br>(조정대상지역 2주택 200%,<br>3주택 300%) |
| 6억원 이하 | 0.7% | 60만원 | 0.9% | 90만원 | |
| 12억원 이하 | 1.0% | 240만원 | 1.3% | 330만원 | |
| 50억원 이하 | 1.4% | 720만원 | 1.8% | 930만원 | |
| 94억원 이하 | 2.0% | 3,720만원 | 2.5% | 4,430만원 | |
| 94억원 초과 | 2.7% | 10,300만원 | 3.2% | 11,010만원 | |

## 다. 등록임대주택에 대한 취득세

임대용 부동산 취득일부터 60일 이내에 해당 임대용 부동산을 임대목적물로 하여 임대사업자로 등록한 경우 취득세·재산세를 감면한다. 다만, 임대의무기간에 임대 외의 용도로 사용하거나 매각·증여하는 경우, 임대사업자 등록이 말소된 경우에는 감면된 취득세를 추징하며, 임대사업자 등록이 말소된 경우에는 그 감면사유 소멸일부터 5년 이내에 감면된 재산세를 추징한다.

| 취득세·재산세 감면 |

| 구분 | | 전용면적(㎡) | | | 비고 |
|---|---|---|---|---|---|
| | | 40 이하 | 40~60 | 60~85 | |
| 취득세<br>(지방세<br>특례제한법<br>§31,<br>177의2) | 단기 | 면제<br>* 취득세 200만원 초과 시 85% | | - | • '21.12.31.까지 등록하는 경우<br>• 공공주택 신축, 공동주택·주거용 오피스텔의 최초 분양받은 경우에 한정<br>• 토지 취득일부터 정당한 사유 없이 2년 이내 공동주택을 착공하지 않으면 제외 |
| | 공공지원<br>장기일반 | | | 50%<br>(20호<br>이상시) | |
| 재산세<br>(지방세<br>특례제한법<br>§31,<br>177의2) | 단기 | 면제<br>* 재산세 50만원 초과시 85% | 50% | 25% | • '21.12.31.까지 등록하는 경우<br>• 2호 이상 임대<br>• 공공주택 건축·매입, 오피스텔 매입<br>(다가구 주택 8년 이상+40㎡ 이하) |
| | 공공지원<br>장기일반 | | 75% | 50% | |

| 주택에 대한 취득세율 |

| 구분 | | | 취득세 | 농어촌 특별세 | 지방 교육세 | 합계 |
|---|---|---|---|---|---|---|
| 유상 취득 | 6억 이하 | 85㎡ 이하 | 1.0% | - | 0.1% | 1.1% |
| | | 85㎡ 초과 | 1.0% | 0.2% | 0.1% | 1.3% |
| | 9억 이하 | 85㎡ 이하 | 2.0% | - | 0.2% | 2.2% |
| | | 85㎡ 초과 | 2.0% | 0.2% | 0.2% | 2.4% |
| | 9억 초과 | 85㎡ 이하 | 3.0% | - | 0.3% | 3.3% |
| | | 85㎡ 초과 | 3.0% | 0.2% | 0.3% | 3.5% |
| 상속 취득 | | | 2.8% | 0.2% | 0.16% | 3.16% |
| 무상(증여) 취득 | | | 3.5% | 0.2% | 0.3% | 4.0% |

'20.1.1.부터는 취득가액 6억원 초과~9억원 이하 주택 유상거래의 취득세율이 2%에서 1~3%로 세분화되고, 1세대 4주택 이상의 주택에 대해서는 4%의 취득세율이 적용된다. 다만, 지방세법 개정으로 세부담이 증가하는 7.5~9억원 구간의 주택을 '19.12.31.까지 매매계약을 체결하고, '20.3.31.까지(공동주택 분양의 경우에는 '22.12.31.까지) 잔금을 지급하여 취득하는 경우에는 종전의 2% 세율을 적용받도록 경과조치를 두었다.

| 주택에 대한 재산세율 |

| 과세표준 | 세율 | 누진공제 | 비고 |
|---|---|---|---|
| 6천만원 이하 | 0.1% | - | 별장 4% |
| 1억 5천만원 이하 | 0.15% | 3만원 | |
| 3억원 이하 | 0.25% | 18만원 | |
| 3억원 초과 | 0.4% | 63만원 | |

## 2. 한국의 주택임대 소득세

### 가. 과세대상

임대소득은 소득세법상 과세대상인 사업소득의 일종으로 상가건물 또는 주택을 임대하여 발생하는 소득을 말한다.

상가임대 소득은 계속적으로 과세를 하였으나, 주택임대 소득은 일시적인 주택 임대시장의 수급불일치 해소를 위해 수입금액 2천만원 이하의 경우 '14년~'18년 귀속 동안 한시적으로 비과세하였다.

그러나, 상가임대 소득 등 다른 업종과의 형평성 및 '소득 있는 곳에 세금이 있다'는 과세원칙을 위해 비과세 대상이었던 수입금액 2천만원 이하에 대해서도 '19년 귀속('20년 신고)분부터 소득세를 과세하고 있다.

따라서 월세 임대수입이 있는 2주택 이상 소유자와 보증금 합계가 3억원을 초과하는 3주택 이상 소유자는 2월 10일까지 수입금액 등의 사업장 현황신고를 하고, 5월에는 소득세를 신고·납부해야 한다.

| 주택임대 소득 과세기준 |

| 부부 합산 보유 주택수[1] 별 | | | 임대 유형별 | |
|---|---|---|---|---|
| 구 분 | 월세 | 보증금 | 구 분 | 과세대상 |
| 1주택 | 비과세[2] | 비과세 | 월세 | 2주택 이상 보유자,<br>기준시가 9억초과 국내소재 1주택 보유자,<br>국외소재 1주택 보유자 |
| 2주택 | 과세 | 간주임대료 과세[3] | | |
| 3주택 이상 | | | 보증금 | 보증금 합계가 3억 초과 3주택 이상 보유자 |

1) 보유주택 수는 부부 합산하여 계산
2) 기준시가 9억 원 초과 주택 및 국외소재 주택의 임대소득은 1주택자도 과세
3) 소형주택(주거 전용면적 40㎡ 이하이면서 기준시가가 2억 원 이하)은 간주임대료 과세대상 주택에서 제외

주택이란 상시 주거용(사업을 위한 주거용의 경우 제외)으로 사용하는 건물로 주택부수토지를 포함하며, 주택 수 계산방법은 아래와 같다.

| 주택의 정의 및 주택 수 계산 |

| 구 분 | 계 산 방 법 |
|---|---|
| 다가구주택 | • 1개의 주택으로 보되, 구분 등기된 경우에는 각각을 1개의 주택으로 계산 |
| 공동소유 | ① 공동소유의 주택은 지분이 가장 큰 자의 소유로 계산<br>② 지분이 가장 큰 자가 2인 이상인 경우에는 각각의 소유로 계산<br>③ 지분이 가장 큰 자가 2인 이상인 경우로서 그들이 합의하여 그들 중 1인을 당해 주택의 임대수입의 귀속자로 정한 경우에는 그의 소유로 계산<br>④ 다음 중 하나에 해당하면 소수지분자도 주택수에 가산<br>- 해당 주택에서 발생하는 임대소득 수입금액(주택의 총 임대수입금액 × 지분율)이 연간 600만원 이상<br>- 기준시가가 9억원을 초과하는 주택의 30%를 초과하는 공동소유지분을 소유 |
| 전대·전전세 | • 임차 또는 전세 받은 주택을 전대하거나 전전세하는 경우 당해 임차 또는 전세 받은 주택은 소유자의 주택 수에 포함될 뿐만 아니라 임차인 또는 전세 받은 자의 주택으로도 계산 |
| 부부소유 | • 본인과 배우자가 각각 주택을 소유하는 경우에는 이를 합산 |

## 나. 납세의무자

납세의무자는 소득세법 제12조 열거된 비과세 주택임대 소득 외의 주택임대소득이 있는 사업자로서 거주자는 국내외 소재 주택에서 발생하는 소득 모두에 대하여, 비거주자는 국내 소재 주택에서 발생하는 소득에 대하여만 납세의무가 있다.

이 경우 거주자란 국내에 주소를 두거나 183일 이상 거소를 둔 자를 말하며, 비거주자는 거주자가 아닌 자를 말한다.

## 다. 과세표준 및 세액의 계산

비거주자의 소득세 과세표준과 세액의 계산은 거주자에 관한 규정을 준용한다. 다만, 비거주자는 본인 외의 자에 대한 인적공제와 특별소득공제, 자녀세액공제 및 특별세액공제는 적용하지 아니한다.

### (1) 신고 방법

주택임대 소득자는 수입금액이 2천만원을 초과하는 경우 종합과세 방법으로 신고하여야 하며, 수입금액이 2천만원 이하인 경우 종합과세와 분리과세 중 선택하여 신고할 수 있다.

주택임대 소득을 포함한 종합소득이 있는 납세의무자는 당해 과세기간의 종합소득 과세표준과 세액을 다음연도 5월 1일부터 31일까지 납세지 관할 세무서장에게 확정신고하고 자진납부해야 한다.

'19년 귀속부터 주택임대소득 수입금액이 2천만원 이하인 경우 다른 종합과세대상 소득과 합산하여 신고하는 방법과 주택임대소득에 대해 14%의 세율을 적용하여 분리과세 신고하는 방법 중 선택하여 신고할 수 있다.

| 수입금액 | 신고방법 |
|---|---|
| 2천만원 이하 | 종합과세(세율 6~42%) 또는 분리과세(세율 14%) 중 선택 |
| 2천만원 초과 | 종합과세(세율 6~42%) 신고 |

### (2) 주택임대소득의 수입금액

수입금액이란 해당 과세기간에 수입하였거나 수입할 금액의 합계액(월세+보증금 등에 대한 간주임대료)을 말하며, 3주택 이상을 소유하고 해당 주택의 보증금 등의 합계액이 3억원을 초과하는 경우 간주임대료를 수입금액에 산입한다.

$$간주임대료 = (보증금등 - 3억 원^{1)})의 \ 적수 \times 60\% \times \frac{1}{365 \ (윤년은 \ 366)} \times 정기예금이자율 \ ('19귀속: \ 2.1\%)$$

– 해당 임대사업부분 발생한 수입이자와 할인료 및 배당금의 합계액[2]

1) 보증금등을 받은 주택이 2주택 이상인 경우에는 보증금등의 적수가 가장 큰 주택의 보증금등부터 순서대로 차감
2) 추계신고·결정하는 경우 임대사업부분에서 발생한 금융수익 차감하지 않음.

### (3) 세율

거주자와 비거주자의 세율은 다음과 같이 동일하다.

| 과세표준 | 종합과세 | | 분리과세 |
|---|---|---|---|
| | 세율 | 누진공제 | |
| 1,200만원 이하 | 6% | | |
| 1,200만원 초과 4,600만원 이하 | 15% | 108만원 | |
| 4,600만원 초과 8,800만원 이하 | 24% | 522만원 | |
| 8,800만원 초과 1억5천만원 이하 | 35% | 1,490만원 | 14% |
| 1억5천만원초과 3억원 이하 | 38% | 1,940만원 | |
| 3억원 초과 5억원 이하 | 40% | 2,540만원 | |
| 5억원 초과 | 42% | 3,540만원 | |

> **참고** 종합과세와 분리과세 세액계산 비교

| 구 분 | 종합 과세 선택 | 분리과세 선택 | |
|---|---|---|---|
| | | 종합과세대상 소득 | 분리과세 주택임대소득 |
| 수입금액 | 월세 (+) 간주임대료 | | 월세 (+) 간주임대료 |
| 필요경비 | • 장부신고<br> - 실제 지출 경비<br>• 추계신고<br> - 경비율에 의해 계산 | 해당사항 없음 | • 등록임대주택<br> - 수입금액의 60%<br>  * 지방자치체와 세무서에 모두 등록하고 임대료의 연 증가율이 5%를 초과하지 않아야 함.<br>• 미등록임대주택<br> - 수입금액의 50% |
| 소득금액 | 수입금액 (−) 필요경비 | | |
| 종합소득 금액 | 주택임대 소득금액<br>(+)<br>종합과세 대상 다른 소득금액 | 분리과세 주택임대소득 외의 종합과세 대상 소득금액 | 수입금액 (−) 필요경비 (−) 공제*<br>* 분리과세 주택임대소득을 제외한 종합소득금액이 2천만원 이하인 경우 4백만원(등록)·2백만원(미등록) 공제 |
| 소득공제 | 인적공제 등 각종 소득공제 | 인적공제 등 각종 소득공제 | |
| 과세표준 | 종합소득금액<br>(−) 소득공제 | 종합소득금액<br>(−) 소득공제 | |
| 세율 | 6~42% | 6~42% | 14%(단일세율) |
| 산출세액 | 과세표준 (×) 세율 | 과세표준 (×) 세율 | 과세표준 (×) 세율 |
| 공제감면 세액 | 소득세법 및 조특법 상의 각종 공제·감면<br>* 소형주택 임대사업자 감면 포함 | 소득세법 및 조특법 상의 각종 공제·감면<br>* 소형주택 임대사업자 감면 제외 | • 소형주택 임대사업자 감면<br> - 단기(4년)임대 30%<br> - 장기(8년)임대 75%<br>  * 국민주택규모 주택으로 「조세특례제한법」 제96조의 요건을 충족해야 함. |
| 결정세액 | 산출세액<br>(−) 공제감면세액 | 산출세액 (−) 공제감면세액 | 산출세액 (−) 감면세액 |
| | | 종합과세대상 결정세액과 분리과세대상 결정세액 합산하여 신고납부 | |

## 라. 임대사업자등록 의무화

주택임대사업자는 임대 개시일로부터 20일 이내에 사업장 관할 세무서에 사업자등록 신청을 하여야 한다. 사업자등록을 하지 않은 경우 '20년부터는 임대개시일부터 신청 직전일까지 수입금액의 0.2% 가산세가 부과된다('19.12.31. 이전 임대를 시작한 경우에는 가산세 적용 시 '20.1.1.을 임대개시일로 봄).

## 마. 임대사업자등록 시 혜택

주택임대사업자가 세무서와 지방자치단체에 모두 등록을 하면 임대소득세 뿐만아니라, 양도소득세, 종합부동산세 및 취득세 등에서 다양한 세금혜택을 받을 수 있다.

| 구 분 | 세무서·지방자치단체 모두 등록 | 세무서만 등록 | 지자체만 등록 |
|---|---|---|---|
| 양도소득세 및 종합부동산세 혜택 | ○ | × | × |
| 취득세 및 재산세 감면 | ○ | × | ○ |

임대소득세의 경우 주택임대소득 분리과세 신고 시 필요경비 및 기본공제 우대의 혜택을 받을 수 있으며, 국민주택을 임대하는 경우 감면을 받을 수도 있다.

| 총수입금액 2천만원 이하자 분리과세 선택 시 필요경비 및 기본공제 |

| 구 분 | | 세무서와 지방자치단체 모두 등록 (①) | ① 이외의 경우 |
|---|---|---|---|
| 혜 택 | 필요경비율 | 60% | 50% |
| | 기본공제* | 4백만원 | 2백만원 |
| 요건 | | 아래요건 모두 충족<br>가. 세무서와 지방자치단체 모두 등록<br>나. 임대보증금·임대료의 연 증가율이 5% 초과하지 않을 것 | |

* 기본공제 4백만원 또는 2백만원은 다른 종합소득금액이 2천만원 이하인 경우 적용

# Ⅳ

# 한국의 상속세 과세제도

# Ⅳ 한국의 상속세 과세제도

## 1. 과세대상

사망 또는 실종선고로 상속이 개시된 경우에 있어서 피상속인(사망자)이 거주자인 경우에는 상속개시일 현재 국내·국외에 있는 모든 상속재산이, 비거주자인 경우에는 상속개시일 현재 국내에 있는 모든 상속재산이 과세대상이 된다.

| 피상속인 | 과 세 대 상 |
|---|---|
| 거 주 자 | 상속개시일 현재 피상속인 소유의 국내·국외에 있는 모든 상속재산 |
| 비거주자 | 상속개시일 현재 피상속인 소유의 국내에 있는 모든 상속재산 |

### 가. 거주자와 비거주자의 판단

거주자란 국내에 주소를 두거나 183일 이상 거소를 둔 사람을 말하고, 비거주자는 거주자가 아닌 사람을 말한다. 주소는 국내에서 생계를 같이하는 가족 및 국내에 소재하는 재산의 유무 등 생활관계의 객관적 사실을 종합하여 판정한다. 다만, 비거주자가 한국내에 영주를 목적으로 귀국하여 한국내에서 사망한 경우에는 거주자로 본다.

\* 영주귀국의 신고 및 영주귀국 확인서의 발급 필요(「해외이주법」 제12조 및 같은 법 시행규칙 제13조)

### 나. 비거주자의 요건

「상속세 및 증여세법」 제2조에 따라 "거주자"는 상속개시일 현재 국내에 주소를 두거나 183일 이상 거소를 둔 자를 말하며, "비거주자"란 거주자가 아닌 사람을 말한다. 이 경우 주소는 국내에 생계를 같이하는 가족 및 국내에 소재하는 자산의 유무 등 생활관계의 객관적 사실에 따라 판단하는 것이며, 국외에 거주 또는 근무하는 자가 외국국적을 가졌거나 외국법령에 의하여 그 외국의 영주권을 얻은 자로서 국내에 생계를 같이하는 가족이 없고 그 직업 및 자산상태에 비추어 다시 입국하여 주로 국내에 거주하리라고 인정되지 아니하는 경우 등에는 국내에 주소가 없는 것으로 보며, 이에 해당하는지는 구체적인 사실을 확인하여 판단할 사항이다.

## 2. 납세의무자

상속인 또는 수유자(유증 등을 받은 자)는 부과된 상속세에 대하여 상속재산 중 각자가 받았거나 받을 재산을 기준으로 계산한 점유비율에 따라 상속세를 납부할 의무가 있다. 공동상속의 경우 다른 상속인이 상속세를 납부하지 않을 때에는 나머지 상속인 또는 수유자는 상속 순자산가액(상속재산 - 공과금·채무)에서 본인이 납부한 상속세액을 차감한 금액의 범위 내에서 연대하여 납부할 의무가 있다.

### 가. 상속인

피상속인의 권리와 의무를 승계하는 상속인이 상속세 납세의무자가 되며, 공동 상속인은 상속재산 중 각자가 받았거나 받을 재산(상속개시 전 10년 내에 받은 증여재산을 포함)의 비율에 따라 상속세를 납부할 의무를 진다.

> 민법상 상속순위는 피상속인의 직계비속과 배우자, 직계존속과 배우자, 형제자매, 4촌 이내의 방계혈족의 순이다. 아들과 손자의 경우 아들이 선순위이고, 아들과 딸의 경우 공동상속한다. 피상속인의 배우자는 직계비속과, 직계비속이 없으면 직계존속과 공동상속인이 되지만, 1·2순위인 직계비속·존속이 없으면 단독상속인이 된다. 배우자 상속분은 다른 공동상속인의 1.5배가 된다. 상속인이 될 직계비속이나 형제자매가 상속개시 전에 사망하거나 결격자가 된 경우 그 직계비속이나 배우자가 사망한 자 등의 순위에 갈음하여 상속인이 된다(대습상속).

## 나. 수유자

피상속인의 유증이나 사인증여에 의하여 상속재산을 취득하거나 증여이행 중 증여자가 사망하여 상속개시 후 재산을 취득한 자도 수유자로서 상속재산의 점유비율에 따라 상속세 납세의무와 연대납세의무를 진다.

## 3. 과세표준 및 세액의 계산

상속세 과세표준은 피상속인(거주자)이 소유한 국내외의 모든 상속재산가액의 합계액을 산정한 다음 이 금액에서 비과세 상속재산, 과세가액 불산입재산, 공과금, 장례비용, 채무를 차감하고 추정상속재산과 합산대상 증여재산가액을 가산한 후, 상속공제액과 감정평가수수료를 차감하여 계산한다. 추정상속재산은 상속개시 전 처분하거나 부담한 채무액이 1년 이내 2억원(2년 이내에 5억원) 이상인 경우로서 용도가 불분명한 금액 상당을 말하며, 합산대상 증여재산가액은 피상속인이 상속인에게 상속개시 전 10년(상속인 외의 자는 5년) 이내에 증여한 재산의 가액을 말한다.

상속세 산출세액은 상속세 과세표준에 세율(10%~50%)을 적용하여 계산한다. 피상속인의 자녀가 아닌 손자, 외손자 등이 상속받을 경우에는 세대를 건너뛴 상속에 대한 30%(상속인이 미성년자이며 상속재산가액이 20억원을 초과할 경우 40%) 할증과세를 한다. 다만, 자녀가 먼저 사망하거나 상속 결격사유가 있어 손자 또는 외손자가 대습상속인으로서 조부모 또는 외조부모의 재산을 상속받은 경우에는 할증과세를 하지 않는다. 피상속인이 사망하기 전에 증여한 재산을 상속세 과세가액에 가산하여 상속세액을 계산한 경우에는 증여 당시 부담한 증여세액을 세액공제로 뺀다.

비거주자의 사망에 따른 상속세 과세표준과 세액의 계산방법은 거주자 사망의 경우와 대체로 유사하나, 다음과 같은 차이점이 있다.

- 상속개시일 현재 비거주자가 소유하는 국내재산에 대하여만 상속세를 부과한다.
- 국내재산에 대한 재산세, 종합부동산세 및 공과금을 공제하며, 국내재산에 저당권 등에 의하여 확인되는 채무나 국내사업장이 있는 경우 장부에 의해 확인되는 채무는 공제하지만, 장례비용은 공제하지 않는다.
- 상속공제의 경우 2억원의 기초공제와 감정평가수수료가 공제되지만, 배우자 공제, 그 밖의 인적공제, 금융재산상속공제 등은 허용되지 않는다.

2020 재미납세자가 알아야 할 한·미 세금상식

## 4. 세율

비거주자와 거주자의 상속세율은 다음과 같이 동일하다.

| 과세표준 | 세율 | 누진공제 |
|---|---|---|
| 1억원 이하 | 10% | - |
| 1억원 초과 5억원 이하 | 20% | 1천만원 |
| 5억원 초과 10억원 이하 | 30% | 6천만원 |
| 10억원 초과 30억원 이하 | 40% | 1억 6천만원 |
| 30억원 초과 | 50% | 4억 6천만원 |

## 5. 신고납부

상속개시일이 속하는 달의 말일로부터 6월 이내(피상속인이 비거주자이면 9월 이내)에 피상속인의 주소지 관할 세무서장에게 상속세 신고서를 제출하고 세금을 납부하여야 한다. 세금은 일시에 현금으로 납부하는 것이 원칙이지만, 분납, 연부연납 및 물납제도를 이용하면 일시적으로 거액의 세금을 현금으로 납부해야 하는 과중한 세부담을 완화시킬 수 있다.

상속세액이 1천만원을 초과할 경우 2개월 이내에서 분납이 가능하며 상속세액이 2천만원을 초과할 경우 담보를 제공하고 5년(가업상속재산에 대한 상속세는 10년 또는 20년) 이내에서 연부연납(매년 납부할 금액은 1천만원을 초과 하여야 함)이 가능하다. 단, 연부연납세액에 대해서는 각 분할 납부세액의 납부일 현재 국세기본법 시행령 §43의3②항에 따른 이자율('20.3.13.이후 연 1천분의 18)에 해당하는 가산금(이자상당액)을 부담해야 한다. 그리고 상속재산 중 부동산과 유가증권가액의 비율이 50%를 초과하고 상속세액이 2천만원을 초과하며 상속세 납부세액이 상속재산가액 중 금융재산의 가액을 초과하는 경우에는 상속받은 부동산과 유가증권(비상장주식은 제외)으로 물납을 할 수 있다.

## | 거주자와 비거주자의 사망에 따른 상속세 과세 차이 |

| 구 분 | 거주자가 사망한 경우 | 비거주자가 사망한 경우 |
|---|---|---|
| ① 신고납부기한 | 상속개시일이 속하는 달의 말일로 부터 6월 이내 | 상속개시일이 속하는 달의 말일로 부터 9월 이내 |
| ② 과세대상 재산 | 국내·외의 모든 상속재산 | 국내 소재 상속재산 |
| ③ 공제금액 | | |
| ・공과금 | 미납된 모든 공과금 | 국내 상속재산 관련 공과금 |
| ・장례비용 | 공제 | 공제 안됨 |
| ・채무 | 모든 채무 공제 (증여채무 제외) | 국내 상속재산에 저당권으로 담보된 채무 (증여채무 제외) |
| ④ 과세표준의 계산 | | |
| ・기초공제(2억) | 공제 | 공제 |
| ・그 밖의 인적공제 | 공제 | 공제 안됨 |
| ・일괄공제(5억) | 공제 | 공제 안됨 |
| ・배우자상속공제 | 공제 | 공제 안됨 |
| ・금융재산상속공제 | 공제 | 공제 안됨 |
| ・재해손실공제 | 공제 | 공제 안됨 |
| ・동거주택상속공제 | 공제 | 공제 안됨 |
| ・감정평가수수료 | 공제 | 공제 |

## 참고 | 상속세 계산 흐름도

### 피상속인 거주자인 경우

**총상속재산가액**
- 상속재산가액(본래의 상속재산 + 간주상속재산) + 상속개시 전 처분재산 등 산입액
  * 상속재산가액은 국내외 모든 재산임

−

**비과세 및 과세가액 불산입액**
- 비과세 : 금양임야, 문화재 등
- 과세가액 불산입재산 : 공익법인 등에 출연한 재산 등

**공과금·장례비·채무**
⇩

**사전증여재산**
- 합산대상 사전증여재산(상속인 10년, 기타 5년, 단 특례세율 적용 증여재산인 창업자금, 가업승계주식은 기한없이 합산)

+

**상속세과세가액**

−

**상속공제**
- (기초공제+그 밖의 인적공제)와 일괄공제(5억) 중 큰 금액
- 가업(영농)상속공제
- 금융재산 상속공제
- 동거주택 상속공제(6억원 한도)
- 배우자공제
- 재해손실공제
  * 단, 위 합계 중 공제적용 종합한도 내 금액만 공제가능

−

**감정평가수수료**
- 부동산 감정평가업자의 평가에 따른 수수료 5백만원 한도 등
⇩

**상속세과세표준**

×

**세율**

| 과세표준 | 1억원 이하 | 5억원 이하 | 10억원 이하 | 30억원 이하 | 30억원 초과 |
|---|---|---|---|---|---|
| 세율 | 10% | 20% | 30% | 40% | 50% |
| 누진공제액 | 없음 | 1천만원 | 6천만원 | 1억 6천만원 | 4억 6천만원 |

⇩

**산출세액**
- (상속세 과세표준 × 세율) − 누진공제액

+

**세대생략할증세액**
- 상속인이나 수유자가 피상속인의 자녀가 아닌 직계비속이면 할증함
  단, 직계비속의 사망으로 최근친 직계비속에 상속하는 경우에는 제외

**세액공제**
징수유예, 증여세액공제, 외국납부세액공제, 단기재상속세액공제, 신고세액공제

−

**연부연납·물납·분납**
⇩

**자진납부할세액**

## 피상속인 비거주자인 경우

| 총 상 속 재 산 가 액 | • 상속재산가액(국내소재 상속재산 + 국내소재 간주상속재산) + 상속개시 전 처분재산 등 산입액 |

−

| 비과세 및 과세가액 불 산 입 액 | • 비과세 : 금양임야, 문화재 등<br>• 과세가액 불산입재산 : 공익법인 등에 출연한 재산 등 |

−

| 공 과 금 · 채 무 | • 해당 상속재산의 공과금<br>• 해당 상속재산을 목적으로 하는 전세권·임차권·저당권 담보채무는 공제 사망당시 국내 사업장의 확인된 사업상 공과금·채무 공제 |

⇓

| 사 전 증 여 재 산 | • 합산대상 사전증여재산(상속인 10년, 기타 5년, 단 특례세율 적용 증여재산인 창업자금, 가업승계주식은 기한없이 합산) |

+

| 상 속 세 과 세 가 액 |

−

| 상 속 공 제 | • 기초공제 2억원<br>• 공제적용 한도액 적용 |

−

| 감 정 평 가 수 수 료 | • 부동산 감정평가업자의 수수료 5백만원 한도 등 |

⇓

| 상 속 세 과 세 표 준 |

×

| 세 율 |

| 과세표준 | 1억원 이하 | 5억원 이하 | 10억원 이하 | 30억원 이하 | 30억원 초과 |
|---|---|---|---|---|---|
| 세율 | 10% | 20% | 30% | 40% | 50% |
| 누진공제액 | 없음 | 1천만원 | 6천만원 | 1억 6천만원 | 4억 6천만원 |

⇓

| 산 출 세 액 | • (상속세 과세표준 × 세율) − 누진공제액 |

+

| 세 대 생 략 할 증 세 액 | • 상속인이나 수유자가 피상속인의 자녀가 아닌 직계비속이면 할증함<br>단, 직계비속의 사망으로 최근친 직계비속에 상속하는 경우에는 제외 |

| 세 액 공 제 | 징수유예, 증여세액공제, 단기재상속세액공제, 신고세액공제 |

| 연 부 연 납 · 물 납 · 분 납 |

⇓

| 자 진 납 부 할 세 액 |

# V

# 한국의 증여세 과세제도

# V. 한국의 증여세 과세제도

## 1. 과세대상

타인(법인 포함)으로부터 재산을 증여받은 경우로서 수증자(증여를 받은 자)가 거주자인 경우에는 국내·국외에 소재하는 재산(증여받은 재산)이, 수증자가 비거주자인 경우에는 국내에 소재하는 재산이 증여세의 과세대상이 된다.

※ 거주자와 비거주자의 판단
거주자란 국내에 주소를 두거나 183일 이상 거소를 둔 사람을 말하고, 비거주자는 거주자가 아닌 사람을 말한다. 주소는 국내에서 생계를 같이하는 가족 및 국내에 소재하는 재산의 유무 등 생활관계의 객관적 사실을 종합하여 판정하되, 그 객관적 사실의 판정은 원칙적으로 주민등록법에 따른 주민등록지를 기준으로 한다.

상속세 및 증여세법상 증여란 "그 행위 또는 거래의 명칭·형식·목적 등과 관계없이 직접 또는 간접적인 방법으로 타인에게 무상으로 유형·무형의 재산 또는 이익을 이전(移轉)(현저히 낮은 대가를 받고 이전하는 경우를 포함한다)하거나 타인의 재산가치를 증가시키는 것"으로 정의하고 있으며, 과세대상이 되는 증여재산의 범위는 다음과 같다.

1. 무상으로 이전받은 재산 또는 이익
2. 현저히 낮은 대가를 주고 재산 또는 이익을 이전받음으로써 발생하는 이익이나 현저히 높은 대가를 받고 재산 또는 이익을 이전함으로써 발생하는 이익
3. 재산 취득 후 해당 재산의 가치가 증가한 경우의 그 이익
4. 상속세 및 증여세법에서 예시규정하고 있는 증여재산
   ① 신탁이익, 보험금의 증여(상속세 및 증여세법 §33, 34)
   ② 저가·고가 양도에 따른 이익의 증여 등(상속세 및 증여세법 §35)
   ③ 채무면제에 따른 이익의 증여(상속세 및 증여세법 §36)
   ④ 부동산 무상사용에 따른 이익의 증여(상속세 및 증여세법 §37)

⑤ 합병, 증자, 감자에 따른 이익의 증여(상속세 및 증여세법 §38, 39, 39의 2)
⑥ 현물출자에 따른 이익의 증여(상속세 및 증여세법 §39의3)
⑦ 전환사채 등의 주식전환 등에 따른 이익의 증여(상속세 및 증여세법 §40)
⑧ 초과배당, 주식 상장 등에 따른 이익의 증여(상속세 및 증여세법 §41의2,3)
⑨ 금전무상대출, 합병에 따른 상장 이익의 증여(상속세 및 증여세법 §41의4,5)
⑩ 재산사용 및 용역제공 등에 따른 이익의 증여(상속세 및 증여세법 §42)
⑪ 법인의 조직변경 등에 따른 이익의 증여(상속세 및 증여세법 §42의2)
⑫ 재산 취득 후 재산가치 증가에 따른 이익의 증여(상속세 및 증여세법 §42의3)

5. 증여추정 재산
   ① 배우자 등에 대한 양도시의 증여추정(상속세 및 증여세법 §44)
   ② 재산취득자금 등의 증여추정(상속세 및 증여세법 §45)

6. 상속세 및 증여세법에서 예시규정하고 있는 증여재산의 경우의 각 규정을 준용하여 증여재산의 가액을 계산할 수 있는 경우의 그 재산 또는 이익

7. 증여의제 재산
   ① 명의신탁재산의 증여의제(상속세 및 증여세법 §45의2)
   ② 특수관계법인과의 거래를 통한 이익의 증여의제(상속세 및 증여세법 §45의3)
   ③ 특수관계법인으로부터 제공받은 사업기회로 발생한 이익의 증여의제(상속세 및 증여세법 §45의4)
   ④ 특정법인과의 거래를 통한 이익의 증여의제(상속세 및 증여세법 §45의5)

8. 민법상 증여 및 증여의제재산은 아니나 증여로 취급하는 재산
   ① 상속재산 재분할에 따른 상속인간 몫의 변동 시 증여 취급
   ② 증여재산의 반환 및 재증여에 따른 증여 취급

## 2. 납세의무자

증여세는 통상 수증자가 납세의무를 부담하지만, 주소나 거소가 불분명하여 조세채권 확보가 곤란한 경우, 수증자가 증여세를 납부할 능력이 없다고 인정되는 경우로서 체납처분을 하여도 조세채권의 확보가 곤란한 경우, 수증자가 비거주자인 경우에는 증여자가 수증자와 연대하여 납세의무를 진다. 명의신탁재산에 대하여 증여세가 과세되는 경우 증여자(실제 소유자)에게 납세의무가 있으며 증여자의 다른 재산에 대해 체납처분을 집행하여도 징수 금액에 미치지 못하는 경우 명의신탁재산으로 체납액을 징수할 수 있다.

한편, 거주자가 비거주자에게 국외재산을 증여하는 경우에는 국제조세조정에 관한 법률 제21조에 의거하여 증여자인 거주자에게 증여세 납세의무가 있다.

## 3. 과세표준 및 세액의 계산

### 가. 과세표준

증여세 과세표준은 증여받은 재산가액에서 비과세 증여재산, 과세가액 불산입 재산(공익목적 출연재산, 공익신탁재산, 장애인이 증여받은 재산), 수증자가 인수한 증여자의 채무 등의 가액을 차감하고, 동일인으로부터 10년 이내에 1천만원 이상 증여받은 재산가액을 가산한 후, 여기에 증여재산공제를 차감하여 계산한다.

#### (1) 채무부담액 공제

증여재산이 담보하는 증여자의 채무를 수증자가 인수한 것이 확인되는 경우에는 그 채무액을 차감하여 증여세 과세가액을 계산한다. 단, 해당 채무액은 증여자가 수증자에게 유상양도(대물변제)한 것에 해당하므로 증여자는 수증자에게 승계시킨 당해 채무액에 대해 양도소득세 납세의무가 있다.

#### (2) 10년 이내 증여재산의 합산과세

증여일 전 10년 이내에 동일인(증여자가 직계존속인 경우 배우자를 포함)으로부터 증여받은 증여세 과세가액의 합계액이 1천만원 이상인 경우에는 합산하여 과세한다. 합산하는 증여재산가액은 각각의 증여 당시 가액에 의하여 평가한다.

#### (3) 증여재산공제

수증자가 거주자인 경우로서 배우자, 직계존비속(2010.1.1 이후 계부모자 포함), 배우자 또는 직계존비속이 아닌 6촌 이내의 혈족, 4촌 이내의 인척으로부터 증여받은 경우에는 10년간 합산하여 아래의 증여재산공제를 증여세 과세가액에서 공제한다. 한편, 수증자가 비거주자인 경우에는 증여재산공제가 적용되지 않는다.

| 구분 | 증여시기 | '08.1.1. 이후 | '14.1.1. 이후 | '16.1.1. 이후 |
|---|---|---|---|---|
| 증여자 | 직계존속 | 3천만원<br>(미성년자는 1,500만원) | 5천만원<br>(미성년자는 2천만원) | 5천만원<br>(미성년자는 2천만원) |
| | 직계비속 | 3천만원 | 3천만원 | 5천만원 |
| | 배우자 | 6억원 | 6억원 | 6억원 |
| | 기타 친족 | 5백만원 | 5백만원 | 1천만원 |
| | 타인 | 없음 | 없음 | 없음 |

\* 증여재산공제는 수증자를 기준으로 적용함(비거주자는 적용하지 않음)

### 나. 세액의 계산

증여세 과세표준에 세율(상속세와 세율이 같음)을 적용하여 산출세액을 계산한다. 수증자가 증여자의 자녀가 아닌 손자, 외손자 등일 경우에는 증여세 산출세액의 30%(수증자가 미성년자로 증여재산가액이 20억원을 초과하는 경우 40%)에 상당하는 금액을 할증 과세한다. 동일인으로부터 10년 이내에 증여받아 가산한 증여재산 관련 증여세액은 납부세액으로 공제한다.

### 4. 비거주자의 과세표준

수증자가 재외동포 등 비거주자일 경우에 증여세 과세표준은 증여세 과세가액에서 증여재산 평가관련 감정평가수수료만 공제한다(증여재산공제는 적용되지 않는다). 단, 증여세 과세표준이 50만원에 미달하는 경우 증여세를 부과하지 않는다.

### 5. 비거주자의 외국납부세액공제

거주자가 비거주자에게 국외재산을 증여 시, 외국에서 증여세 납부의무가 있는 경우로서 수증자가 증여자의 특수관계인인 경우 증여자가 국내에서 증여세를 납부하되 외국 법령에 따라 납부한 증여세 상당액을 외국납부세액으로 공제한다(2015.1.1이후 시행).

| 증여자 | 수증자 | 과세대상 재산 | 납세의무자 |
|---|---|---|---|
| 거주자 | 거주자 | 모든 재산 | 수증자 |
| 거주자 | 비거주자 | 국내 재산, 국외 재산(국조법*) | 수증자 (국외재산은 증여자) |
| 비거주자 | 거주자 | 모든 재산 | 수증자 |
| 비거주자 | 비거주자 | 국내 재산 (국외재산 과세 불가) | 수증자 |

* 국제조세조정에 관한 법률 §21【국외 증여에 대한 증여세 과세특례】
☞ 거주자가 비거주자에게 국외에 있는 재산을 증여(증여자의 사망으로 인하여 효력이 발생하는 증여는 제외)하는 경우, 그 증여자가 증여세 납부할 의무가 있음

## 6. 신고납부

거주자와 비거주자 구분 없이 증여세 납세의무가 있는 자(원칙적으로 수증자)는 증여받은 날이 속하는 달의 말일로부터 3월 이내에 수증자의 주소지 관할 세무서장(수증자가 비거주자일 경우에는 증여자의 주소지, 증여자 및 수증자 모두가 비거주자일 경우에는 증여재산 소재지 관할 세무서장)에게 증여세를 신고하고 세금을 납부하여야 한다.

증여세액이 1천만원을 초과하는 경우 2월 이내에서 분납할 수 있다. 증여세액이 2천만원을 초과하는 경우에 담보를 제공하고 5년 이내에서 연부연납(매년 납부할 금액은 1천만원을 초과 하여야 함)이 가능하지만, 연부연납세액에 대해서는 각 분할납부세액의 납부일 현재 국세기본법 시행령 §43의3②항에 따른 이자율('20.3.13.이후 연 1천분의 18)에 해당하는 가산금(이자상당액)을 부담해야 한다.

## 참고 | 증여세 계산 흐름도

### 수증자가 거주자이고 일반 증여재산인 경우

| | |
|---|---|
| 증여재산가액 | • 국내·국외에 소재하는 증여재산에 대하여 증여일 현재의 시가로 평가. 단, 시가 산정이 어려우면 공시지가, 기준시가 등으로 평가 |
| −<br>증여세과세가액<br>불산입재산등 | • 비과세 : 사회통념상 인정되는 피부양자의 생활비, 교육비 등<br>• 과세가액 불산입재산 : 공익법인 등에 출연한 재산 등 |
| −<br>채 무 부 담 액 | • 증여재산에 담보된 채무인수액(증여재산 관련 임대보증금 포함) |
| ↓<br>증여세과세가액 | |
| +<br>10년 이내<br>증여재산가산액 | • 당해 증여 前 동일인으로부터 10년 이내에 증여받은 재산의 과세가액 합계액이 1천만원 이상인 경우 그 과세가액을 가산<br>* 동일인 : 증여자가 직계존속인 경우 그 배우자 포함 |

| −<br>증 여 공 제<br>• 증여재산공제<br>• 재해손실공제 | 증여자 | 배우자 | 직계존속(계부모자 포함) | 직계비속 | 기타친족 |
|---|---|---|---|---|---|
| | 공제한도액 | 6억원 | 5천만원(미성년자 2천만원) | 5천만원 | 1천만원 |

* 위 증여재산공제 한도는 10년간의 누계한도액임
* 증여세 신고기한 이내에 재난으로 멸실·훼손된 경우 그 손실가액을 공제

| −<br>감정평가수수료 | • 부동산 감정평가업자의 평가에 따른 수수료 5백만원 한도 등 |
|---|---|
| ↓<br>증여세과세표준 | • 일　반 : 증여재산 − 증여공제(증여재산공제·재해손실공제) − 감정평가수수료<br>• 명의신탁 : 신탁재산 − 감정평가수수료<br>• 합산배제 : 증여재산 − 3천만원 − 감정평가수수료 |

| ×<br>세 율 | 과세표준 | 1억원 이하 | 5억원 이하 | 10억원 이하 | 30억원 이하 | 30억원 초과 |
|---|---|---|---|---|---|---|
| | 세　율 | 10% | 20% | 30% | 40% | 50% |
| | 누진공제액 | 없음 | 1천만원 | 6천만원 | 1억 6천만원 | 4억 6천만원 |

| ↓<br>산 출 세 액 | • (증여세 과세표준 × 세율) − 누진공제액 |
|---|---|
| +<br>세대생략할증세액 | • 수증자가 증여자의 자녀가 아닌 직계비속이면 할증함. 단, 직계비속의 사망으로 최근친 직계비속에 증여하는 경우에는 제외 |

| −<br>세액공제+감면세액 | 신고세액공제(3%) | 외국납부세액공제 |
|---|---|---|
| | 납부세액공제 | 영농자녀 증여세 면제 등 |

↓
자진납부할세액

## 수증자가 비거주자이고 일반 증여재산인 경우

|  |  |
|---|---|
| 증여재산가액 | • 증여받은 국내소재 재산에 대해 증여일 현재의 시가로 평가.<br>단, 시가 산정이 어려우면 공시지가, 기준시가 등으로 평가 |
| −<br>증여세과세가액<br>불산입재산등 | • 비과세 : 사회통념상 인정되는 피부양자의 생활비, 교육비 등<br>• 과세가액 불산입재산 : 공익법인 등에 출연한 재산 등 |
| −<br>채무부담액 | • 증여재산에 담보된 채무인수액 (증여재산 관련 임대보증금 포함) |
| ↓<br>증여세과세가액 | |
| +<br>10년 이내<br>증여재산가산액 | • 당해 증여 前 동일인으로부터 10년 이내에 증여받은 재산의 과세가액 합계액이 1천만원 이상인 경우 그 과세가액을 가산<br>* 동일인 : 증여자가 직계존속인 경우 그 배우자 포함 |
| −<br>증여공제<br>• 재해손실공제 | • 증여재산공제 적용하지 않음<br>• 증여세 신고기한 이내에 재난으로 멸실·훼손된 경우 그 손실가액을 공제 |
| −<br>감정평가수수료 | • 부동산 감정평가업자의 평가에 따른 수수료 5백만원 한도 등 |
| ↓<br>증여세과세표준 | • 일　　반 : 증여재산 − 재해손실공제 − 감정평가수수료<br>• 명의신탁 : 신탁재산 − 감정평가수수료<br>• 합산배제 : 증여재산 − 3천만원 − 감정평가수수료 |

| 과세표준 | 1억원 이하 | 5억원 이하 | 10억원 이하 | 30억원 이하 | 30억원 초과 |
|---|---|---|---|---|---|
| 세　율 | 10% | 20% | 30% | 40% | 50% |
| 누진공제액 | 없음 | 1천만원 | 6천만원 | 1억 6천만원 | 4억 6천만원 |

|  |  |
|---|---|
| ↓<br>산출세액 | • (증여세 과세표준 × 세율) − 누진공제액 |
| +<br>세대생략할증세액 | • 수증자가 증여자의 자녀가 아닌 직계비속이면 할증함. 단, 직계비속의 사망으로 최근친 직계비속에 증여하는 경우에는 제외 |
| −<br>세액공제+감면세액 | 신고세액공제(3%), 납부세액공제 |
| ↓<br>자진납부할세액 | |

- 증여재산가액에 포함되는 '특정 국외소재재산'이란 2013.1.1. 이후 비거주자가 거주자로부터 증여받은 국외 예금·적금 등 해외금융계좌에 보유된 재산과 국내소재재산을 50% 이상 보유한 외국법인 주식을 말함
- 증여재산공제를 적용하지 않음　　• 국외재산 수증시 외국납부세액공제 적용함
- 조세특례제한법상 감면 및 과세특례(조세특례제한법 §71, §30의5, §30의6)를 적용하지 않음

# VI

# 한국의 해외금융계좌 신고제도

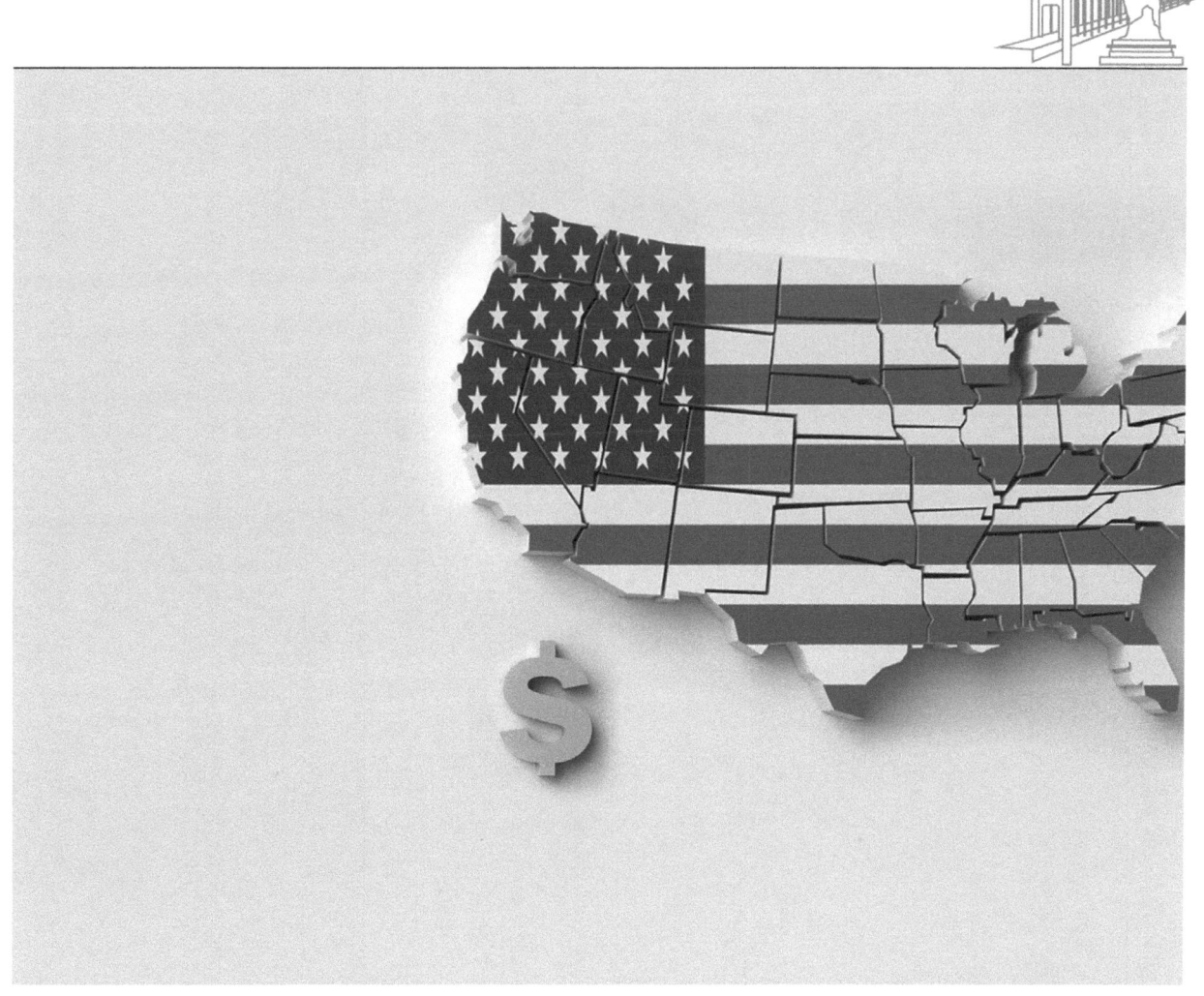

# Ⅵ. 한국의 해외금융계좌 신고제도

## 1. 해외금융계좌 신고제도

해외금융계좌를 보유한 거주자 또는 내국법인 중에서 해당연도의 매월 말일 중 어느 하루의 보유계좌잔액(보유계좌가 복수인 경우에는 각 계좌잔액을 합산한다)이 5억원을 초과하는 경우 그 해외금융계좌정보를 다음해 6월 1일부터 30일까지 납세지 관할 세무서에 신고하는 제도이다(국제조세조정에 관한 법률 제34조~제37조).

\* 2019년 중 보유한 해외금융계좌에 대해 2020년 6월에 신고를 해야 함

## 2. 신고의무자

해외금융회사에 개설된 해외금융계좌를 보유한 거주자 및 내국법인이 신고의무자가 된다. 거주자란 국내에 주소를 두거나 183일 이상 거소를 둔 개인을 말하며, 내국법인이란 본점, 주사무소 또는 사업의 실질적 관리장소를 국내에 둔 법인을 말한다. 내국법인의 해외지점이나 해외연락사무소는 내국법인에 포함되며 해외현지법인은 제외된다.

신고의무자인 거주자 및 내국법인은 신고대상 연도 종료일을 기준으로 판정한다.

차명계좌인 경우에는 계좌의 명의자와 실질적 소유자 둘 다 신고의무가 있으며, 공동명의계좌인 경우 공동명의자 모두가 신고의무가 있다.

### 3. 신고의무면제자

신고의무자 중 다음 어느 하나에 해당하는 경우에는 신고의무를 면제한다.

① 「재외동포의 출입국과 법적 지위에 관한 법률」 제2조제1호의 재외국민으로서 해당 신고대상연도 종료일 1년(2018년 보유분까지는 2년) 전부터 국내에 거소를 둔 기간의 합계가 183일 이하인 자
② 신고대상연도 종료일 현재 10년 전부터 국내에 주소나 거소를 둔 기간이 5년 이하인 외국인 거주자
③ 국가, 지방자치단체, 공공기관, 금융회사 등
④ 국가의 관리감독이 가능한 기관(금융투자업 관계기관, 집합투자기구, 집합투자기구 평가회사, 채권평가회사, 금융지주회사, 외국환업무취급기관 등)

### 4. 신고대상범위

해당연도의 매월 말일 중 어느 하루의 보유계좌잔액(보유계좌가 복수인 경우에는 각 계좌잔액을 합산함)이 5억원을 초과하여야 한다.

신고대상 해외금융계좌는 해외 금융회사에 예·적금계좌 등 은행업무와 관련하여 개설한 계좌, 증권(해외증권 포함)의 거래를 위하여 개설한 계좌, 파생상품(해외파생상품 포함)의 거래를 위하여 개설한 계좌, 그 밖의 금융거래를 위하여 개설한 계좌를 말한다.

신고대상 해외금융계좌의 자산은 현금, 주식(예탁증서 포함), 채권, 집합투자증권, 보험상품 등 위 신고대상 해외금융계좌에 보유한 모든 자산을 말한다.

### 5. 신고하여야 할 해외금융계좌정보

신고의무자가 신고하여야 할 해외금융계좌정보는 다음과 같다.

① 신원에 관한 정보(계좌 보유자의 성명·주소 등)
② 보유계좌에 관한 정보(계좌번호, 금융회사의 이름, 매월 말일의 보유계좌잔액의 최고금액 등)
③ 해외금융계좌 관련자에 관한 정보(공동명의자·실질소유자·명의자에 관한 정보)

## 6. 신고시기 및 신고방법

매년 6월 1일부터 30일까지 납세지 관할 세무서에 해외금융계좌 신고서를 제출하거나 홈택스 서비스(www.hometax.go.kr)를 통해 전자신고를 할 수 있다.

* 2020년 신고기한 (2020.6.1.~ 6.30.)

## 7. 신고의무 불이행에 대한 제재

해외금융계좌정보의 신고의무자로서 신고기한 내에 신고하지 아니한 금액이나 과소신고한 경우에는 과태료부과, 명단공개 및 형사처분을 받는다.

① (과태료부과) 미·과소신고 금액의 20%이하에 상당하는 과태료 부과
② (명단공개) 미·과소신고 금액이 50억원을 초과하는 경우 인적사항 및 신고의무 위반금액 등을 공개
③ (형사처분) 미·과소신고 금액이 50억원을 초과하는 경우, 2년 이하의 징역 또는 신고의무 위반금액의 13% 이상, 20% 이하에 상당하는 벌금에 처함

## 8. 해외금융계좌 신고포상금 제도

한국 거주자(내국법인 포함)의 해외금융계좌 신고의무 위반 행위를 적발하는데 중요한 자료를 국세청에 제보하는 경우 최고 20억원까지 포상금을 지급하고 있다.

### (1) 제보절차

① 제보방법 : 문서, 팩스, 자동응답시스템 또는 인터넷 홈페이지

> - 우편제출 : 대한민국 세종특별자치시 국세청로 8-14 국세청(우.30128)
> - 팩　스 : +82-44-216-6068
> - 인터넷 홈페이지 : 국세청 누리집(www.nts.go.kr)*
>   * 경로 : 탈세제보→탈세제보/차명계좌 신고 등→ 탈세제보신청하기→해외금융계좌 신고의무 위반 행위 제보
> - 신고상담전화 : 국세청 +82-44-244-2903

② 제보요건
  - 제보자 본인의 성명과 주소를 적거나 진술할 것
  - 서명, 날인 또는 그 밖에 본인임을 확인 할 수 있는 인증을 할 것
  - 중요한 자료임이 객관적으로 확인되는 증거자료 등을 제출할 것

③ 제보내용 : 해외금융계좌 신고의무 위반행위를 적발하는데 중요한 자료* 제출
  * 해외금융기관 명칭, 계좌번호, 계좌잔액, 계좌 명의자 등 해외금융계좌의 구체적인 정보를 확인 하여 처벌 또는 과태료 부과의 근거로 활용할 수 있는 자료

### (2) 포상금 지급

① 지급액 : 해외금융계좌 신고의무 불이행에 따른 과태료 금액 또는 벌금액의 5~15% (20억원 한도)

② 지급제외
  - 가명이나 제3자 명의로 제보하거나 중요한 자료를 제출하지 않은 경우
  - 공무원이 직무와 관련하여 자료를 제공하는 경우
  - 과태료 금액 또는 벌금액이 2천만원 미만인 경우

### (3) 비밀보장

제보자의 신원과 제보내용은 국세기본법* 제84조의2(포상금의 지급) 제5항 및 동법 제81조의13(비밀유지)규정에 따라 철저히 보호됨
  * 법제처 국가법령정보센터(www.law.go.kr), 국세법령정보센터(txsi.hometax.go.kr)

# VII

# 한국의 국제거래에 대한 과세제도

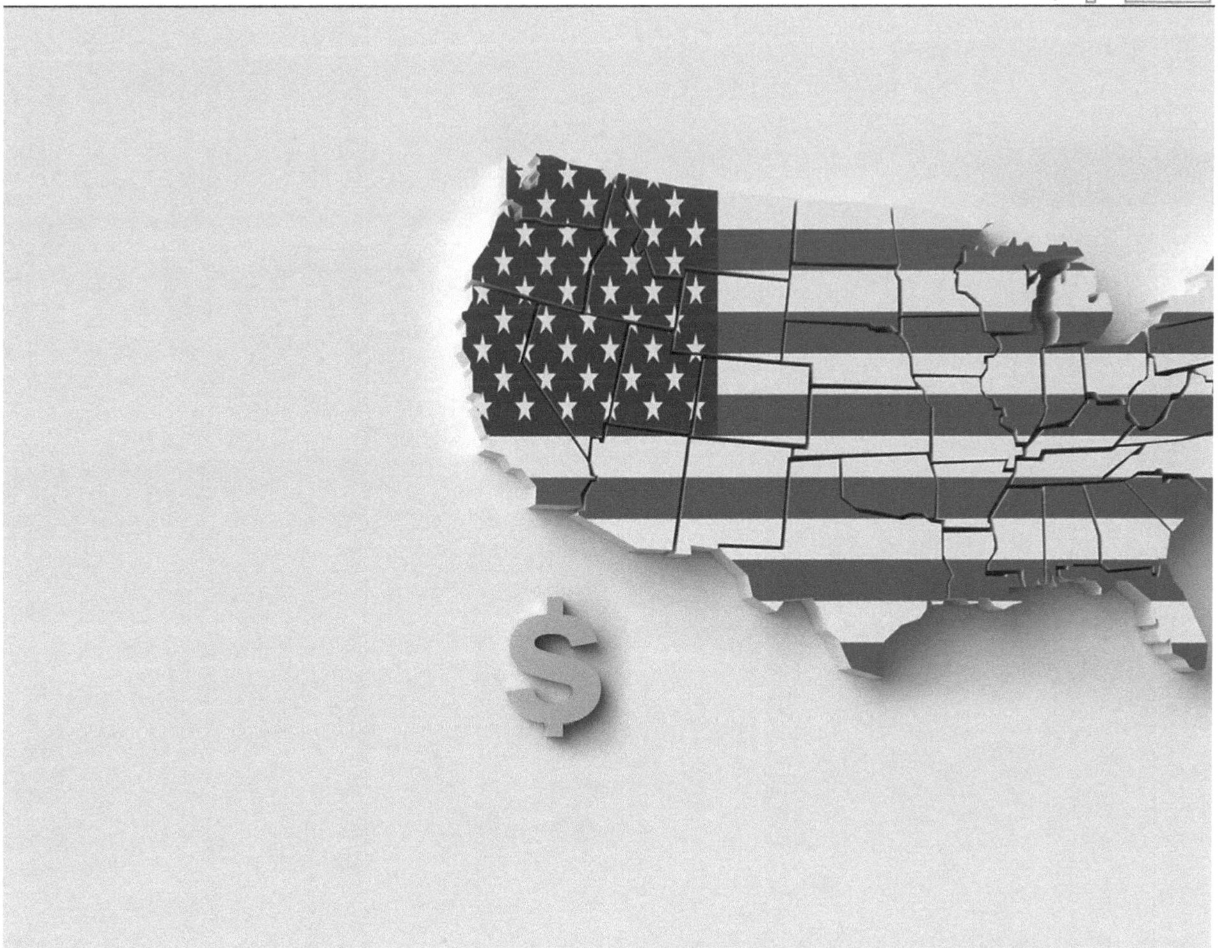

# Ⅶ. 한국의 국제거래에 대한 과세제도

## 1. 국제거래

'국제거래'란 거래당사자의 어느 한쪽이나 양쪽이 비거주자 또는 외국 법인(비거주자 또는 외국법인의 국내사업장 제외)인 거래로서 유형자산 또는 무형자산의 매매·임대차, 용역의 제공, 금전의 대출·차용, 그 밖에 거래자의 손익 및 자산과 관련된 모든 거래를 말한다.

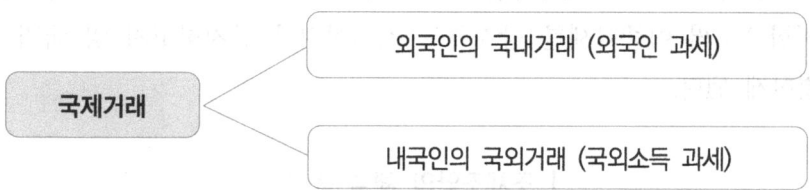

## 2. 국제조세의 의미와 과세근거

'국제조세'는 독립된 국제기구가 권한을 가지고 집행하는 '국내조세'에 대응되는 개념이 아니라 국제거래에 적용되는 다양한 국내세법과 조세조약에 의해서 과세되는 조세를 의미한다.

| 국제조세의 과세근거 |

| 국내세법 및 조세조약 | 주 요 내 용 |
|---|---|
| 국세기본법, 국세징수법 | 징수·불복에 관한 사항 |
| 법인세법, 소득세법 | 국내 원천소득 |
| 부가가치세법, 상속·증여세법 | 수출 및 수입, 거주자·비거주자의 국제적 상속·증여 |
| 조세특례제한법 | 소득세·법인세·부가세 감면 |
| 국제조세조정에 관한 법률 | 특수관계인 간 국제거래 과세, 국가 간 조세협약 |
| 조세조약 | 국가 간 과세권 배분, 조세회피 방지, 정보교환 |

## 3. 조세조약

각 국가 간의 서로 다른 과세체계를 조정하여 국제조세 영역에서 사실상 동일한 과세체계를 유지함으로써 이중과세를 방지하고 조세회피를 방지하고자 양 국가 간에 조세조약을 체결하게 된다.

| 조세조약의 체결 목적 |

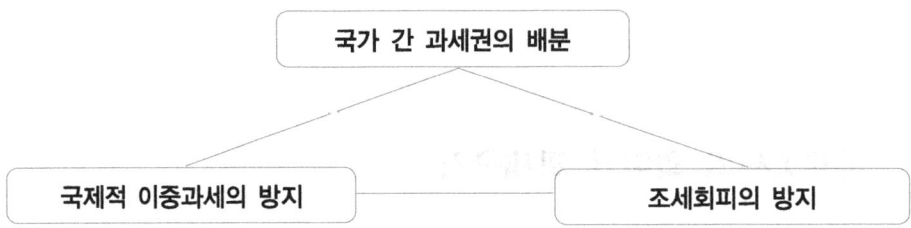

| '조세조약'의 역사적 배경 |

1956년 OECD 재정위원회에서 회원국 사이에 존재하는 이중과세 문제를 효과적으로 해결하기 위해 "조약초안"을 마련하고 1977년 모델조약과 주석을 출판한데 이어 1992년 "OECD모델조약"이 정식 출판되었으며 이는 어떤 국가가 새로운 조약을 체결하거나 기존 조약을 개정할 때 또는 조약을 적용하거나 해석함에 있어 이에 따라야 한다.

## 4. 이전가격

### 가. 개념

이전가격(Transfer Price)은 관련기업 사이에 재화 또는 서비스를 거래할 때 적용하는 가격이다. 다국적 기업이 국가 간 법인세율 차이를 이용하여 세후이익을 극대화하기 위해 인위적으로 이전가격을 조정하여 고세율 국가에서 저세율 국가로 소득을 이전(Profit Shifting)하는 경우 문제가 된다. 이러한 인위적인 이전가격 조정을 판단하는 기준이 되는 가격을 정상가격(Arm's Length Price)이라고 한다. 과세관청은 관련법인간의 거래에 적용된 이전가격이 정상가격으로 볼 수 없다고 판단하는 경우, 정상가격을 산정하여 과세소득을 조정한다.

국조법(제4조1항)에서 과세당국은 거래당사자의 어느 한 쪽이 국외특수관계인인 국제거래에 있어서 그 거래가격이 정상가격보다 낮거나 높은 경우에는 정상가격을 기준으로 거주자(내국법인과 국내사업장을 포함한다)의 과세표준과 세액을 결정 또는 경정할 수 있도록 규정하고 있다.

여기서 국제거래라 함은 거래당사자의 어느 한 쪽이나 양쪽이 비거주자 또는 외국법인(비거주자 또는 외국법인의 국내사업장은 제외한다)인 거래로서 유형자산 또는 무형자산의 매매·임대차, 용역의 제공, 금전의 대출·차용 기타 거래자의 손익 및 자산에 관련된 모든 거래를 말한다(국조법 제2조1항1호).

---
**국제조세조정에 관한 법률 제4조**

[정상가격에 의한 과세 조정]
① 과세당국은 거래당사자의 어느 한 쪽이 국외특수관계인인 국제거래에서 그 거래가격이 정상가격보다 낮거나 높은 경우에는 정상가격을 기준으로 거주자(내국법인과 국내사업장을 포함)의 과세표준 및 세액을 결정하거나 경정할 수 있다.

---

### 나. 정상가격의 개념(ALP, Arm's Length Price)

국조법(제2조1항10호)에서는 정상가격을 "거주자, 내국법인 또는 국내사업장이 국외특수관계인이 아닌 자와의 통상적인 거래에서 적용되거나 적용될 것으로 판단되는 가격"이라고 규정한다.

정상가격은 가격(Price)만을 뜻하는 것이 아니라, 이익(Profit)을 포괄하는 개념으로 가격 차이가 있는 경우 뿐만 아니라 영업이익이 비교대상 독립거래*의 영업이익과 비교하여 차이가 있는 경우에도 소득금액 조정을 할 수 있다.

* 비교대상독립거래 : 특수관계자간 거래의 비교대상이 되는 두 독립기업간의 거래를 말한다.

### 다. 정상가격 산출방법

우리나라에서 사용하고 있는 정상가격 산출방법은 "비교가능 제3자 가격방법(CUP, Comparable Uncontrolled Price Method)", "재판매가격방법(RPM, Resale Price Method)", "원가가산방법(CPM, Cost Plus Method)", "이익분할방법(PSM, Profit Split Method)", "거래순이익률방법(TNMM, Transactional Net Margin Method)", 그리고 기타 거래의 실질 및 관행에 비추어 합리적이라고 인정되는 방법이 있다(국조법 제5조).

#### (1) 비교가능 제3자 가격방법(CUP)

거주자와 국외특수관계인 간의 국제거래에서 그 거래와 유사한 거래 상황에서 특수관계가 없는 독립된 사업자간의 거래가격을 정상가격으로 보는 방법(국조법 제5조1항1호)

#### (2) 재판매가격방법(RPM)

거주자와 국외특수관계인이 자산을 거래한 후 거래의 어느 한 쪽인 그 자산의 구매자가 특수관계가 없는 자에게 다시 그 자산을 판매하는 경우 그 판매가격에서 그 구매자의 통상의 이윤으로 볼 수 있는 금액을 뺀 가격을 정상가격으로 보는 방법(국조법 제5조1항2호)

#### (3) 원가가산방법(CPM)

거주자와 국외특수관계인간의 국제거래에서 자산의 제조·판매나 용역의 제공 과정에서 발생한 원가에 자산 판매자나 용역제공자의 통상의 이윤으로 볼 수 있는 금액을 더한 가격을 정상가격으로 보는 방법(국조법 제5조1항3호)

### (4) 이익분할방법(PSM)

거주자와 국외특수관계인 간의 국제거래에 있어 거래 쌍방이 함께 실현한 거래순이익을 합리적인 배부기준에 의하여 측정된 거래당사자들 간의 상대적 공헌도에 따라 배부하고 이와같이 배부된 이익을 기초로 산출한 거래가격을 정상가격으로 보는 방법(국조법 제5조 1항4호)

### (5) 거래순이익률방법(TNMM)

거주자와 국외특수관계인 간의 국제거래에 있어 거주자와 특수관계가 없는 자 간의 거래 중 해당 거래와 비슷한 거래에서 실현된 통상의 거래순이익률을 기초로 산출한 거래가격을 정상가격으로 보는 방법(국조법 제5조1항5호)

### 라. 상호합의절차(Mutual Agreement Procedure)

조세조약의 적용·해석이나 부당한 과세처분 또는 과세소득의 조정에 대하여 우리나라의 권한 있는 당국과 체약상대국의 권한 있는 당국 간에 협의를 통하여 해결하는 절차이다 (국조법 제2조1항5호).

| 절 차 |

| | | |
|---|---|---|
| ① 신청 | 납세자로부터 신청서 접수 또는 체약상대국으로부터 개시요청 접수 |
| ② 개시 | 체약상대국으로부터 개시요청을 받은 경우 이를 수락하는 의사를 통보한 날이나, 체약상대국에 개시요청을 한 경우 이를 수락하는 의사를 통보받은 날에 개시 |
| ③ 심사 및 분석 | 과세내용에 대한 검토, 분석, 자료 수집 등 |
| ④ 협상 준비 | 예상 쟁점 검토 |
| ⑤ 협상 | 서면 또는 대면회의 |
| ⑥ 종결 | 합의 결과를 납세자, 기획재정부, 과세당국 등에 통보 |
| ⑦ 사후처리 | 합의 내용의 이행 확인 |

\* 자세한 사항은 국세청 발간 「납세자를 위한 상호합의절차 안내」(2020년발간)참조 [국세청홈페이지 (www.nts.go.kr) > 국세정보 > 국세청발간책자 > 국제조세]

## 마. 정상가격 산출방법의 사전승인(Advance Pricing Agreement)

거주자는 일정 기간의 과세연도에 대하여 정상가격 산출방법을 적용하려는 경우에는 정상가격 산출방법을 적용하려는 일정 기간의 과세연도 중 최초의 과세연도 개시일의 전날까지 국세청장에게 승인 신청을 할 수 있다(국조법 제6조 1항).

| | | |
|---|---|---|
| ① 사전상담 | 신청전 사전상담 |
| ② 신청 | 납세자로부터 신청서 접수 또는 체약상대국으로부터 개시요청 접수 |
| ③ 개시 | 체약상대국으로부터 개시요청을 받은 경우 이를 수락하는 의사를 통보한 날이나, 체약상대국에 개시요청을 한 경우 이를 수락하는 의사를 통보받은 날에 개시 |
| ④ 심사 및 분석 | 사전승인 대상거래에 대한 검토, 분석, 자료 수집 등 |
| ⑤ 협상 준비 | 예상 쟁점 검토 |
| ⑥ 협상 | 서면 또는 대면회의 |
| ⑦ 종결 | 합의 결과를 신청인에게 통보하고 통보일로부터 2개월내 신청인의 동의를 거쳐 최종 승인 |
| ⑧ 사후처리 | 합의 내용의 이행 확인(연례보고서) |

## 5. 국가 간 조세행정 협력

### 가. 조세조약(93개국)

한국은 93개국*과 조세조약을 통해 조세회피 방지를 위한 정보교환이 가능하며, 한·미 조세조약은 1979.10.20.에 발효되었다.

* '기획재정부 홈페이지(www.moef.go.kr 〉 정책 〉 정책게시판)' 참조

### 나. 다자간 조세행정공조 협약(121개국)

2012.2.27. 한국은 OECD 회원국 중심의 조세행정에 관한 정보교환·징수협조를 목적으로 하는 '다자간 조세행정공조협약(Multilateral Convention on Mutual Administrative Assistance in Tax Matters)'에 가입하였다.

2020년 3월 현재 한국을 포함한 121개국*에서 다자간 조세행정공조 협약이 발효되었다.

## 다. 조세정보 교환협정(12개국)

우리나라는 조세조약이 체결되어 있지 않은 12개국*과도 조세회피를 방지하고자 조세정보 교환협정을 체결하여 과세 및 금융정보 등을 상호 교환하고 있다.

## 라. 한·미 금융정보자동교환 협정

2010년 미국은 '해외계좌신고법(Foreign Account Tax Compliance Act: FATCA)'을 미국 내국세법(Internal Revenue Code)에 신설하여, 미국 납세의무자 계좌를 보유한 전 세계 금융기관이 미국 납세의무자의 금융정보를 제공하도록 하였다.

이에 따라, 미국은 금융정보를 양국 간 상호교환하거나 미국만 외국금융기관으로부터 제공받는 방식으로 정부간 협정 체결을 추진하였으며, 2020년 3월 현재 한국을 포함한 113개국*이 동 협정에 참여하고 있다.

한국은 2014년 미국과 「대한민국 정부와 미합중국 정부 간의 국제 납세의무 촉진을 위한 협정(이하 '한·미 금융정보자동교환 협정'이라 함)」을 체결하여 2016년부터 매년 정기적으로 금융정보를 교환하고 있다.

* 미국 재무부 홈페이지(www.treasury.gov 〉 policy issues 〉 tax policy 〉 FATCA) 참조

**| 한·미 금융정보자동교환 협정 주요내용 |**

| 구 분 | | 미국 → 한국 | 한국 → 미국 |
|---|---|---|---|
| 대상 계좌 | 개인 | • 연간이자 10달러 초과 예금계좌<br>• 미국원천소득과 관련된 기타금융계좌 | • '14.6.30. 현재 5만 달러 초과(보험·연금계좌는 25만 달러 초과) 또는 후속 연도말 현재 100만 달러 초과 계좌<br>• '14.7.1. 이후 개설된 모든 계좌(5만 달러 이하 예금·보험계좌 제외) |
| | 법인 | • 미국원천소득과 관련된 금융계좌 | • '14.6.30. 현재 25만 달러 초과 또는 후속 연도말 현재 100만 달러 초과 계좌<br>• '14.7.1. 이후 개설된 모든 계좌 |
| 대상정보 | | • 계좌보유자 정보<br>• 계좌번호, 이자, 배당, 기타 원천소득 | • 계좌보유자 정보<br>• 계좌번호, 계좌잔액, 이자, 배당 등 |

| 구 분 | 미국 → 한국 | 한국 → 미국 |
|---|---|---|
| 대상기관 | • 은행, 금융투자회사, 보험회사 등<br>• 정부기관, 중앙은행, 국제기구, 공적연금 등은 원칙적으로 제외 | |
| 교환시기 | • 전년도말 금융정보를 매년 9월까지 상호교환(2016년부터 시행) | |
| 보고대상계좌 판단 | • 국적, 주소, 출생지, 전화번호 등을 감안하여 미국 납세의무자 또는 한국 납세의무자의 계좌 여부 등 판단 | |

## 마. 다자간 금융정보자동교환 협정(CRS MCAA[1])

OECD는 역외탈세를 방지하고 국제적 납세의무를 촉진하기 위해 자동정보교환 표준모델인 공통보고기준(CRS : Common Reporting Standard)을 제정하고, 각 국 납세의무자의 금융정보를 교환하기 위한 「다자간 금융정보자동교환 협정」 체결을 추진하였다.

한국은 2014년 10월 「다자간 금융정보자동교환 협정」에 서명하였으며, 2016년과 2017년 「대한민국과 싱가포르 간의 금융정보자동교환 협정」과 「대한민국과 홍콩 간의 금융정보자동교환 협정」을 각각 체결하였다.

이에 따라, 한국은 2017년 45개국을 시작으로 2018년 78개국, 2019년 95개국과 금융정보를 교환하였고, 2020년에는 108개국[2]과 금융정보를 교환할 예정이다.

1) MCAA : Multilateral Competent Authority Agreement on Automatic Exchange of Finance Account Information
2) OECD AEOI Portal(http://www.oecd.org/tax/automatic-exchange) 참조

# VIII

# 미국의 양도소득세 과세제도

# VIII. 미국의 양도소득세 과세제도

## 1. 과세대상

투자목적이든 아니든 미국세법에 따로 명시된 몇몇 자산 외의 개인이 소유하고 있는 모든 자산은 Capital Assets에 해당하며, 이를 양도하여 발생하는 소득(Capital Gains)이 양도소득세 과세대상이다. 이러한 자산에는 부동산, 동산, 투자증권, 귀금속, 수집품, 사업용 자산 등 거의 모든 자산이 포함된다.

Capital Asset 양도시 양도가액과 cost basis(통상 취득가액에 상당)의 차액이 양도소득 혹은 양도차손에 해당한다. 양도소득은 양도차손과 상계되며, 따라서 순 양도소득 혹은 순 양도차손은 조세채무를 계산함에 있어 중요한 수치이다.

## 2. 납세의무자

양도자가 시민권자, 영주권자, 거주외국인 등 미국세법상의 '미국인(US person)'에 해당하면 일반적으로 전 세계에서 발생한 양도소득에 대하여 미국에서 납세의무를 부담한다. 전세계소득에 대하여 미국에서 납세의무를 부담할 경우 미국에서 소득세를 계산할 때 국외원천소득과 관련하여 외국에 납부한 세금 중 세법에서 정한 한도 내의 금액은 외국납부세액으로 소득세액에서 공제받을 수 있다. 양도자가 미국의 비거주자인 경우에는 미국 내의 부동산 또는 부동산에 대한 권리의 양도소득에 대하여 납세의무가 있다. 양도소득이 발생하면 다음 해 4월 15일까지 소득세 신고시에 함께 신고하여야 한다.

### 3. 과세표준 및 세액의 계산

양도소득세를 산출하려면 우선 자산의 보유기간을 고려해야 한다. 보유기간이 1년 이하인 자산을 처분하여 발생한 소득은 단기 양도소득(Short-term Capital Gains, 이하 STCG)로 분류하고, 보유기간이 1년이 넘는 자산을 처분하여 발생한 소득은 장기 양도소득(Long-term Capital Gains, 이하 LTCG)으로 분류한다.

STCG는 일반 소득과 합쳐 일반 세율(2020년 귀속연도의 경우 10%~37%)을 적용하여 세액을 계산한다. 일반적으로 LTCG에 적용되는 세율은 최고 20%다. 다시 말해 어느 고소득자의 일반 소득에 적용되는 최고세율이 37%라 할지라도 그 납세자의 LTCG에 적용되는 일반적인 세율은 20%이다. 적용되는 최고 일반소득세율이 15%를 초과하지만 37% 미만인 납세자는 LTCG에 대하여 15%의 세율을 적용하여 세액을 계산한다.

또한 일반 소득세율이 10%~12%인 납세자에 대하여는 LTCG에 대해 면세의 특혜가 주어진다. 즉, 일반 소득세율이 12% 이하인 납세자는 이 기간 동안 LTCG에 대해 소득세를 납부하지 않게 된다. 다만, 납세자의 LTCG 소득이 일반소득과 비교하여 12% 세율층을 넘는 LTCG에 대해서는 다른 소득이 없어도 15%나 20% 세금을 납부해야 한다.

| 2020년 소득 구간별 세율표 |

| 소득구간 | | 일반소득세율 | LTCG 소득세율 |
|---|---|---|---|
| 개인 | 부부합산보고 | | |
| ~ $9,875 | ~ $19,750 | 10% | 0% |
| $9,876 ~ $40,125 | $19,751 ~ $80,250 | 12% | 0% |
| $40,126 ~ $85,525 | $80,251 ~ $171,050 | 22% | 15% |
| $85,526 ~ $163,300 | $171,051 ~ $326,600 | 24% | 15% |
| $163,301 ~ $207,350 | $326,601 ~ $414,700 | 32% | 15% |
| $207,351 ~ $518,400 | $414,701 ~ $622,050 | 35% | 15% |
| $518,401 ~ | $622,051 ~ | 37% | 20% |

예를 들어, 부부합산 보고하는 어느 부부의 2020년 LTCG가 $55,000이었고 다른 소득이 없었다면 일반소득세율 12% 세율층에 속하므로 $55,000 LTCG 전액에 대해 면세를 받게 된다. 그런데 이 부부의 LTCG 소득이 $90,000이었다면 $80,250까지는 면세이나, $80,250을 초과 하는 $9,750 ($90,000-$80,250)에 대해서는 15% 세금인 $1,462.5를 납부해야 한다.

## 4. 양도손실 공제

양도시 발생한 손실은 다른 양도소득이 있으면 우선 서로 상계한다. 그리고도 순양도손실(Net Capital Losses)이 발생하면 일반 종합소득에서 공제할 수 있다. 단, 공제한도액은 연간 $3,000이다(부부 별도신고의 경우 $1,500). 올해에 공제하지 못한 순양도손실은 다음 해 이후로 이월되어 양도소득이 있는 경우 양도소득과 먼저 상계하고, 그래도 상계하지 못한 순양도손실은 매년 $3,000을 한도로 일반 종합소득에서 이월공제 할 수 있다.

손실을 이월할 때, 단기양도손실 혹은 장기양도손실의 성격이 그대로 남는다. 다음해로 이월하는 장기양도손실은 다음해의 장기양도소득과 먼저 상계하고 나서 다음해의 단기양도소득과 상계한다.

예를 들어 어느 부부의 2020년 일반 종합소득이 $50,000이라고 가정하고, 그 부부가 2008년에 $20,000에 취득한 주식을 2020년에 $10,000에 양도하여 $10,000의 손실이 발생하였다면, 연간 $3,000을 일반 종합소득 $50,000에서 차감하여 소득세 과세표준 ($47,000)을 계산한다. 이 경우 공제받지 못한 양도손실 $7,000은 이월하여 2021년부터 다른 양도소득(Capital Gains)이 있으면 우선 서로 상계하고(한도 없음), 그리고도 순양도손실이 남으면 연간 $3,000을 한도로 일반 종합소득에서 공제할 수 있다.

## 5. 주거용 자택에 대한 혜택

주거용 자택(Principal Residence)을 처분했을 경우 부부합산보고 납세자는 양도소득 $500,000까지, 그 이외의 납세자는 $250,000까지 면세 혜택이 주어진다. 그 조건은 반드시 지난 5년 사이 2년 이상을 소유하고 2년이상 주거용 자택으로 사용해야 한다. 2년 거주 규정은 지속적으로 살아야 한다는 뜻은 아니고, 지난 5년 동안 아무 때나 24개월 이상을 주거용 자택으로 사용하면 된다. 면세혜택은 거주자뿐만 아니라 비거주자에게도 적용된다.

예를 들어 부부합산보고하는 어느 부부가 2015년 12월 1일 $300,000에 구입한 주거용 자택을 2020년 11월 30일 $750,000에 처분했고, 2015년부터 2020년까지 5년을 주거용 자택으로 사용했다면 2년 이상 거주 규정을 충족하였으므로 양도소득 $450,000 전액에 대해 면세혜택이 주어진다.

# IX

# 미국의 상속세 과세제도

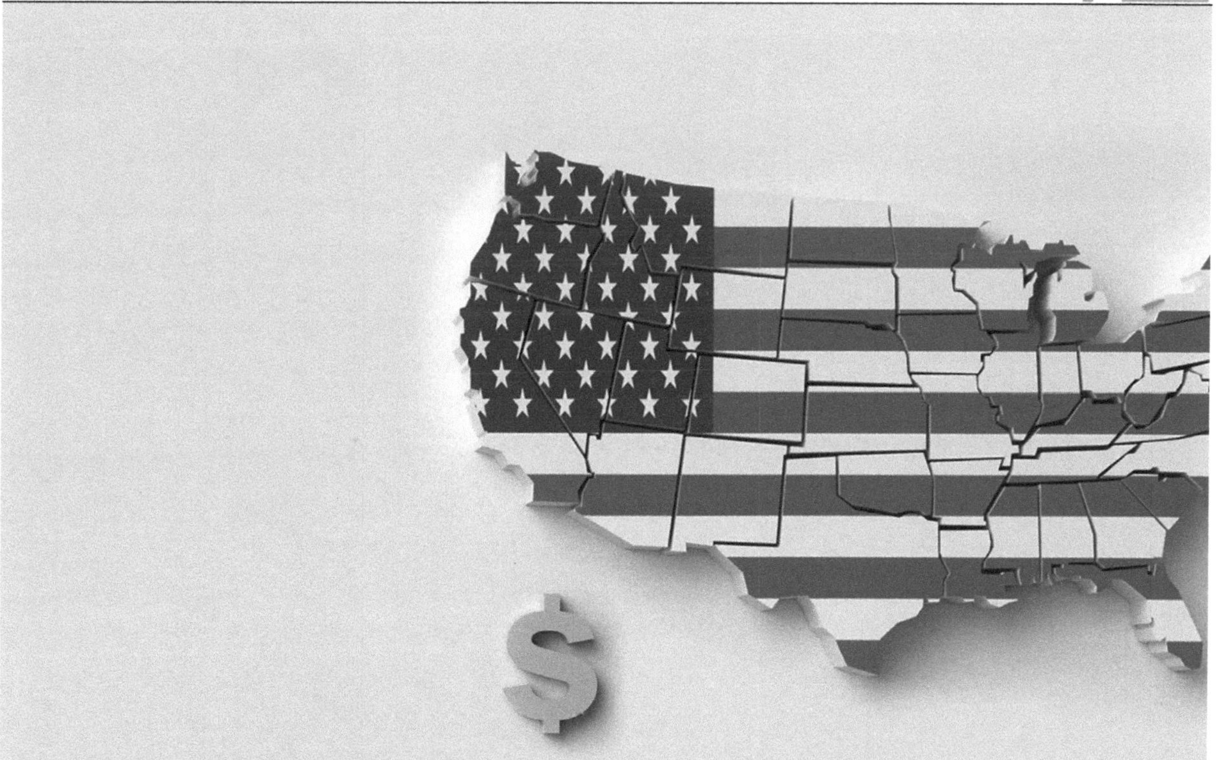

# IX. 미국의 상속세 과세제도

## 1. 과세대상

연방세의 경우 피상속인(사망자)이 미국 시민 또는 미국 상속세법상 미국 거주자인 경우에는 전세계의 모든 상속재산이 상속세 과세대상이며, 사망일 또는 사망 후 6개월이 된 때의 시가(Fair Market Value)가 당해 연도의 상속세 면제한도를 초과할 때 상속세가 부과된다. 피상속인(사망자)이 비거주 외국인(Nonresident Alien)인 경우에는 미국 내에 소재하거나 미국과 관련있는 상속재산(U.S. Situs Proporty)이 상속세 과세대상이다.

상속세 및 증여세 목적상 미국 거주자가 되기 위해서는 각각 사망시, 또는 증여시 미국에 'Domicile'이 있을 것을 요건으로 하고 있다.

소득세법상 미국인 여부를 판정하기 위해 영주권 또는 체류일수 기준 등 보다 객관적인 기준을 사용하고 있는 것과 달리, 상속, 증여세법에서는 각각 사망 또는 증여시점에서 거주자의 'Domicile'이 어디에 있는 지를 기준으로 미국 거주자 여부를 판단한다. Domicile 존재여부는 모든 사실 관계와 정황을 고려하여 판단하도록 되어 있으며 쉽게 단편적으로 적용 할 수 있는 판단 기준이 마련되어 있지 않다. 일반적으로 고려되는 사항의 예로는 거주 기간, 주택 소유 여부, 가족 구성원의 주거지, 사회적 관계(봉사활동, 종교활동, 친구관계, 등), 경제적 관계(사업체, 자동차, 직장, 은행계좌 등), 영주권 소유 여부 등이 있다. Domicile 존재여부는 한 두가지 사실이나 정황만으로 판단 할 수 없다는 점을 유념하여야 한다. 예를 들어 미국 영주권을 가지고 있더라도 미국에 domicile이 있다고 단정지을 수 없다.

상속세법 시행규칙에서는 "사람들은, 이후에 이동해서 나갈 것이라는 명확한 의사가 현재 상황에서 없는 한, 어떠한 장소에 삶으로써 - 심지어 잠시 살더라도 'Domicile'을 가지게 된다", "항구적으로 머무르려는 의도가 없이는 domicile이 성립되지 않는다",

"일단 domicile이 성립되면 그 domicile을 실제 떠나지 않은 상태에서 훗날 domicile을 바꾸겠다는 의도를 갖는 것만으로는 domicile이 바뀌지 않는다"는 등 'domicile'에 대해 설명하고 있다.

새로이 입법되어 시행되는 "The Tax Cuts and Jobs Act"에 따르면 미국 시민 또는 미국 상속세법상의 미국 거주자가 이용할 수 있는 통합공제(United Credit)방식에 따른 상속세 증여세 면제상당금액(Exemption Equivalent)은 상속과 증여를 합쳐 2011년도 기준 $10,000,000이며 인플레이션과 연동된 2020년도분 상속 증여세 면제상당금액 (Exemption Equivalent)은 $11,580,000이 된다. 피상속인이 2020년 사망하는 경우, 살아 있는 배우자의 상속재산에 대해서는, 사용되지 않은 피상속인의 상속세 면제상당금액을 이용할 수 있다. 따라서, 결혼한 부부는 먼저 사망한 배우자가 자신의 상속세 면제상당금액을 이용하지 못하고 사망한다 하더라도 최고 $23,160,000까지는 상속재산 가액에서 차감할 수 있는 셈이다. 상속 증여세 면제상당금액을 초과하는 상속 또는 증여에 대해서는 40%의 상속 또는 증여세가 부과된다.

피상속인이 비거주 외국인인 경우에는 미국 내에 소재하는 유산(부동산, 동산, 주식, 사채, 조합지분 등)이 $60,000을 초과하는 경우 상속세 신고를 해야 한다. 또한 피상속인 (사망자)이 비거주외국인인 경우로서 미국 내에 소재하는 유산이 있어 상속세가 부과되는 경우에 제한된 일부 공제(기부금공제, 살아 있는 배우자가 미국 시민권자인 경우 배우자 공제 등)만 허용되고, $13,000의 통합세액공제를 받게 된다.

## 2. 상속재산의 범위

상속세 과세대상이 되는 상속재산에는 피상속인이 사망 시 소유한 모든 재산, 사망시 이전키로 한 재산, 취소가능 신탁의 재산, 생명보험 수령액, 부적합한 증여 및 매도로 이전한 재산, 공동소유권의 피상속인 지분, 피상속인이 수익자를 지명할 수 있는 권리 (Power of Appointment)를 가진 신탁의 재산권 등이 포함된다. 피상속인이 생전에 연간 증여세 면제액을 초과하여 증여한 금액은 상속재산 가액에 가산된다. 단, 취소 불가능한 신탁(Irrevocable Trust)은 상속재산에서 제외된다. 상속세 과세대상이 되는 상속재산은 유언 또는 분배와 관련된 지역 법에 국한되지 않는다.

## 3. 납세의무자

상속세 보고 및 납세는 "유언 집행인"(executor)이 한다. "유언 집행인"이란 용어는 유언 집행인(the executor)은 물론, 대리인(personal representative) 혹은 관리인(administrator)이란 호칭을 망라하며, 신탁(trust) 등을 통하여 상속이 이루어져 법원 절차를 거쳐야 할 필요가 없는 경우에는 피상속인의 재산을 상속받는 자 또는 기관을 칭한다.

유산 (the decedent's estate)은 피상속인과는 별도의 납세의무을 가진 개체로 따로 납세자 번호(EIN)를 발급 받아야 하며 상속 절차가 이루어지는 동안 유산으로부터 발생하는 소득을 신고하고 그에 대한 세금을 납부하여야 한다.

## 4. 과세표준 및 세액의 계산

상속세 과세표준은 피상속인이 소유한 총상속재산가액을 산정한 후, 장례비용, 유언집행비용, 부채 등을 차감하고, 다시 배우자 공제(Marital Deduction), 기부금공제(Charitable Deduction), 주정부 상속세 공제(State Death Tax Deduction)를 차감한 과세대상 재산가액을 산출한 후, 피상속인이 1976년 이후 증여한 과세대상 증여가액을 합산한다. 여기에 누진 상속세율(2020년의 경우 최고 40%)을 적용하여 잠정 상속세액을 산출한다.

잠정 상속세액에서 통합세액공제(Unified Tax Credit)와 기타 세액공제(기납부 증여세 등) 등을 차감하면 최종 상속세 납부세액이 산출된다. 통합세액공제액을 활용하면 2020년의 경우 상속세 면제상당금액 $11,580,000까지 상속재산가액에서 차감할 수 있는 셈이다. 다만 증여세에서 통합세액공제를 활용한 경우 그만큼 상속세에서 활용할 수 있는 한도가 줄어든다.

동일한 재산에 대하여 외국에서 상속세를 납부한 경우 이중과세를 방지하기 위하여 타국에 실제로 납부한 세액 또는 동 재산가액에 상당하는 미국 상속세액 중 적은 금액을 한도로 하여 외국납부세액으로 상속세액에서 공제가 인정된다.

배우자 공제(Marital Deduction)는 배우자가 미국 시민권자인 경우 배우자가 실제 상속받는 재산의 가액(즉, 시민권자인 배우자에게 상속하는 재산에는 상속세가 부과되지 않는 것임)이고, 배우자가 영주권자나 비거주자인 경우 적격신탁(Qualified Domestic Trust)을 통한 상속을 제외하고는 배우자공제를 받을 수 없다.

## 5. 세대생략세(Generation Skipping Transfer Tax, GST Tax)

GST Tax는 조부모로부터 손자·손녀(또는 증손자·증손녀)에게 유언 또는 신탁에 의해 재산이 넘어갈 때 부과되는 세금이다. GST Tax는 37.5세를 초과하여 연하인 제3자에게 재산이 넘어갈 때도 부과된다. 세대생략세는 상속세 및 증여세와 별도로 부과되는 세금이다.

미의회는 1976년 후임세대에게 증여나 유증을 하기보다 손자·손녀 또는 증손자·증손녀에게 직접 증여나 유증을 함으로써 한 세대 혹은 그 이상의 세대가 상속세를 회피하는 것을 방지하기 위하여 GST Tax를 입안하였다.

GST Tax는 기증자보다 두 세대 이상 아래인 세대의 수취자에게 부를 이전하는 것에 대해 두 계층의 세금(상속세의 별도부과 및 최고세율을 이용하여)이 부과되는 효과를 낸다. 예를 들면, 조부모가 손자·손녀에게 증여를 할 때 증여 대상물에 대해 증여세와 GST Tax가 동시에 부과될 수 있다. GST에 대한 면제상당금액은 2011년 기준으로 $10,000,000이며 인플레이션과 연동되고, 면제상당금액을 초과하는 액수에 대해서는 40%의 세율이 적용된다 따라서 2020년에 이루어진 GST에 대해서는 40%의 세율과 $11,580,000의 면제상당금액이 적용된다.

## 6. 신고납부

상속세 납세의무자는 상속개시일(사망일)로부터 9개월 이내에 상속세 신고(Form 706)를 하고, 세금을 납부하여야 한다. 상속세는 일시에 현금으로 납부하는 것이 원칙이다. 예외적으로 피상속인의 사업체가 상속재산의 35% 이상일 경우에는 상속세를 분할 납부하는 제도가 있으나, 법령에 정하는 모든 기준을 충족하여야 한다(IRC 鏥).

비거주 외국인(nonresident alien)이 사망한 경우로서 미국 내에 소재하는 유산이 있어 상속세가 부과되는 경우에는 역시 상속개시일로부터 9개월 이내에 상속세 신고(Form 706-NA)를 하고, 세금을 납부하여야 한다.

상속세 신고 시 제출할 서류는 피상속인의 사망확인 서류, 유언장이 있는 경우 유언장 사본, 주정부 상속세 납부확인 서류, 재산평가 서류, 증여세 보고 서류 등이다.

## 7. 주정부 상속세

미국의 많은 주(State) 정부는 2001년 연방세법 개정 이후 상속세를 부과하는 법을 신설하여 주정부 상속세 보고 및 납세를 요구한다. 주정부 상속세의 경우 많은 변화가 있고 또한 연방정부 상속세(estate tax)와는 다른 개념의 상속세(예를 들어, inheritance tax)를 부과하는 경우도 있으므로 각 해당 주정부의 상속법에 대한 자세한 사항은 세무 전문가와 상담할 필요가 있다.

# X

# 미국의 증여세 과세제도

# X. 미국의 증여세 과세제도

## 1. 납세의무

미국의 경우 증여계약에 의하여 재산을 무상 또는 낮은 가액으로 이전하는 증여자(Donor)가 증여세 납세의무자이다.

증여자가 미국 시민 또는 미국 증여세법상 거주자인 경우에는 전 세계의 모든 증여재산에 대하여 증여세 보고 및 납세의무가 있고, 증여자가 비거주 외국인인 경우에는 미국 내에 소재하거나 미국과 관련있는 자산을(U.S. Situs Proporty)을 증여한 경우에만 납세의무가 있다(증여세법을 적용할 때 사용되는 거주자 개념은 앞의 'VI. 미국의 상속세 과세제도 1. 과세대상' 참조).

### 한국과 미국의 증여세 제도 차이에서 발생하는 사례

한국의 경우 수증자(Donee, 받는 사람)에게 증여세가 과세된다. 수증자가 한국 거주자인 경우에는 전 세계에서 증여받은 재산에 대하여 한국에 증여세 납세의무가 있고, 수증자가 한국 비거주자인 경우에는 한국에 있는 재산 및 특정 국외소재재산('III. 한국의 증여세 과세제도 1. 과세대상' 참조)을 증여 받았을 때 한국에 증여세 납세의무가 있다.

한국 또는 미국에서 증여가 이루어진 경우 증여자가 미국 시민인지 여부, 증여자가 어느 나라 거주자인지, 수증자가 어느 나라 거주자인지, 재산이 어느 나라에 있는지에 따라서 아래에서 보는 바와 같이 여러 가지 사례가 발생할 수 있고, 이중과세가 발생하는 경우도 있으므로 주의를 요한다.

| 증여자<br>거주지 | 수증자<br>거주지 | 재 산[1]<br>소재지 | 미 국<br>증여세 | 한 국<br>증여세 |
|---|---|---|---|---|
| 미 국 | 미 국 | 미 국 | 과 세[2] | 비과세 |
| 미 국 | 미 국 | 한 국 | 과 세 | 과 세 |
| 미 국 | 한 국 | 미 국 | 과 세 | 과 세 |
| 미 국 | 한 국 | 한 국 | 과 세 | 과 세 |
| 한 국 | 미 국 | 미 국 | 과 세 | 비과세[3] |
| 한 국 | 미 국 | 한 국 | 비과세 | 과 세 |
| 한 국 | 한 국 | 미 국 | 과 세 | 과 세 |
| 한 국 | 한 국 | 한 국 | 비과세 | 과 세 |

주 1. 위 표에서 '재산'은 유형재산뿐 이라고 가정
 2. 위 표에서 '과세'라는 것은 한국의 경우 증여재산공제, 미국의 경우 Unified Tax Credit 등 각종 공제를 적용한 결과 납부할 증여세가 없는 경우도 포함하는 바, 양국에서 '과세'라 하더라도 실질적으로는 이중과세가 발생하지 않는 경우도 많음
 3. 단, 2013.1.1. 이후 증여분부터는 비거주자가 국내소재 재산 뿐만 아니라 거주자로부터 증여받은 국외 예금·적금 등 해외금융계좌에 보유된 재산과 국내소재 재산을 50% 이상 보유한 외국법인의 주식을 증여받을 경우에는 증여세가 과세됨

## 2. 증여공제

　연간 증여세 면제액(Annual Gift Tax Exclusion)은 증여자(Donor) 1인당 각 수증자(Donee)에 대하여 $15,000(2020년 기준)이다. 즉, 한 명의 증여자가 한 명 또는 여러 명에게 각각 $15,000 이하를 증여하는 경우 증여세 보고 및 납세의무가 면제된다. 연간 증여세 면제액은 사용하지 않아도 누적되지 않는다.

　예를 들어 아버지가 3명의 자녀에게 각각 $15,000을 증여하는 경우(총 $45,000) 증여세가 면제되고, 증여세 보고를 할 필요가 없다.

　2020년에 연간 증여세 면제액을 초과하여 증여하는 경우 시민권자 및 미국 증여세 법상 미국거주자가 이용할 수 있는 통합세액공제(Unified Tax Credit)를 활용하면 한 번 또는 여러 번에 걸쳐 증여자 1인당 평생 증여재산가액에서 $11,580,000을 차감하여 증여세를 계산하는 셈이다. 증여자가 비거주 외국인인 경우 통합세액공제를 활용할 수

없다. 증여세에서 통합세액공제를 활용하는 경우 상속세에서 사용할 수 있는 통합세액공제가 줄어들게 된다.

연간 증여세 면제액($15,000)을 초과하여 증여하는 경우 납부할 증여세가 없더라도 세금보고는 반드시 해야 한다.

## 3. 비과세

재산이 무상으로 이전되는 경우라 하더라도 부부간 증여, 자선단체에 대한 기부, 정치단체에 대한 기부, 인가된 교육기관의 교육비(수업료)를 직접 교육기관에게 지불하기 위한 증여, 의료비를 직접 의료기관에게 지불하기 위한 증여는 증여세 과세대상이 아니다.

단, 증여를 받는 배우자가 미국 시민권자(U.S. Citizen)가 아닌 외국인인 경우 연간 $15,000의 증여세 면제액(Annual Exclusion) 대신 연간 배우자공제 금액인 $157,000 (2020년 기준)을 증여가액에서 차감해 준다.

## 4. 과세표준 및 세액의 계산

증여세 과세표준은 연간 증여재산 총액에서 연간 증여세 면제액, 배우자공제, 자선단체 기부공제 등을 차감하여 과세대상 증여가액을 산출하고, 그 이전의 과세대상 증여가액 누계액을 더해 평생 과세대상 증여가액(Lifetime Taxable Gifts)을 구한다. 여기에 누진세율을(2020년 최고 40%까지) 적용하여 산출한 세액에서 그 이전의 과세대상 증여가액에 대한 세액을 차감하여 잠정 증여세액을 산출한다.

잠정 증여세액에서 사용하지 않은 통합세액공제(최대 통합세액공제 - 이전증여에 대한 통합세액공제)를 차감하면 당해 연도에 납부해야 할 증여세가 산출된다.

2020년의 경우 $11,580,000까지 세금을 납부하지 않고 증여를 할 수 있다. 다만, 증여세에서 통합세액공제를 활용한 경우 그만큼 상속세에서 활용할 수 있는 한도가 줄어든다.

## 5. 신고

증여자가 미국 시민권자 또는 증여세법상 거주자인 경우 특정 수증자에게 연간 증여세 면제액보다 많은 재산을 증여한 때에는 증여일이 속하는 연도의 다음 해 4월 15일까지 증여세 신고서(Form 709)를 제출하여야 한다.

증여재산의 가액이 연간 증여세 면제액보다 적더라도 부부가 함께 분할증여(Split Gifts)를 한 때에는 납부할 증여세가 없더라도 증여세 신고서를 제출하여야 한다.

## 6. 증여재산 또는 상속재산을 양도했을 때 양도차익 계산

증여받은 재산을 양도했을 때 양도차익 계산에 있어서 취득원가(Tax Basis)는 증여자의 원가(Carry-over Basis)이기 때문에 수증자가 소유한 기간에 발생한 자본이득에 대해 양도소득세를 내야 한다.

상속받은 재산을 양도했을 때 양도차익 계산에 있어서 취득원가(Tax Basis)는 상속받을 당시의 시가(Stepped-up Basis)가 되기 때문에 피상속인(사망자)의 생전에 발생한 자본이득에 대한 양도소득세가 과세되지 않는 결과가 된다.

## 7. 해외거주자로부터의 증여 및 상속 보고

미국 세법상의 미국인이 미국 비거주자(nonresident alien)로부터 연간 $100,000을 초과하여 증여나 상속을 받은 경우, 또는 $16,388(2020년 기준)을 초과하여 외국 법인 또는 외국 Partnership으로부터 증여를 받은 경우 다음해 4월 15일까지 소득세 신고 시에 Form 3520(Annual Return to Report Transactions with Foreign Trusts and Receipt of Certain Foreign Gifts)을 보고하여야 한다.

기한 내에 Form 3520을 보고하지 않은 경우에는 매월 지급받은 금액의 5%(최고 35%까지)에 상당하는 Penalty를 부과한다.

## 8. 주정부 증여세

상속세와 다르게 증여세를 부과하는 주 정부는 많지 않다. 하지만, 주정부 증여세의 경우 많은 변화가 있을 수 있고 또한 연방정부 증여세와는 다를 수도 있으므로 각 해당 주정부의 증여세법에 대한 자세한 사항은 세무전문가와 상담할 필요가 있다.

# XI

# 미국의 금융 관련 보고의무

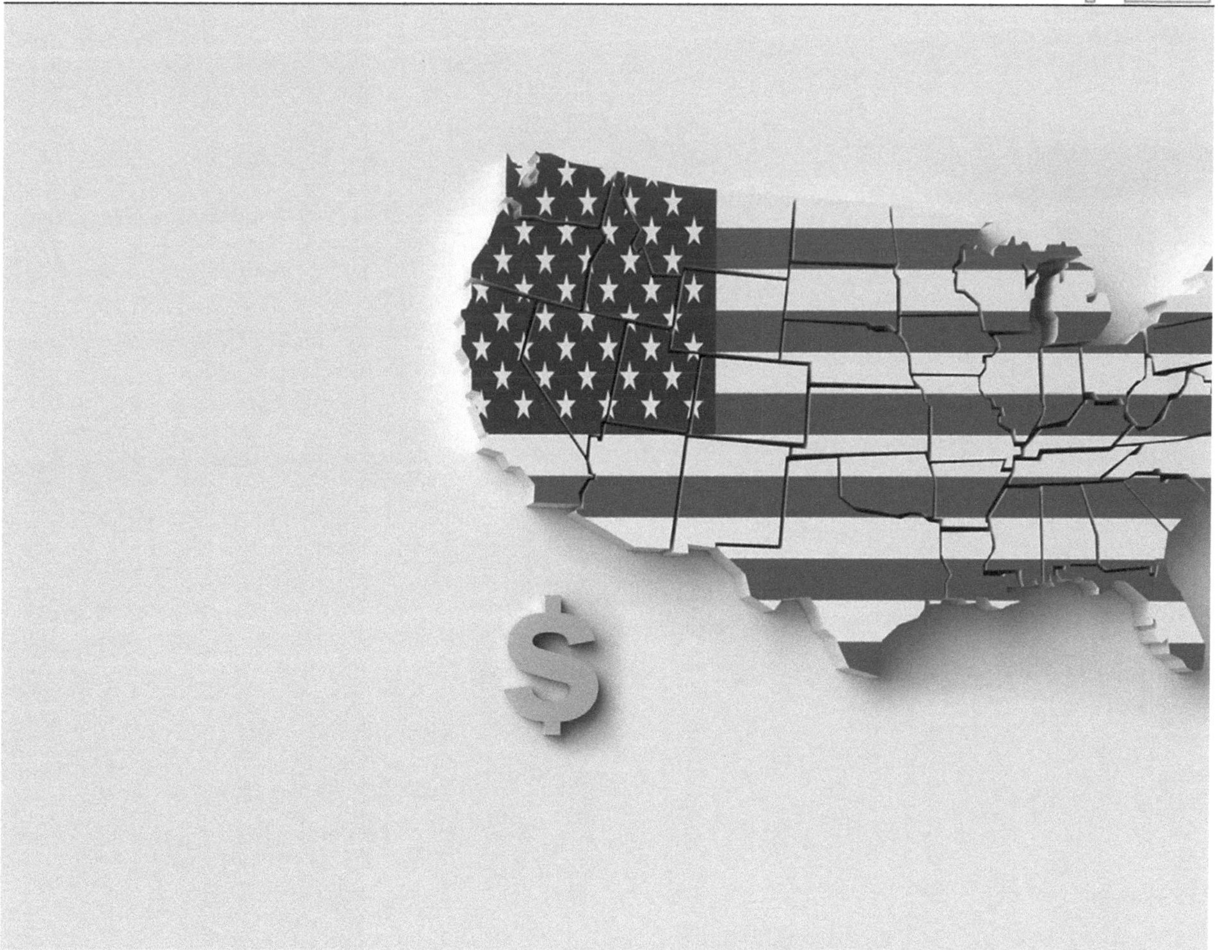

# XI 미국의 금융 관련 보고의무

## 1. 해외 금융계좌 보고의무(Reports of Foreign Bank and Financial Accounts)

미국 시민권자, 영주권자 및 거주외국인(구체적인 판정기준은 FAQ #13 참조)을 포함한·미 세법상의 미국 거주자(개인), 주식회사, 합자회사, 합명회사, 신탁 등은 해당 년도(Calendar Year)의 어느 시점이든 모든 보고대상 해외 금융계좌를 합하여 $10,000을 초과하여 보유한 적이 있었으면 그 구체적인 내용을 FBAR(Report of Foreign Bank and Financial Accounts)양식에 의해 전자신고방식으로 FinCEN(Financial Crimes Enforcement Network)에 보고하여야 한다.

FBAR 보고는 소득세 신도와는 별도로 FinCen Form 114를 통해 개인세금보고 기한인 4월 15일까지 전자보고를 해야 하며 개인 세금 보고와 같이 6개월 연장도 가능하다. 또한, 2019년에 서명권한만 가지고 있었을 경우 2021년 4월 15일까지 보고가 연장된다.

$10,000 초과 여부는 모든 해외 금융계좌의 잔고를 합산한 총액을 기준으로 하며, 보고 대상 계좌는 은행계좌, 투자계좌, 뮤추얼 펀드, 연금계좌, 증권계좌 등이다. 또한 본인의 계좌가 아니라도 계좌에 대한 서명권한을 가지고 있을 경우 미국 세법상의 예외 규정에 포함이 안 되면 그 계좌 또한 보고대상이 된다. 다만, 서명권한만 있는 계좌에 대한 보고 의무를 완화하는 예규가 2016년 제안 되었다. 여기서 말하는 '금융계좌'는 특정 금융 기관의 소유권과 채권까지 포함하는, 아래 "5. 외국기관의 미국납세자 해외계좌 보고 의무"에서 말하는 '금융계좌'와는 그 범위가 다르다.

FBAR 보고와는 별도로 미국 시민권자, 영주권자와 거주외국인을 포함한 미 세법상의 미국 거주자(개인), 주식회사, 합자회사, 합명회사, 신탁 등은 매년 소득세 신고 시에 전 세계의 모든 수입을 보고하여야 하며, 이 경우에 국외원천소득에 대해 외국에 납부한 세금이 있는 경우 외국납부세액공제를 받게 된다.

또한, 해당 소득세 신고서에 해외 금융계좌가 있는지 여부를 밝히고(Form 1040 양식의 경우 Schedule B Part III), 동 금융계좌에서 발생하는 이자나 배당소득 등을 세금계산에 포함시켜야 한다.

해외 금융계좌와 관련하여 소득세 신고 및 FBAR 보고를 하여야 함에도 불구하고 이를 하지 않을 경우 민사상 또는 형사상 강력한 벌칙이 가해진다.

## 2. 현금거래 보고(Currency Transaction Report, CTR)

미국에서 고객이 1일 $10,000을 초과하는 현금거래를 하는 경우 모든 금융기관들은 그 세부내용을 Bank Secrecy Act E-filing System을 통하여 보고하여야 한다.

1일의 의미는 은행 영업이 정상적으로 이루어지는 1일을 뜻하며, 공휴일이나 주말에 이루어지는 거래는 바로 다음 영업일에 이루어진 것으로 간주한다. 거래금액의 $10,000 초과 여부는 동일 금융기관의 미국 내 모든 지점을 합산하여 판단하고, 하루에 여러 차례 거래가 있으면 그날의 모든 거래를 합산하여 판단한다. 현금거래라 함은 예금, 인출, 환전, 지급, 이체 등에 있어서 현금을 사용하는 것을 말한다.

## 3. 의심스러운 거래 보고(Suspicious Activity Report, SAR)

미국 내 은행, 증권, 보험, 펀드, 카지노, 카드클럽 등은 고객의 자금의 원천이 불법적인 것이거나, 정당한 사업상 목적이 없거나, 자금거래가 불법행위와 관련이 있다고 의심이 가는 경우 SAR(Suspicious Activity Report) 양식(FinCEN 111A)에 의해 FinCEN에 보고하여야 한다.

의심이 가는지 여부를 판단하는 것은 해당 금융기관 등의 재량에 달려 있으나, 감독기관의 감사 시 SAR 보고를 하여야 하는 경우인데 보고를 하지 않았다고 결정이 되면 엄한 벌칙을 받게 되므로 금융기관 등은 SAR 보고대상이 아니라는 확신이 서지 않는 한 보고를 해야 하는 것이 SAR의 특징이다.

금융기관은 모든 고객의 프로필을 Customer Identification Program에 따라 자세하게 문서를 갖추어 보관하여야 하며, 수시로 새로운 정보로 보충하여야 한다. 고객의 프로필은 개인의 경우 여권, 운전면허 등 신분을 증명하는 서류, 가족, 생업, 수입 등 고객의 신분과 생계 수단을 잘 알 수 있도록 상당히 구체적인 정보가 구비되어 있어야 한다. 사업체의 경우는 영업의 종류와 내용, 최근 세금 보고서 등 사업체의 사업 내용, 매출, 경비의 규모 등을 잘 알 수 있는 구체적인 정보를 갖추어야 하고, 정기적으로 업소를 방문하여 수집된 정보를 확인하고 보충하여야 한다.

또한 현금거래 추정액과 은행에 입금 및 인출 예상액, 수표 거래 규모, 전신으로 송금 내지 수금하는 빈도 및 액수 등에 의한 정보를 받아 보관하고 심사하여야 한다. 심지어 대출을 할 때도 경제적으로 아주 의미 없는 대출은 일단 의심을 가지고 지켜보아야 한다. 수집된 정보를 토대로 모든 고객을 위험부담의 상하에 따라 분류하고 위험부담이 높은 고객에 대해서는 정보수집의 폭과 빈도를 높여야 한다.

위와 같이 축적된 고객정보에 기초하여 비정상적인 의심스러운 거래를 하는 경우 금융기관 등은 SAR 보고를 하여야 한다.

## 4. 해외 금융자산 보고의무(Foreign Financial Asset Reporting)

2010년 발효된 해외계좌신고법 (Foreign Account Tax Compliance Act: FATCA)에 따라 미국 세법상의 미국인 중 법인이 아닌 개인(즉, 시민권자, 영주권자, 거주외국인 (구체적인 판정기준은 FAQ #13 참조))이 정해진 한도를 초과하는 '특정 해외 금융자산'을 소유한 경우 매년 개인소득세 신고 시에 전년의 '특정 해외 금융자산'에 대한 정보를 Form 8938(Statement of Specified Foreign Financial Assets)을 통해 IRS에 보고하여야 한다.

'특정 해외 금융자산'은 (1) 해외금융기관에서 관리되고 있는 모든 해외 금융계좌들과 (2) 금융계좌를 통해 관리되지는 않지만 투자목적으로 소유한, 거주 외국인이 아닌 외국 개인 및 외국 법인(비미국인)이 발행한 주식과 채권, 해외법인에 대한 모든 권리, 미국인이 발행인 또는 상대방(counterpart)이 아닌 금융계약이나 금융상품을 말한다. 따라서 은행

계좌, 증권계좌, 주식, 채권, 합자회사에 관한 권리, 트러스트, 각종의 해외 파생상품 등이 특정 해외 금융재산에 해당한다.

즉, 종전 FBAR는 금융계좌(Financial Account)만 보고대상이었으나, FATCA에 따른 해외 금융자산 보고에 있어서는 보고대상 재산의 범위가 모든 금융자산으로 확대되었다. 따라서 FBAR 보고의무가 없는 납세자의 경우에도 해외 금융자산 보고의무가 발생할 수 있다.

일반적으로 미국에 거주하는 미혼자 그리고 기혼이지만 단독으로 세무신고를 할 경우에는 세무회계연도 최종일의 특정 해외 금융자산 총액이 $50,000을 초과할 경우 또는 일년 중 한번이라도 그 총액이 $75,000을 초과했을 경우 Form 8938을 제출하여야 한다. 미혼자 또는 단독으로 세금신고를 하는 기혼자의 경우라도 해외에서 거주할 경우 각각의 최저 한도액이 $200,000(최종일 총액)과 $300,000(연중 최고액)으로 증가한다.

미국 거주 기혼자로 부부가 공동으로 세무신고를 할 경우에는 보유하고 있는 특정 해외 금융자산의 세무회계연도 최종일 총액이 $100,000을 초과하거나 연중 최고액이 $150,000을 초과하였을 경우 Form 8938을 제출하여야 한다.

해외에서 생활(living abroad)하면서 공동으로 세무신고를 하는 부부인 경우에는 한도액이 $400,000(최종일 총액)과 $600,000(연중 최고액)으로 증가한다. 미 시민권자의 경우 해외에서 생활(living abroad)하는 것으로 인정을 받으려면 우선 'tax home'(일반적으로 tax home이란 납세자가 일하는 직장이나 소유한 사업장이 있는 도시나 지역을 말한다)이 외국에 있어야 하고, 세무회계연도 전기간 동안 타국의 "거주자"이었거나 세무회계연도의 최종일 이전 12개월 기간 중 330일을 해외에 체류하여야 한다. 즉, 미국 "거주자"의 경우에도 tax home이 외국에 있고 세무회계년도의 최종일 이전 12개월 기간 중 330일을 해외에 체류할 경우 해외에서 생활하는 것으로 인정받을 수 있다. 다만, 한미 조세조약에 의한 거주지 기준에 따라 Form 8833을 제출하여 한국거주자임을 주장하는 경우에는, 1040NR 또는 1040NR-EZ 에 따라 소득세를 신고하므로, Form 8938은 별도로 보고하지 않아도 된다.

Form 8938 제출시에는 다음의 점을 고려하여야 한다. (1) Form 8938에 보고되어야 할 금융자산과 FBAR에 보고되어야 할 금융자산은 동일하지 않다. (2) 보고되어야 할 일부 혹은 전체 '특정 해외 금융자산'이 미국 국세청에 제출되는 다른 양식(예를 들면, Form 3520, 5471, 8621)에 기재될 경우에는 Form 8938에 기재할 필요가 없다. (3) 금융자산의 평가액 산출에 주의하여야 한다.

예를 들어, 공동 명의의 금융자산을 보유한 부부가 각각 단독으로 세무신고를 할 경우 또는 배우자 외의 다른 사람과 공동 명의로 특정 해외 금융자산을 보유한 경우에는 소유권의 비율과는 관계없이 공동명의로 소유한 금융자산의 평가총액이 신고한도액 계산에 이용되어야 한다.

보다 구체적인 사항은 미국 국세청 웹사이트(www.irs.gov)를 보거나 세무 전문가와 상의할 필요가 있다.

## 5. 외국금융기관의 미국납세의무자 해외계좌 보고의무

앞서 설명한 세법상 미국거주자의 해외금융자산 보고의무와는 별개로 외국 금융기관(Foreign Financial Institutions, FFIs)들은 FATCA 규정에 따라 미국 국세청(IRS)과 FFI 협약(FFI Agreement)을 체결하고 동 협약에 따른 의무를 이행하여야한다. 협약을 맺은 외국금융기관은 "참여(participating)" FFI로서 그들 금융기관이 관리하는 특정 미국인 소유의 금융계좌(financial account)나 특정 미국인이 상당한 소유권(의결권 또는 주식가치 기준으로 직·간접적으로 10%를 초과하는 주식을 가지고 있는 경우)을 가지고 있는 외국법인(Foreign entities) 소유의 금융계좌에 대한 정보를 미국 국세청에 보고할 의무가 있다. 예를 들면 고객이름, 주소, 납세자번호(TIN), 계좌번호, 계좌의 잔고(balance) 또는 금전가치(value), 그리고 더 나아가 계좌소득과 이체금액 등의 정보를 말한다.

미국 국세청과 FFI 협약을 체결한 "참여" FFI는 그들 금융기관들을 통해 일정한 미국 내 원천소득이 "비참여" 금융기관(Non-participating FFI) 및 비협조적 계좌보유자(Recalcitrant Account Holder)에게 지급되는 경우, 당해 소득의 30%를 원천징수할 의무가 있다.

'특정 미국인'(specified U.S. person)이란 '미국인(미국 시민권자, 영주권자, 거주외국인, 국내파트너십, 국내법인, 국내상속재단, 국내신탁을 말함)'에서 상장법인 및 그 계열사, 비과세 법인, 외국정부가 100% 소유한 국내법인 등을 제외한 것을 말한다. FATCA 규정의 대상이 되는 금융계좌(financial account)는 그 정의가 광범위하여 commercial 계좌, checking 계좌, savings 계좌, investment certificate, certificate of deposit 등을 포함한 "저축형(depository)계좌"와 주식, 채권, 그 밖의 금융상품을 관리하는"관리형(custodial)계좌"(예, 증권계좌)는 물론이고 특정 금융기관에 대한 소유권 또는 채권 그리고 특정 보험상품 등을 포함한다.

2013년1월17일 발표되고 2013년 1월28일 발효된 최종 시행령(final regulations) 및 관련규정(Notice 등)에 따르면, FFI는 2015년(2015년에 보고할 금융계좌는 2014년분 정보임)부터 관리하고 있는 계좌와 계좌소유자에 대한 정보보고를 시작하고 점진적으로 보고범위를 넓히도록 규정되어있다.

FATCA 이행과 관련하여 최종 시행령과 일부 차이가 있는 사항을 규정할 수 있는 "정부 간 협정"(Intergovernmental Agreement, IGA) 체결을 위한 협상이 미국과 그 밖의 국가 간에 활발히 진행되고 있다. IGA는 본문과 부칙 I과 부칙 II로 구성되어 있으며, 부칙 I은 FATCA의 보고대상이 되는 미국계좌를 확인하고 보고해야 하는 실사(due diligence)의무를 규정하고 있고, 부칙 II는 FATCA 보고의무 면제대상 금융기관의 요건을 규정하고 있다. 부칙 II의 예를 들자면, 소재국 외에 사업장이 없고, 소재국 외에서 계좌 소유주 모집활동을 안하며 소재국 거주자가 보유한 계좌가 전체계좌의 98% 이상 차지하는 지방은행(Local FFIs) 등 일정한 요건을 충족하는 외국 금융기관은 FATCA 보고의무를 이행하지 않아도 FATCA 보고의무를 이행한 것으로 간주된다.

이 외에도 FATCA 관련 규정은 Notice, Revenue Procedure 및 Announcement 등을 통해 계속 업데이트 되고 있기 때문에 구체적인 사항은 반드시 세무전문가와 상담할 필요가 있다.

2014년 7월1일 이후 개설된 신규계좌 중 각 연도말의 계좌잔액이나 금전가치가 $50,000을 초과하는 경우, 참여 FFI는 계좌소유자가 미국인인지의 여부를 확인할 수 있는 증빙(self-certification)을 확보해야 하며, 위 증빙의 타당성을 계좌 신설 시 확보한 자금세탁방지(Anti-Money Laundering, AML) 목적의 고객 알기 제도(Know Your

Customer, KYC)를 통해 수집된 관련 서류 등을 통해서 확인해야 한다. 이러한 증빙 검토과정에서 계좌 소유자가 미국인이라고 확인될 경우, FFI는 위 계좌를 FATCA 보고 대상 미국계좌로 분류해야 하고, 계좌 소유자의 미국 납세자번호(U.S. TIN) 등을 포함하고 있는 증명서를 확보해야한다.

현재 미국 재무부(U.S. Treasury)와 한국 정부간에 FATCA 이행을 위한 "정부 간 협정(IGA)"이 체결되어 있으며, 2016년 9월 국회의 비준을 거쳐 정식으로 발효되었다. 이에 따라 대부분의 국내 금융기관들도 FFI로서 FATCA 관련 보고의무를 진다.

## 6. 해외 자진신고 프로그램(Offshore Voluntary Disclosure Program, OVDP)의 폐지와 새로운 자진신고 절차

해외 자진신고 프로그램(Offshore Voluntary Disclosure Program, 혹은 OVDP)은 해외 금융계좌신고(FBAR) 의무를 준수하지 않았던 사람들에게 자진신고의 기회를 주고 대신 형사처벌을 피할 수 있도록 마련된 제도이다.

2009년 1차 OVDP 프로그램이, 2011년에 2차 OVDP 프로그램이 각각 한시적으로 운영된 바 있으며, 2012년 1월 9일에 3차 OVDP 프로그램이 시작되었으나 이는 2018년 9월 28일로 참여가 마감되었다.

IRS는 OVDP 프로그램을 대체하는 새로운 자진신고 절차를 2018년 11월 20일에 공표하였다. IRS 에 따르면 이 새로운 자진신고 절차는 형사처벌의 위험이 있는 납세자의 경우에만 해당되며, 형사처벌의 위험이 없는 납세자의 경우에는 아래에 소개되는 간소화된 자진신고 절차 또는 누락된 FBAR 제출 절차가 추천된다. 새로운 자진신고 절차는 2018년 9월 28일 이후의 모든 자진신고에 적용된다.

새로운 자진신고 절차는 IRS의 형사 조사과(IRS Criminal investigation division)가 담당하며, 납세자는 Form 14457 를 우편 또는 팩스로 발송하여 사전 승인을 받아야 한다. 사전 승인을 받은 납세자는 새로운 Form 14457을 사용하여 실제 자진신고를 해야 하며, 형사 조사과가 자진신고를 승인하면 그 정보는 텍사스 오스틴에 위치한 대기업 국제부서(the Large Business and International Division)에 있는 민사 검토관(Civil examiner)

에게 보내지게 된다. 자진신고는 표준 심사를 걸치게 되고, 납세자가 협력을 하지 않는 경우 형사 조사과의 승인이 철회될 수 있다. 납세자는 심사 결과에 대하여 항소과(the Office of Appeals)에 항소할 수 있는 권리를 갖게 된다.

일반적으로 새로운 자진신고 절차는 가장 최근 6년동안의 정보의 공개를 요구한다. 그러나, 만약 자진신고가 합의에 도달하지 않으면, 조사관은 조사의 범위를 확장할 수 있다. 또한, 납세자는 정보를 공개 해야하는 기간 동안의 납세 신고를 해야 한다. 그 후 IRS는 일반적으로 미국 내국세법 조항 6663 또는 조항 6651(f)에 따른 민사 사기죄에 대한 페널티 해당 여부를 감안, 가장 세금 페널티가 높은 년도에 대하여 조사한다. 조사관은 예외적이거나 또는 제한된 상황에서 민사 사기죄의 사용을 6년 중 1년 이상에 적용할 수 있고, 납세자가 협력하지 않거나 조사를 합의로 해결짓지 않는다면 조사 기간 6년 이외의 시기에 대해서 페널티를 부과할 수도 있다. 또한 조사관은 페널티의 정도를 미국 내국세법 조항 6662에 따른 부주의로 인한 페널티(20%)로 완화시킬 수 있다.

또한 FBAR를 고의로 준수하지 않은 경우에 대해 조사관은 각 건당 $126,626(인플레이션 연동 금액)과 계좌금액의 50% 중 큰 금액을 페널티로 부과할 수 있다. 납세자는 그들의 조사관에게 고의성에 의하지 않은 FBAR 페널티를 대신 적용할 것을 요구할 수 있으나 조사관들은 아주 예외적인 상황에서만 그러한 요청을 수락할 수 있다.

탈세의 의도가 없고 고의로 미신고 하지 않은 납세자의 경우, 간소화된 자진신고 절차(Streamlined Filing Compliance Procedures)를 이용할 수 있으며, 그 절차를 따를 경우 해외에 거주하는 미국인의 경우에는 penalty가 waive 될 수 있고, 미국 내에 거주하는 미국인의 경우에는 연말 계좌 잔액의 5%의 낮은 페널티가 부과 될 수 있다.

사안이 경미한 일부 미보고의 경우 2014년 6월 18일부터 적용되어 온 누락된 FBAR 제출절차(Delinquent FBAR Submission Procedures)를 이용할 수도 있다. 아직 미 국세청에서 조사가 들어가지 않았고, 미 국세청으로부터 누락된 FBAR에 대해 연락을 받지 않은 일부 납세자의 경우, 동 절차에 따라 누락된 FBAR를 보고하면 페널티를 면제 받을 수 있다.

새로운 자진신고 절차와 간소화된 자진신고 절차 및 누락된 FBAR제출 절차에 대한 보다 상세한 사항은 미국 국세청 웹사이트(아래 주소 참조)에서 찾아 볼 수 있다.

- 새로운 자진신고 절차
  http://www.irs.gov/compliance/criminal-investigation/irs-criminal-investigation-voluntary-disclosure-practice
- 간소화된 자진 신고 절차:
  http://www.irs.gov/Individuals/International-taxpayers/u-s-taxpayers-residing-outside-the-united-states
- 누락된 FBAR제출 절차:
  http://www.irs.gov/Individuals/International-taxpayers/delinquent-fbar-Submission-procedures

# XII

# 미국의 국적포기세 과세제도

# XII. 미국의 국적포기세 과세제도

## 1. 적용대상

기존의 국적포기세에 관한 법률을 보완하여 2008.6.17.부터 적용되어온 현행 국적포기세는 특정 미국 시민권자 또는 특정 영주권자가 시민권 또는 영주권을 포기할 경우 국적포기일 현재 보유하고 있는 전세계의 모든 재산을 양도한 것으로 가정하여 국적포기세(Expatriation Tax)를 납부하도록 규정하고 있다.

적용대상은 미국 시민권자 또는 국적포기일 직전 15년 중 최소 8년 이상 세법상 미국 거주자에 해당하였던 영주권자로서 아래와 같은 기준에 해당하는 고소득자, 대재산가 또는 국적포기전 5년간 미국세법을 충실히 준수했음을 증명할 수 없는 자이다. 다만, 이중국적자 또는 미성년자 중 국적포기일 직전 10년 동안 미국에 연간 30일 이상 체류한 사실이 없는 자 등 사실상의 외국인은 제외한다.

여기서 고소득자는 국적포기일 직전 5년간의 평균 소득세 납부액이 일정 금액(2020년 국적포기자의 경우 $171,000)을 초과하는 자를 의미하며, 대재산가는 국적포기일 현재 순자산가액(Net Worth)이 $2,000,000 이상인 자를 의미한다.

소득세 납부액의 경우 매년 외국납부세액을 차감한 후의 소득세 납부액을 기준으로 하고, 순자산가액의 경우 국적포기일 현재의 시장가치(Fair Market Value)를 기준으로 현금, 예금, 증권, 부동산, 무형자산 등 전세계에 보유하는 모든 재산(미국에 있는 재산뿐만 아니라 한국 등 외국에 있는 재산을 포함한다)의 가액에서 부채가액을 차감하여 계산한다.

## 2. 과세방법

국적포기일 현재 전세계에 보유하는 모든 재산을 양도한 것으로 가정하여 Capital Gain을 산출한 후, Capital Gain에 대한 소득세 과세방법에 의하여 세액을 계산한다. 다만, 2020년의 경우 Capital Gain $737,000까지는 과세표준에서 제외한다.

보유기간 1년 이하 재산은 일반 소득세율(10%~37%)을, 보유기간 1년 초과 재산은 우대세율(최고 20%)을 적용하여 세액을 계산하며, 일반 소득과 함께 다음해 4월 15일 까지 소득세 신고를 하여야 한다. 재산별로 본인의 사망일 또는 재산의 양도일까지 과세를 연기할 수 있으나, 납세담보(Security)를 제출하여야 하고, 과세 연기일까지의 이자를 부담하여야 한다.

## 3. 보고의무

앞서 언급된 바와 같이 국적포기자는 과거 5년 동안 미국세금을 성실히 납부했음을 증명할 필요가 있다. 그러지 못할 경우 $2,000,000의 순자산기준 혹은 $171,000(2020년 기준)의 평균소득세 납부액 기준을 충족하지 못한다 하더라도 국적포기세 과세대상이 될 수 있다.

국적포기자는 이러한 성실납세를 증명하기 위하여 국적포기일이 속하는 해의 다음해 4월 15일까지 소득세 신고서(Form 1040) 및 국적포기일을 기준으로 한 Form 8854 (Expatriation Information Statement)를 보고하여야 한다.

국적포기일 현재 고소득자 또는 대자산가 기준에 해당하는 경우 실제 국적포기세 납부세액이 없는 경우에도 보고의무가 있다.

## 4. 유의사항

　소득세 납부액 $171,000(2020년 기준) 초과, 순자산가액 $2,000,000 이상 중 어느 하나에 해당되면 국적포기세 적용대상이 된다. 따라서, 소득이 적더라도 재산이 많으면 ($2,000,000 이상) 국적포기세 적용대상이 된다. 미국에 있는 재산뿐만 아니라 외국에 있는 재산도 국적포기세 과세대상이 된다. 따라서, 이민 오기 전부터 보유하고 있던 한국에 있는 재산도 순자산가액 $2,000,000 이상인지 여부를 판단할 때 포함되고, 국적포기일 현재 시장가치로 양도한 것으로 가정하여 국적포기세를 납부하여야 한다.

　미국에 있는 재산으로서 국적포기세 과세대상이 된 재산을 나중에 양도하였을 경우 국적포기세를 계산할 때의 시장가치로 취득가액을 조정한다. 예를 들어 미국에 있는 주택을 2003년에 $500,000에 취득하였는데, 2020년에 국적을 포기할 때의 시장가치가 $1,000,000인 경우 Capital Gain $500,000($1,000,000 - $500,000)이 최소과세소득 $737,000보다 적으므로 국적포기세를 납부하지 않아도 된다. 이 주택은 2020년 국적포기시에 양도차익이 국적포기세 산출에 포함되었으므로 이 주택을 2021년에 $1,700,000에 양도하였다고 가정할 경우 이 때는 취득가액을 $1,000,000로 조정하여 Capital Gain $700,000($1,700,000 - $1,000,000)에 대하여 양도소득세를 납부하게 된다.

# XIII

# 2020년 미국세법 변화 내용

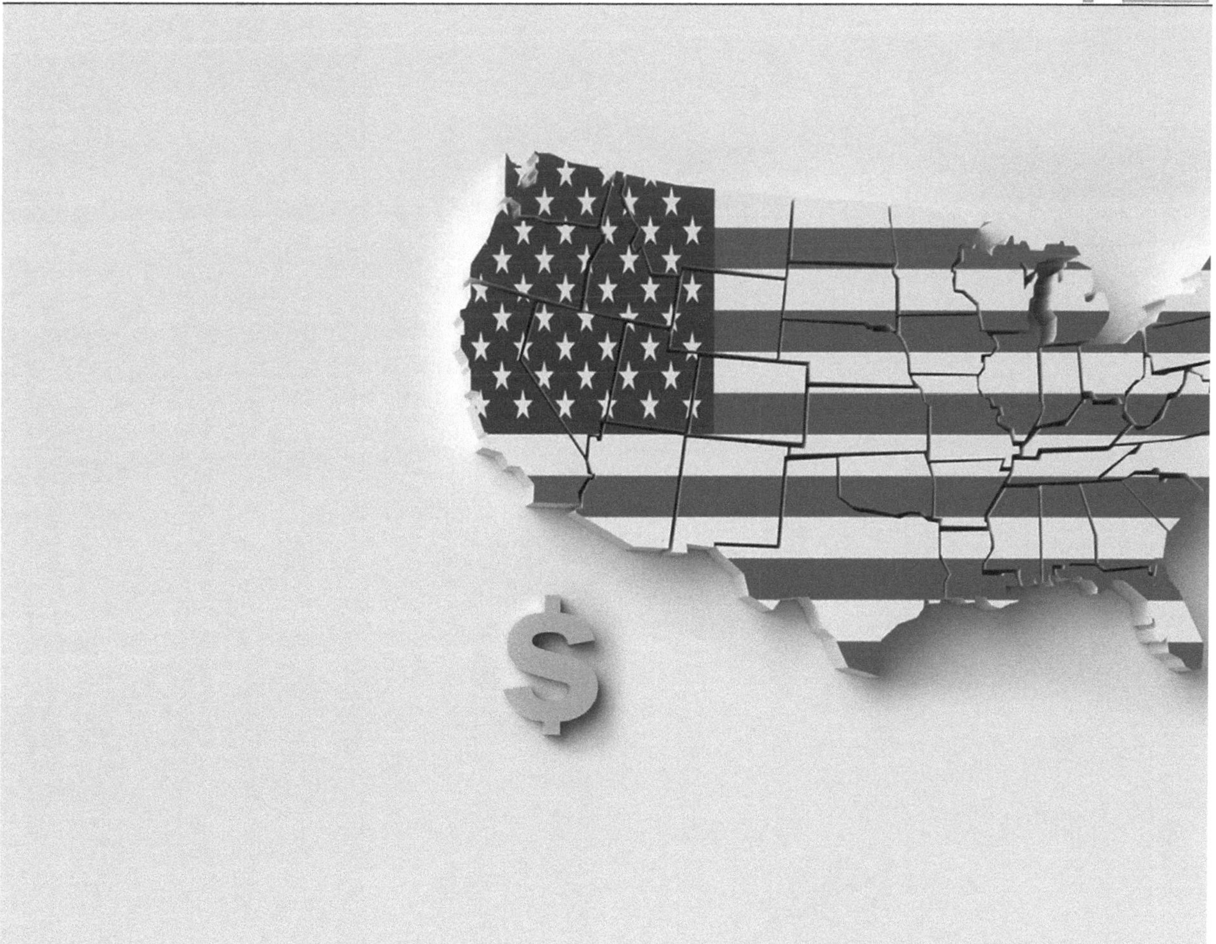

# 2020년 미국세법 변화 내용

## 1. 소득 세율 변경

**| 2019, 2020 소득 구간별 세율표 비교 |**

| | 2019 | | | 2020 | |
|---|---|---|---|---|---|
| 세율 | 개인보고($) | 부부합산보고($) | 세율 | 개인보고($) | 부부합산보고($) |
| 10% | 0-9,700 | 0-19,400 | 10% | 0-9,875 | 0-19,750 |
| 12% | 9,701-39,475 | 19,401-78,950 | 12% | 9,876-40,125 | 19,751-80,250 |
| 22% | 39,476-84,200 | 78,951-168,400 | 22% | 40,126-85,525 | 80,251-171,050 |
| 24% | 84,201-160,725 | 168,401-321,450 | 24% | 85,526-163,300 | 171,050-326,600 |
| 32% | 160,726-204,100 | 321,451-408,200 | 32% | 163,301-207,350 | 326,601-414,700 |
| 35% | 204,101-510,300 | 408,201-612,350 | 35% | 207,351-518,400 | 414,701-622,050 |
| 37% | 510,301- | 621,351- | 37% | 518,401- | 622,051- |

## 2. 소득세 신고와 납부 기한 연장

2019년 소득세에 대하여 신고와 납부기한이 2020년 7월 15로 연장되었다.

## 3. CARES Act 세법 변화 내용

코로나19 판데믹에 대응하기 위해 미국 의회는 2020년 3월 27일 "코로나바이러스 보조, 구호, 및 경제보장에 관한 법률"(이하 "CARES Act")을 제정하였다. 이는 코로나19를 통해 어려움을 겪고 있는 납세자에게 도움을 주기 위한 정부의 긴급지원 프로그램의 일환으로, 코로나19로 인한 피해를 입은 미국 납세자들은 아래 요약된 프로그램을 통해 해당 지원을 받을 수 있다.

### 가. 긴급재난복구 세액 공제(Recovery rebate credits)

CARES Act 는 소득수준에 근거한 자격요건을 갖춘 개인 납세자들에게 직접적인 금전적 지원을 제공한다. 본 프로그램의 지원을 받으려면, 유효한 사회보장번호(social security number) 또는 납세자인식번호(taxpayer identification number)만 있으면 되고, 다음과 같은 세액 공제(credit)를 받게 된다(이하 "세액 공제").

> $1,200(부부합산 세금보고를 할 경우 $2,400)에서 각 적격한 아동(qualifying child)당 $500을 더하고, 납세자의 총조정소득(adjusted gross income)이 $150,000 (부부합산 세금보고를 할 경우), $112,500(가정의 가장 (head of household) 의 경우) 또는 $75,000(여타 다른 모든 경우) 를 초과하는 액수의 5%를 차감한 금액.

세액공제금액이 해당 연도의 세액보다 클 경우 그 차액은 일반 세금 환급과 동일한 방식으로 해당 납세자에게 환급된다. 상기 기준에 따르면, (1) $99,000 이상 소득이 있고, 아이가 없으며, 개인적으로 세금보고를 하는 납세자, (2) $146,500 이상 소득이 있으며, 자녀가 하나가 있는 가정의 가장(head of household), (3) $198,000 이상 소득이 있고, 아이가 없으며, 부부합산 세금보고를 하는 납세자, 혹은 (4) $218,000 이상 소득이 있고, 아이가 둘 있으며, 부부합산 세금 보고를 하는 경우에는 동 세액 공제를 받을 수 없다.

세액공제 금액은 2019년 혹은 2018년(2019년 세금보고를 하지 않았을 경우) 택스리턴 기준으로 계산되고, 다만 2020년 소득에 따라 계산했을 때 추가 세액 공제가 생기는 경우에는 그 추가금액을 2020년 택스 시즌(즉, 2021년)에 수령하게 된다. 일반적으로 동 세액 공제는 별도의 절차 없이 자동적으로 해당 연도에 적용되나, 2019년 혹은 2018년에 세금보고를 하지 않은 경우에는 2019년 관련 Form SSA-1099, Social Security Benefit Statement 등에 작성된 정보를 통해 혜택을 받을 수 있다.

**나. 급여보호 프로그램(Paycheck Protection Program)**

급여보호 프로그램은 소상공인들이 직원들에게 계속 급여를 줄 수 있도록 대출을 제공하는 프로그램이다. 급여라 함은 휴가 수당, 해직이나 고용 중단 수당, 직장 의료보험 관련 비용, 퇴직금 또는 급여관련 지방세 등을 포함한다. 뿐만 아니라 이 프로그램을 통해 임차료 (렌트), 공과금 (수도, 전기) 비용, 모기지페이먼트, 2월 15일 전에 대출받은 금액에 대한 이자지급 등을 위해서도 대출 받을 수 있다.

급여보호 프로그램에 따른 대출은 대출을 받기 전 1년 동안의 평균 월별 급여 금액의 250%에 해당하는 금액 까지만 가능하며, 그 총 금액이 $10 million을 초과할 수 없다. 또한, 동 프로그램에 따라 대출을 받으려면, 500명 이하의 직원을 두거나 중소기업청(SBA)의 규모 제한(size standard)을 충족해야 하며, 신청인은 다음 사항들을 확인해야 한다.

> (1) 2020년 2월 15일 당시 해당 사업체가 영업중, 또는 운영중이었고,
> (2) 대출이 사업체를 운영하는데 꼭 필요하며,
> (3) 대출금이 급여, 임차료(렌트), 공과금(수도, 전기) 비용, 모기지페이먼트, 2월 15일 전에 대출받은 금액에 대한 이자지급 등에 사용될 것이고,
> (4) 2020년 2월 15일부터 2020년 12월 31일 사이 급여보호 프로그램을 통한 추가 대출을 받지 않았거나 받지 않을 것이라는 것.

이 프로그램에 따라 대출을 받은 후 8주일 동안 발생하는 급여를 위해 사용된 대출금은 탕감되며, 임차료 (렌트), 공과금 (수도, 전기), 모기지 페이먼트, 2월 15일 전에 대출받은 금액의 이자지급 등을 위해 사용된 대출금도 탕감되나, 다만 급여와 관련 없는 지출액으로 인한 탕감 금액은 총 부채 탕감 금액의 25%를 초과할 수 없다. 즉, $10,000 을 대출 받아 $6,000 은 급여지급을 위해 사용하고, 나머지 $4,000은 모기지 페이먼트를 위해 사용했다면, 총 $8,000까지만 탕감된다.

또한 $2 million 이상의 대출액의 경우 중소기업청(SBA)의 검토가 이루어진다.

대출 탕감을 받기 위해서는 직원급여소득세, 주소득세와 같은 직원급여에 대한 지출을 증명하는 서류를 제출해야 한다. 탕감되지 않은 잔여 대출금에 대해서는 1%의 이율로 2년 내 상환해야 하며, 다만 만기일 이전에 대출 상환을 해도 페널티는 발생하지 않는다. 대출금과 이자금의 상환은 6개월간 유예되나, 이 기간동안 이자는 계속 발생한다.

### 다. 비상 경제 재난 대출 프로그램(Emergency Economic Injury Disaster Loan Program)

비상 경제 재난 대출 프로그램은 재난으로 경제적 손실을 입은 사업체들에게 주었던 기존 중소기업청(SBA) 대출 프로그램이나, CARES Act에 따라, 그 적용 범위가 한시적으로 확장되어, 코로나19로 인해 피해를 입은 사업체들도 이 프로그램에 따라 $2 million까지 대출을 받을 수 있게 되었다. 이 확장된 프로그램은 2020년 1월 31일부터 2020년 12월 31일까지 적용되며, 이 시기 동안에는, 비상 경제 재난 대출 프로그램에서 요구하던 개인보증 요건이 $200,000 이하의 대출금에 대해서는 적용되지 않으며, 재난이 있기 전 1년 이상의 사업경력 및 다른 금융기간으로부터 대출을 받지 못했다는 증명요건등도 적용되지 않는다.

또한, 본 프로그램에 지원하는 사업체가 긴급자금이 필요하다면 $10,000까지 비상자금이 제공된다. 이 비상자금은 본 프로그램의 대출신청이 거절된다 할지라도 상환할 필요가 없다.

### 라. 소상공인 대출감면 프로그램(Small Business Debt Relief Program)

소상공인 대출감면 프로그램은 앞에 소개된 급여보호 프로그램(Paycheck Protection Program)이 적용되지 않는 7(a), 504, 소액융자(Microloan) 대출에 적용되는 프로그램으로, 자격요건을 갖춘 소상공인이 현재 가지고 있는 해당 대출과 2020년 9월 27일 이전에 발행된 신규 대출에 대해, 중소기업청(SBA)이 해당 대출의 원금, 이자, 수수료 등 모든 대출관련 상환금을 6개월간 대납하게 된다. 본 프로그램은 법령에 따라 자격요건을 갖춘 소상공인의 해당 대출에 자동으로 적용되며, 별도의 신청 절차가 필요하지 않다.

일반적으로 중소기업청(SBA)의 규모 제한(size standard)을 충족하는 사업체에게만 자격이 있으며, 지원하는 사업체는 미국에 소재하고 있으며 상환 능력이 있고, 합당한 사업 목적을 가지고 있어야 한다. 중소기업청(SBA)규모 제한(size standard) 기준에 해당되는지 알아보기 위해서는 다음 사이트(https://www.sba.gov/size-standards/) 에 북미 산업 분류 시스템 코드(NAICS)와 3년간의 평균 연간 매출을 기입하면 된다.

## 마. 고용주들을 위한 직원 유지 세액공제(Employee Retention Credit for Employers Subject to Closure Due to COVID-19)

본 프로그램은 코로나19관련 정부명령으로 영업이 제한된 고용주들에게 고용유지 인센티브를 제공하기 위한 프로그램으로, 고용주들은 이 프로그램을 통해 급여로 지급된 금액의 일부를 세액공제로 돌려 받을 수 있다. 본 프로그램은 상업, 여행, 또는 단체미팅을 제한하는 정부 명령으로 인해 영업이 완전 혹은 부분적으로 중단되거나, 지난해와 비교해 분기별 총 매출액이 50% 이상 줄어든 고용주들에게 적용된다.

본 프로그램의 세액공제 혜택을 받을 수 있는 급여의 정의는 사업체가 얼마나 많은 직원을 고용하고 있는지에 따라 다르다. 풀타임 직원수가 100명을 초과하는 사업체의 경우 혜택을 받을 수 있는 급여는 코로나19관련 정부명령으로 영업이 중단되었을 때 직원들에게 지불한 급여를 뜻한다. 반면, 풀타임 직원수가 100명 이하인 사업체의 경우 혜택을 받을 수 있는 급여는 영업이 중단 되었는지에 상관없이 직원들에게 지불한 모든 급여를 뜻한다.

본 프로그램이 적용되는 경우, 고용주는 직원들에게 2020년 3월 12일과 2020년 12월 31일 사이에 지불한 급여의 50%에 해당하는 금액을 세액공제를 통해 돌려 받을 수 있다. 해당 세액공제를 받을 수 있는 직원의 수 에는 제한이 없으나, 한 직원당 $5,000까지만 세액공제를 받을 수 있다. 그러나, 이 세액공제 혜택은 급여보호 프로그램(Paycheck Protection Program)을 통해 대출을 받고 있는 고용주들에게는 적용되지 않는다.

## 바. 고용주의 고용세 납부 이연(Delay of Payment of Employer Payroll Taxes)

이 프로그램은 사회보장세(social security tax)의 고용주 부담분을 덜어주기 위해 만들어진 제도로, 해당 프로그램이 적용되는 고용주는, 2020년 3월 27부터 12월 31일 사이 납부되어야 할 사회보장세(social security tax) 고용주 부담분을 이연해 2021년 말과 2022년 말 2회에 걸쳐 50%씩 납부할 수 있다. 이 프로그램은 사업 규모와 상관없이 적용되나, 급여보호 프로그램(Paycheck Protection Program)을 통해 이미 대출보조를 받고 있는 고용주들에게는 적용되지 않는다. 자영업자들의 경우 사회보장세(social security tax)의 고용주 부담분이 별도로 구분이 되지 않기 때문에, 2020년 3월 27일부터 12월 31일 사이 납부되어야 할 사회보장세(social security tax)의 50%에 해당하는 금액을 이연해 2021년과 2022년에 걸쳐 앞서 말한 방법으로 납부할 수 있다.

### 사. 순영업손실과 초과사업손실 관련 변경 사항(Modifications for Net Operating Losses and Excess Business Losses)

2017년 세제 개혁에 따르면, 2018년부터 발생한 순영업손실(Net Operating Losses)은 이전기간으로 소급(carryback)해 사용할 수 없으며, 이후기간으로 이월(carryforward)하는 경우, 해당 연도 과세대상 소득의 80%까지만 사용가능했다. 또한, 회사(corporation)가 아닌 납세자의 경우, 초과사업손실(excess business losses)에 해당하는 부분은 과세대상 소득에서 차감할 수 없었다. 초과사업손실은 $250,000(부부합산 세금보고를 하는 납세자의 경우 $500,000이며, 인플레이션을 반영하여 매년 조정됨)을 초과하는 사업순손실을 의미한다.

하지만, CARES Act에 따라 납세자들에게 일시적으로 혜택을 주기 위해, 2018년에서 2020년 사이에 발생한 순영업손실에 대해서는 5년전까지 소급(carryback)하거나 무제한 이월(carryforward)이 가능하고, 특히 2020년 및 그 이전 과세연도에 대해서는, 순영업손실이 과세대상 소득금액의 100%까지 상쇄할 수 있도록 관련 법규가 개정되었다.

또한, 2020년 및 그 이전 과세연도에서 발생하는 초과사업손실은 제한 없이 모두 차감 가능하다. 따라서 개인 납세자가 2018년부터 초과사업손실을 차감하지 않은 상태로 세금보고를 하였다면, 해당 납세자는 해당 연도의 세금보고를 수정하여 환급받을 수 있다.

### 아. 연금 분배금에 관한 구제(Relief for Retirement Fund Distributions)

일반적으로, IRA 와 같은 연금에서 조건기간을 충족하지 못하고 분배되는 분배금에는 10% 추가 세금이 부과되나, CARES Act 에 따라 코로나19 관련 분배금의 경우에는 한해 최대 $100,000 까지 추가세금이 면제된다. 코로나 19 관련 분배금은 2020년에 분배된 금액 중 (1) 코로나19 감염자, (2) 코로나19 에 감염된 배우자 또는 부양 가족이 있는 자, (3) 코로나19로 인해 금전적으로 손해를 입은 자에게 분배된 금액을 의미한다. 이러한 분배금으로 발생한 소득은 3년에 걸쳐 세금이 부과되며, 해당 납세자는 관련 분배금을 연간 기여 한도에 관계없이 3년 이내에 다시 기여 할 수 있다.

제2장

# 자주 물어보는 질문과 답변 (FAQ)

# I

# 한국의 거주자 및 비거주자에 대한 판정 및 과세방법

# Ⅰ. 한국의 거주자 및 비거주자에 대한 판정 및 과세방법

 **01** 국외사업장 또는 해외현지법인에 파견된 임원 또는 직원은 한국의 거주자가 되는가?

거주자 또는 내국법인의 국외사업장 또는 해외현지법인(100% 출자법인)에 파견된 임원 또는 직원이 생계를 같이 하는 가족이나 자산상태로 보아 파견기간의 종료 후 재입국할 것으로 인정되는 때에는 파견기간이나 외국의 국적 또는 영주권의 취득과는 관계없이 한국의 거주자로 본다.

국내에 생활의 근거가 있는 자가 국외에서 거주자 또는 내국법인의 임원 또는 직원이 되는 경우에는 국내에서 파견된 것으로 본다.

 **관련법령**

- 소득세법 기본통칙 1-3…1(국외사업장 등에 파견된 임원 또는 직원의 거주자·비거주자 판정)

 **02** '국내에서 생계를 같이하는 가족'과 '직업 및 자산상태에 비추어 계속하여 183일 이상 국내에 거주할 것으로 인정되는 때'란 어떤 의미를 말하는 것인가?

국내에 거주자하는 개인이 국내에 생계를 같이하는 가족이 있고, 그 직업 및 자산상태에 비추어 계속하여 183일 이상 국내에 거주할 것으로 인정되는 때에는 국내에 주소를 가진 것으로 본다.

여기서 '국내에 생계를 같이하는 가족'이란 한국에서 생활자금이나 주거장소 등을 함께하는 가까운 친족을 의미한다(대법원2013두16876, 2014.11.27.). 일상생활에서 볼 때 유무상통하여 동일한 생활자금에서 생활하는 가족단위를 의미한다(대법원2010두8171, 2010.9.30.).

'직업 및 자산상태에 비추어 계속하여 183일 이상 국내에 거주할 것으로 인정되는 때'란 183일 이상 한국에서 거주를 요할 정도로 직장관계 또는 근무관계 등이 유지될 것으로 보이거나 183일 이상 한국에 머물면서 자산의 관리·처분 등을 하여야 할 것으로 보이는 때와 같이 장소적 관련성이 한국과 밀접한 경우를 의미한다(대법원2013두16876, 2014.11.27.).

 **관련법령**

• 소득세법 제2조(주소와 거소의 판정) 제3항

 **'15년 한국 소득세법 개정 당시 거주자 판정 1년 기준을 183일 기준으로 개정한 이유는?**

해외거주자를 가장한 탈세를 방지하기 위하여 거주자 판정 시 미국, 영국, 독일 등 대부분의 OECD 국가에서 183일 기준을 적용하고 있는 점을 감안하여 국제적인 기준에 따라 거주자 판정기준을 1년 이상에서 183일 이상으로 강화하였다.

 **관련법령**

• 소득세법 제2조(주소와 거소의 판정) 제3항

## 04 이중 거주지국 결정 관련 최근 대법원 판결사례

### 가. 사실관계

원고는 '03.10월 사우디에 사우디법인을 설립하고 동 법인의 주주겸 대표이사이다. 원고와 원고의 배우자, 자녀, 자녀의 배우자 모두 서울 강남구에 주소지를 두고 있고, 원고와 원고의 배우자의 국내 체류일수는 각각 연평균 188일 및 327일이다.

원고는 '90년 이후 서울에서 건설업을 영위하는 주식회사 갑법인을 설립하여 대표이사로 재직하면서 받은 급여를 신고하였고, 동 근로소득에 대한 연말정산 시 국내 거주자에 해당하는 소득공제를 하였다.

원고는 서울에 주택 및 아파트를 소유하고 있고, 원고의 배우자는 상가를 소유하고 임대업을 영위하고 있다.

원고는 사우디에 소재한 사우디법인의 사내 숙소에 거주하고, 사우디법인에 대한 주식 외에 사우디에 보유하고 있는 자산은 없다.

원고는 사우디 대사관에 재외국민등록을 하고, 사우디 현지 교민회 부회장 및 교민장학회 장학위원을 맡고 있다.

사우디법인은 사우디 지역의 건설사업과 관련하여 원수급인으로부터 하도급을 받아 건설공사를 하는 것을 주된 사업내용으로 하고 있고, 사우디법인이 체결한 주요 하도급계약은 원고가 한국에 체류하는 기간 중에 체결되었다.

원고는 사우디법인의 유일한 등기이사이고, '08.4월 이전까지는 100% 지분을 보유하였고, '08.4월 이후부터는 80%의 지분을 보유하였으며(나머지 20%는 원고의 아들이 보유), 사우디법인의 주요 의사결정은 별도의 이사회 결의나 주주총회 없이 단독으로 하였다.

원고는 사우디법인으로부터 얻은 소득 중 대부분을 한국의 원고 계좌 및 차명계좌로 송금하여 원고 및 원고의 배우자, 자녀 명의의 보험료 등 금융상품가입 및 생활비 등으로 관리·사용하였다.

사우디법인의 홈페이지에는 사우디법인이 진행중인 사업의 상대방으로 한국 기업인 등이 소개되어 있다.

## 나. 대법원 판단

원고는 배우자와 함께 국내에 주민등록을 두고서 연평균 188일을 체류한 점, 원고는 사우디 내에는 유형자산을 소유하지 아니한 반면 국내에는 다수의 부동산을 소유하고 있는 점, 원고는 국내에서도 사우디법인의 경영과 관련된 중요한 사업상 의사결정을 한 점 등에 비추어 보면, 원고는 소득세법상 국내 거주자에 해당한다.

원고는 소득세법상 거주자인 동시에 사우디 소득세법상 사우디의 거주자인 이른바 '이중거주자'로서 원고의 항구적 주거는 우리나라와 사우디에 모두 있다고 할 것인데, 원고의 국내에서의 체류기간이 사우디에서의 체류기간보다 훨씬 긴 점, 원고와 그 배우자의 주요재산이 국내에 있을 뿐 아니라 사우디법인 등으로부터 얻은 소득 중 대부분을 국내로 송금하여 원고와 가족들의 생활비 등 국내 생활관계에 사용한 점, 사우디법인의 주요 거래처가 대한민국 기업이 설립한 사우디 현지법인이고, 사우디법인과 관련된 주요 의사 결정 중 상당수는 국내에서 이루어진 것으로 보이는 점 등에 비추어 보면, 원고에게 인적 및 경제적 관계가 보다 밀접한 국가는 대한민국으로 보아야 한다(대법원2016두37584, 2016.8.17.).

**관련법령**

- 소득세법 제1조의 2(정의), 소득세법 시행령 제2조(주소와 거소의 판정)
- 한국-사우디 조세조약 제4조(거주자)

# II

# 금융자산 투자 관련

동화책 만들기

# II. 금융자산 투자 관련

 **05** 영주권자 또는 시민권자가 국내 은행에 본인 명의 계좌를 만드는 경우 어떤 종류의 계좌를 만들 수 있으며, 각각의 특징은 무엇인가?

영주권자 또는 시민권자(비거주자)는 국내에 다음과 같은 예금계좌를 만들 수 있으며, 각 계좌의 특성에 따라 예치 및 회수절차가 다르다.

(1) 비거주자 대외계정 : 외화예금 계좌로서 외국으로부터 국내로 들여온 외화, 기타 해외송금이 가능한 외화를 예치하는 계좌이다. 별도의 증빙 없이 외화로 해외에 송금하거나 다른 외화계정으로 이체 등이 가능하다.

(2) 비거주자 원화계정 : 원화예금 계좌로서 국내에서 취득한 원화를 예치하는 계좌이다. 국내에서 원화로 인출하거나, 다른 원화계좌에 자유롭게 이체할 수 있다. 향후 한국을 방문하거나 한국에서 사업 등을 이유로 원화로 인출할 필요가 있을 때 사용하기 편리한 계좌이다. 외화로 환전하고자 할 때 자금출처를 확인하는 절차가 필요하나, 최초 입금할 때 교부받은 외국환매각증명서를 통해 자금출처를 입증하면 된다.

(3) 비거주자 자유원계정 : 원화예금 계좌로서 국내에서 예금을 인출하지 않고 이자소득 획득만을 목적으로 하는 경우 사용할 수 있다. 외국으로부터 국내로 들여온 외화 등의 원화 환전, 원화 경상거래 대금 예치, 본인 명의의 다른 원화계정으로부터 이체가 가능하며, 해외송금, 원화 경상거래 대금 지급, 본인 명의의 다른 원화계정으로 이체, 원화대출 등이 가능하다. 향후 별도의 증빙 없이 외화로 환전하여 회수할 수 있으나, 수시로 출금하여 사용하기 어려운 계좌이다.

한편, 비거주자가 한국내 은행에 외화를 송금하여 예금 또는 신탁할 경우 금액상 제한은 없으며, 자금출처가 명확하면 향후 원금, 이자 등을 미국으로 송금하는데 있어서 금액상 제한은 없다.

 **관련법령**

- 외국환거래규정 제7-8조(계정에의 예치), 제7-9조(계정의 처분)

## 06. 국내에 가지 않고 해외에서 국내 은행에 본인 명의 계좌를 만드는 방법은 없는가?

국내의 대리인을 통해서 계좌개설이 가능하다. 대리인을 통하여 계좌를 개설하고자 하는 경우 다음의 서류를 제출하여야 한다.

(1) 본인의 실명확인증표(여권, 외국인투자등록증), 단, 대리인이 개설하는 경우 실명확인증표 사본도 가능

(2) 대리인의 실명확인증표

(3) 공증을 받은 위임장 또는 한국 대사관(영사관)에서 확인한 위임장

한편, 일부 한국계 은행 미국 지점에서는 계좌개설에 필요한 본인의 실명확인을 미국 현지에서 할 수 있도록 편의를 제공하고 있으므로 본인의 신분증(여권, 운전면허증 등)을 지참하고 한국계 은행 미국 지점을 직접 방문하여 계좌개설에 대하여 상담하면 된다.

---

**관련법령**

- 금융실명거래 및 비밀보장에 관한 법률 제3조(금융실명거래)

 **재외동포가 국내로 송금할 경우 한국 또는 미국 국세청에 자료가 통보되는가? 소액으로 쪼개거나 또는 여러 사람 이름으로 나누어 송금하는 경우 자료통보를 피할 수 있는가?**

미국에서 송금을 중개하는 금융기관은 의심스러운 거래가 행해지거나 시도되었을 때, 또는 $10,000를 초과하는 현금거래가 있었을 때 FinCEN 또는 IRS에 보고하여야 한다.

한국의 경우 건당 미화 $10,000를 초과하는 금액이 국내로 송금될 경우 해당 외국환은행이 한국은행을 경유하여 국세청에 통보한다.

위와 같은 자금거래 보고(통보)는 국제적으로 표준적인 자금세탁방지 등을 위한 것으로서 정상적인 자금거래에 있어서는 전혀 걱정할 필요가 없다. 금액을 소액으로 쪼개거나, 여러 사람 이름으로 나누어 송금하는 경우 한국에서 외국환거래법 제16조 제3호 위반으로 처벌 받을 수 있고, 의심스러운 금융거래로 보아 미국 FinCEN 또는 한국 금융정보분석원(FIU)에 보고되거나, 세무조사 대상자로 선정될 가능성이 높아지게 된다.

변칙적인 송금이 탈세·테러·조직범죄·마약·밀수 등과 관련된 경우에는 자금세탁범죄(Money Laundering)에 해당되어 벌과금 및 형사처벌을 받을 수 있다. 국내 송금 자금에서 발생한 소득을 적법하게 IRS에 신고하지 않으면 탈세와 자금세탁범죄가 동시에 성립되는 점을 주의하여야 한다.

 **관련법령**

- 특정 금융거래정보의 보고 및 이용 등에 관한 법률 제4조(불법재산 등으로 의심되는 거래의 보고 등)
- 외국환거래규정 제4-8조(국세청장 등에 대한 통보) 제1항 제3호
- 31 CFR 103.18 및 USC 5318(g), 31 CFR 103.22 및 31 USC 5313(a), 31 CFR 103.24 및 31 USC 5314

## 08  국내로 송금할 때, 보내는 사람을 다른 사람 명의로 하는 경우(다른 사람 명의를 빌리는 경우) 문제점은 무엇인가?

영주권자 또는 시민권자가 본인의 자금을 국내로 송금하면서 송금자를 다른 사람 명의로 하는 경우 거래를 중개하는 금융기관은 의심스러운 금융거래로 보아 미국의 FinCEN 또는 한국의 FIU에 SAR(Suspicious Activity Report) 또는 STR(Suspicious Transaction Report)을 보고할 의무가 있으며, SAR 또는 STR 보고가 되는 경우 세무조사 대상자로 선정될 가능성이 높아지게 된다.

다른 사람 명의를 이용하는 경우 그것이 탈세·테러·조직범죄·마약·밀수 등과 관련된 경우에는 자금세탁범죄(Money Laundering)에 해당되어 벌과금 및 형사처벌을 받을 수 있다. 국내 송금자금에서 발생한 소득을 적법하게 IRS에 신고하지 않으면 탈세와 자금세탁범죄가 동시에 성립되는 점을 주의하여야 한다.

위와 같이 다른 사람 명의를 이용하는 경우 여러 가지 법적인 문제가 발생할 뿐 아니라 송금한 자금을 향후 해외로 다시 송금하는 경우에 있어서 국내로 송금되어 온 자금의 출처가 문제될 수도 있으므로 처음부터 송금자 본인의 명의로 송금하는 것이 바람직하다.

**관련법령**

- 특정 금융거래정보의 보고 및 이용 등에 관한 법률 제4조
  (불법재산 등으로 의심되는 거래의 보고 등)

 국내의 친인척 등 다른 사람 명의의 계좌로 송금할 수 있는가?
다른 사람 명의의 계좌로 송금할 경우 문제점은 무엇인가?
계좌 명의자에게 증여세가 과세되는가?

영주권자 또는 시민권자가 본인의 자금을 국내로 송금하면서 정당한 사유가 있는 경우에는(예를 들어 국내인에게 자금을 대여하는 경우, 대금을 지급하는 경우) 다른 사람 명의의 계좌로 송금할 수 있다.

그러나 본인이 국내에서 사용할 자금을 송금 편의상 다른 사람 명의의 계좌로 송금하는 경우 의심스러운 금융거래로 보아 거래를 중개하는 금융기관이 미국의 FinCEN 또는 한국의 FIU에 SAR(Suspicious Activity Report) 또는 STR(Suspicious Transaction Report)을 보고할 의무가 있으며, SAR 또는 STR 보고가 되는 경우 세무조사 대상자로 선정될 가능성이 높아지게 된다.

다른 사람 명의의 계좌를 이용할 경우 그것이 탈세·테러·조직범죄·마약·밀수 등과 관련된 경우에는 자금세탁범죄(Money Laundering)에 해당되어 벌과금 및 형사처벌을 받을 수 있다. 국내 송금 자금에 따른 소득을 적정하게 IRS에 신고하지 않으면 탈세와 자금세탁범죄가 동시에 성립되는 점을 주의하여야 한다.

영주권자 또는 시민권자가 본인의 자금을 국내의 친인척 등의 계좌로 송금한 후 그 자금을 송금한 사람이 사용하면 증여세 과세문제가 없으나, 송금한 금전을 3개월 이내에 돌려주지 않고, 계좌 명의자가 사용 또는 보유하거나 재산취득자금으로 사용하는 경우에는 한국과 미국에서 증여세가 과세된다.

위와 같이 다른 사람 명의의 계좌로 송금하는 경우 여러 가지 법적인 문제가 발생할 수 있을 뿐 아니라 송금한 자금을 계좌 명의자가 임의로 인출하여 사용할 수도 있는 등 위험부담이 크므로 타인 명의 계좌로 송금하지 않는 것이 바람직하다.

 **관련법령**

- 상속세및증여세법 제2조(증여세 과세대상), 제4조(증여세 납세의무)

 **국내의 친인척에게 자금을 빌려주고자 하는 경우 어떤 절차를 거쳐야 하는가?**

한국내의 친인척(예: 부모, 자녀)에게 자금을 빌려주고자 하는 경우 사전에 국내의 친인척이 거래 외국환은행을 지정한 후, 동 은행을 경유하여 한국은행(중앙은행)에 금전대차계약을 신고하여야 한다. 신고를 해야만 국내의 친인척이 송금액을 수령할 수 있다.

금전대차계약 신고 시에는 (i) 거래사유서, (ii) 금전대차계약서, (iii) 대주(빌려주는 사람) 및 차주(빌리는 사람)의 신분증 등을 첨부하여야 한다.

한국은행에 금전대차계약을 신고한 경우에는 향후 재외동포에게 원금과 이자를 송금할 때 별도의 절차를 거칠 필요 없이 자유롭게 송금할 수 있다.

한국에서 이자소득이 발생한 경우 한국에 소득세 및 지방소득세(재미동포의 경우 이자소득의 13.2%)를 납부하여야 하며, 미국에서는 동 이자소득을 합산하여 소득세 신고를 하여야 한다. 미국에서 세액계산을 할 때 한국에서 납부한 세금은 외국납부세액으로 공제받을 수 있다.

 **관련법령**

- 외국환거래규정 제7-14조(거주자의 외화자금 차입) 제4항

 **미국의 해외계좌 보고의무(FBAR)의 내용, 보고를 하지 않을 경우의 Penalty는?**

영주권자 또는 시민권자, 거주외국인 등 미국세법상 미국인이 해외에 금융계좌(은행계좌는 물론 파생상품, 뮤추얼펀드를 포함한 증권계좌, 일정한 종류의 연기금계좌 등)를 가지고 있고, 1역년(Calendar Year) 동안 어느 시점이든 모든 해외 금융계좌 잔고의 합계액이 $10,000을 초과하는 경우에는 다음 해 소득세 신고기한(4월 15일)까지 FinCEN에 전자신고를 통해 FBAR 보고(Report of Foreign Bank and Financial Accounts)를 해야 한다.

4월 15일까지 미국 국세청에 소득세 신고를 할 때는 소득세 신고서식(Form 1040)의 Schedule B, PartⅢ에 계좌보유사실을 보고하고(Yes에 표시 및 보유국가 기재), 동 계좌에서 소득이 발생한 경우 이를 합산하여 신고하여야 한다. 또한 별도의 해외 금융자산 보고(Foreign Financial Asset Reporting) 규정의 조건에 해당하는 경우 소득세 신고시 Form 8938을 첨부해 해외계좌 내역을 보고해야 한다.

FBAR 보고서를 제출하지 않는 경우에는 고의가 없는 경우(Non-Willful), 미보고에 대한 합리적인 이유가 입증되고, 이후 해당 계좌의 FBAR보고가 정확하게 이루어 진 경우에는 페널티가 부과되지 않는다. 고의 없이 미보고된 계좌의 경우, 2017년 1월 15일 이후 부과되는 페널티의 경우 계좌당 최대 $13,481(인플레이션 연동금액)의 페널티가 적용된다. 고의로 FBAR를 보고하지 않은 경우, 계좌당 $134,806(인플레이션 연동금액) 또는 해당 조사 기간의 미보고 계좌 최대 연중 잔액 총계의 50% 중 더 큰 금액이 페널티로 적용된다. 한 계좌가 여러 해 동안 보고 되지 않은 경우, 매년 페널티를 중복 부과 하는 것이 아니라, 조사기간 중 계좌 최고 잔액에 해당 페널티율을 곱한 금액을 조사기간별로 나누어 해당 년도의 페널티로 부과한다. 또한 고의로 FBAR를 보고하지 않은 경우에는 형사상 처벌도 가능하다.

시민권자와 영주권자 등 미국세법상 미국인은 해외 금융계좌($10,000 초과여부에 관계없음)에서 이자소득, 배당소득, Capital Gain이 발생한 경우에는 해외에서 세금을 납부하였다 하더라도 일반적으로 다시 다음해 4월 15일까지 동 소득을 미국에 합산하여 신고하여야 한다. 소득액을 누락하여 소득세 신고를 했을 경우에는 누락된 소득에 대한 세금과 그에 대한 이자, 그리고 무신고 또는 과소신고에 따른 가산세를 부담하여야 한다.

**관련법령**

- US Bank Secrecy Act; 31 U.S.C. §5321(a), §5322(a), 31 C.F.R. §103.59, 18 U.S.C. §1001;
- Report of Foreign Bank and Financial Accounts (FBAR)
- IRS Form 8938 Statement of Specified Foreign Financial Assets

 미국에서 번 것이 아니고, 이민 오기 전부터 한국에서 가지고 있던 자금을 예치한 금융계좌인데도, 미국에 FBAR 보고의무가 있는가?

영주권자 또는 시민권자가 해외에 금융계좌를 가지고 있고, 1역년(Calendar Year) 동안 어느 시점이든 모든 해외 금융계좌 잔고의 합계액이 $10,000을 초과하는 경우에는 당해 금융계좌에 예치된 자금을 미국에서 번 것이든 해외에서 번 것이든 상관없이 모두 FBAR 보고를 하여야 한다.

### 🌐 보고의무 예시

- 이민 오기 전부터 가지고 있던 아파트 월세가 통장에 들어오고, 잔고가 $10,000를 넘은 경우 : 미국 국세청에 월세에 대한 소득세 신고를 하고, 계좌보유 사실 및 FBAR 보고를 하여야 함
- 한국의 계좌에 $100,000 상당을 송금한 후 곧바로 인출하여(이자소득 없음) 아파트를 산 경우 : 계좌보유 사실 및 FBAR 보고만 하면 됨
- 한국에서 아파트를 판 돈 $100,000 예금해 놓고 있는 경우(이자소득 있음) : 미국 국세청에 아파트 양도소득 및 계좌에서 발생한 이자소득을 신고하고, 계좌보유 사실 및 FBAR 보고를 하여야 함
- 상속받은 아파트를 전세 주고 있는 경우 : 전세금 자체는 세입자에게 반환할 채무로서 소득이 아니므로 소득세 신고의무는 없으나, $10,000이 넘는 전세금을 예금한 경우 계좌보유 사실 및 FBAR 보고의무가 있으며, 부동산의 경우 FBAR 보고 의무는 없음

 **관련법령**

- Report of Foreign Bank and Financial Accounts(FBAR)
- 31 USC §5321(a)(5); 31 USC §5322(a); IRC §7203, 7206, 7207; 31 Code of Federal Regulations(CFR) §103.24

## 13. 내국법인의 미국 지사 또는 현지법인에 파견된 직원은 한국에 있는 금융계좌에 대하여 미국에서 FBAR 보고를 하여야 하는가?

미국 시민권자, 영주권자, 또는 미국에서 사업 또는 직장근무를 하는 거주 외국인 등 미국세법상 미국인이 해외에 금융계좌를 가지고 있고, 1역년(Calendar Year) 동안 어느 시점이든 모든 해외 금융계좌 잔고의 합계액이 $10,000을 초과하는 경우에는 예외 없이 FBAR 보고를 하여야 한다.

미국 세법에서는 (1)과 (2) 및 (3)의 요건 중 어느 하나에 해당되면 미국세법상 미국인으로 보나, 예외적으로 (4)에 해당하는 경우 미국세법상 미국인이 아니라고 판정할 수 있다.

(1) 미국 시민: 미국 시민은 미국세법상 미국인이다.

(2) Green Card Test : 미국 영주권자는 미국 거주자로서 미국세법상 미국인이다.

(3) Substantial Presence Test : 미국 영주권자가 아니라 하더라도 외국인이 일정기간 이상 미국체류 요건을 충족하는 경우에는 거주외국인(resident alien)으로 미국 거주자로 본다. (2020년 소득세 신고 시의 거주자 기준 : ① 2020년에 31일 이상 미국에 체류하고, ② 미국 체류 기준일수가 2020년(체류일수의 100% Count), 2019년(1/3 Count), 2018년(1/6 Count) 3년을 합하여 183일 이상인 경우)

(4) 다만, 위 (3)의 체류기준을 충족하는 경우에도 신고대상연도 중 미국에서 체류한 일수가 183일 미만이고, 당해 신고대상연도에 외국에 tax home(가족이 사는 주거지인 family home이 어디이든 관계없이 사업의 주된 장소, 고용 혹은 근무장소를 말하나, 일의 성격상 일상적인 혹은 주된 사업장소가 없는 경우에는 일상적으로 사는 장소를 말함)을 가지고 있으며, 미국보다도 tax home이 있는 외국과 보다 밀접한 관계가 있을 경우(예: 외국이 가족거주지, 개인은행업무 수행지, 운전면허증 발급지 등임을 소명) form 8840을 제출하여 소명하여야 함

더 나아가 미국세법은 영주권자 및 외국인이 미국 세법에 의해 미국거주자가 됨과 동시에 외국 세법에 의해 외국거주자가 됨으로써 이중거주자에 해당하는 경우 조세조약에 의해 거주지국을 판정하는 것을 허용하고 있다.

즉, 어느 개인이 미국세법에 의해 미국 거주자도 되고 한국세법에 의해 한국 거주자도 되어 이중거주자에 해당되는 경우에는 한미조세조약 제3조에 따라 ① 주거(Permanent Home)를 두고 있는 국가의 거주자, ② 양국에 주거를 두고 있거나 양국에 주거가 없는 경우 인적 및 경제적 관계가 가장 밀접한 국가(중대한 이해관계의 중심지, Center of Vital Interest)의 거주자, ③ 중대한 이해관계의 중심지가 어느 국가에도 없거나 결정될 수 없을 경우 일상적 거소(Habitual Abode)를 두고 있는 국가의 거주자, ④ 양국에 일상적 거소를 두고 있거나 어느 국가에도 일상적 거소를 두고 있지 않은 경우 시민권(Citizenship)이 있는 국가의 거주자 ⑤ 동 개인이 양국의 시민으로 되어 있거나 또는 양국 중 어느 국가의 시민도 아닌 경우에 양국의 권한있는 당국은 상호 합의에 의하여 그 문제를 해결 등의 순으로 어느 국가의 거주자에 해당하는지를 판정한다. 한미조세조약 제3조에서 말하는 주거는 어느 개인이 그 가족과 함께 거주하는 장소를 말한다.

미국시민권자의 경우에는 한미조세조약의 거주자판정기준에 의거 한국 거주자에 해당되더라도 전세계에서 얻은 소득을 매년 미 국세청에 보고해야 한다(한미 조세조약 제4조 제4항 참조). 다만, 이중과세방지를 위해 외국납부세액공제 등을 허용한다.

따라서, 내국법인의 미국 지사 또는 현지법인에 파견된 직원으로서 위 3)에 의거 미국 내 체류기간이 일정한 기준을 초과하고 가족과 함께 미국에 거주하는 경우 세법상 미국 거주자에 해당되기 때문에 미국에서 FBAR 보고의무가 있다.

 **관련법령**

- 31 C.F.R. §103.11(z)
- IRC §7701(b)
- Report of Foreign Bank and Financial Accounts (FBAR)

 **14** 한국에 있는 금융계좌 잔고의 합계액이 $10,000을 초과하였는데, 미국에서 소득세 신고 및 FBAR 보고를 하지 않은 경우 어떤 페널티를 받는가?

시민권자, 영주권자, 또는 거주외국인 등을 포함한 미국세법상 미국인이 해외에 금융계좌를 가지고 있고, 1역년(Calendar Year) 동안 어느 시점이든 모든 해외 금융계좌 잔고의 합계액이 $10,000을 초과하였는데, 이에 대한 소득세 신고 및 FBAR 보고를 하지 않거나 또는 잘못된 신고(보고)를 하는 경우 엄격한 민사상 또는 형사상 불이익 및 처벌을 받을 수 있다.

민사상 제재(Civil Penalties) 내용은 다음과 같다.

(1) 소득세 신고시 소득액을 적게 보고하여 세금액이 누락된 경우 : 누락된 세금 및 그에 대한 이자 상당액
(2) 신고불성실 가산세(Accuracy-related Penalty) : 누락된 세금의 20% 가산세
(3) 사기 기타 부정한 방법에 의하여 탈세한 경우 : 누락된 세금의 75% 이하 가산세
(4) FBAR 페널티 : 고의가 없는 경우(Non-willful) 일반적으로 연간 $13,481 (+인플레이션 조정 금액), 고의가 있는 경우(Willful), 일반적으로 계좌 최대 연중 잔액 총계의 50%. 또는 $134,806(+인플레이션 조정 금액) 중 큰 금액 자세한 내용은 FAQ #15미국의 해외계좌 보고의무(FBAR)의 내용, 보고하지 않을 경우의 Penalty는?) 참조바람.

형사상 제재(Criminal Penalties) 내용은 다음과 같다.

(1) 조세포탈 (tax evasion) 페널티: $250,000 이하의 벌금 및(또는) 5년 이하의 징역
(2) False Return (소득세 고의 허위 신고) 페널티: $250,000 이하의 벌금 및(또는) 3년 이하의 징역
(3) 소득세 고의 미신고 페널티: $100,000 이하의 벌금 및(또는) 1년 이하의 징역
(4) FBAR 페널티: $500,000 이하의 벌금 및(또는) 10년 이하의 징역

 **관련법령**
- 31 U.S.C. 5321(a)(5)
- 26 U.S.C. §7201; 26 U.S.C. §7206(1); 26 U.S.C. §7203; 31 U.S.C. §5322.

## 15. 미국의 해외 금융자산 보고의무(Form 8938)를 제대로 이행하지 않은 경우 어떤 페널티를 받는가?

미국 세법상의 미국인(시민권자, 영주권자, 거주외국인)이 해외 금융자산 보고의무를 이행하지 않는 경우 정당한 이유가 없는 한 $10,000의 페널티가 부과되며, 미국 국세청의 제출요구에 응하지 않을 경우 각각 30일이 경과할 때마다 추가로 $10,000씩 증가하여 최고 $50,000까지의 추가 페널티가 부과된다. 그러나 추가적인 $10,000의 페널티가 발생되기 전에 미국 국세청이 제출요구 통지를 한 날로부터 90일의 유예기간(grace period)이 있을 수 있다.

또한 보고되지 않은 해외금융자산으로부터의 소득이 세무신고에서 누락된 경우에는 세금 미납액의 40%에 해당하는 금액이 페널티로 부과될 수 있다. 세금미납이 사기(fraud)에 의한 경우 세금미납액의 75%에 해당하는 페널티가 부과될 수 있다.

더불어 Form 8938을 제출하지 않은 경우, 일부 혹은 전체 해외 금융자산을 보고에서 누락한 경우, 또는 해외금융자산과 관련된 세금의 일부 또는 전부를 미납한 경우 각각 형사처벌이 가능하다. Form 8938의 제척기간(Statutes of limitation)은 form 8938이 제출된 후 3년 후에 종료되며, 만약 제출되지 않았을 경우 제척기간은 종료되지 않는다.

**관련법령**

- IRC §6038D

## 16. 영주권자 또는 시민권자가 국내의 펀드, 증권 등에 투자하고자 하는 경우 어떻게 하여야 하는가?

영주권자 또는 시민권자가 한국내의 펀드에 투자하고자 하는 경우 한국내 거주자와 동일하게 자유롭게 투자할 수 있다. 펀드투자는 금융기관과 금융상품계약을 체결하는 것이므로 신분을 증명할 수 있는 신분증이 있어야 하며, 인감 날인 또는 서명으로 펀드 거래가 가능하다.

영주권자 또는 시민권자가 국내의 증권에 투자하고자 하는 경우 외국환은행에 '증권투자전용 외화계정'과 '증권투자전용 원화계정'을 만든 후에, 증권회사에 위탁계좌를 개설하고 거래하면 된다.

다만, 시민권자의 경우에는 금융감독원에 외국인 투자등록(투자등록신청서와 본인임을 확인할 수 있는 여권 등을 첨부하여 등록신청)을 먼저 하여야 한다.

국내에 6개월 이상 주소를 두거나 거주하고 있는 외국인의 경우에는 외국인 투자등록이 면제된다. 또한 내국민대우외국인(국내에 있는 영업소, 사무소에서 근무하는 자)의 경우에도 투자등록이 면제된다. 즉, 이 경우에는 투자등록을 할 필요가 없이 '증권투자전용 외화계정'과 '증권투자전용 원화계정'을 만든 후, 증권회사에 위탁계좌를 개설하여 거래할 수 있다.

외국인투자촉진법상 외국인투자에 해당하는 경우(투자금액이 1억원 이상으로 국내기업의 의결권 있는 주식총수 또는 출자총액의 100분의 10 이상을 소유하는 경우 혹은 임원선임계약을 체결하는 경우 등) 주식취득은 물론 투자금액, 투자비율 변경 시에도 산업통상자원부장관에게 사전 신고하여야 한다.

### 관련법령

- 외국환거래규정 제7-32조(비거주자의 증권취득)
- 자본시장과 금융투자업에 관한 법률 제168조(외국인의 증권 또는 장내파생상품 거래의 제한), 금융투자업규정 제6-10조
- 외국인투자촉진법 제5조 내지 제8조 (외국인투자절차)

## 17. 국내의 예금계좌에서 이자가 발생한 경우 한국 또는 미국에서 어떤 납세의무가 있는지?

영주권자 또는 시민권자가 소유하는 국내의 예금계좌에서 이자가 발생한 경우 동 이자소득에 대하여 이자를 지급하는 금융기관은 13.2%(소득세와 지방소득세)를 원천징수하게 된다.

이자소득의 경우에는 만기가 되어 현실적으로 이자를 지급받는 날, 이자를 원본에 가산하는 경우에는 그 원본에 가산한 날, 해약으로 인하여 이자를 지급받는 경우에는 그 해약일, 계약기간을 연장하는 경우에는 그 연장하는 날에 이자소득이 발생한 것으로 본다.

미국 납세자는 전 세계 소득에 대하여 미국에서 납세의무가 있으므로 한국에서 이자소득이 발생한 경우 다음 해 4월 15일까지 동 이자소득을 미국 내의 소득과 합산하여 미국 국세청에 신고하여야 한다. 미국에서 소득세액을 계산할 때 한국에서 납부(원천징수)한 세액은 외국납부세액으로 소득세액에서 공제 받을 수 있다. 한국에서 이자소득에 대한 소득세를 납부(원천징수)하였다 하더라도 미국에서 납세의무가 소멸되는 것이 아님을 유의하여야 한다.

이자를 원본에 가산하는 경우, 계약기간을 연장하는 경우 등은 사안에 따라 이자를 현실적으로 받지는 않았지만 이자소득이 발생한 것으로 간주된 경우 미국 국세청에 이를 합산하여 신고하여야 한다.

영주권자 또는 시민권자가 해외에 금융계좌를 가지고 있는 경우에는 다음해 4월 15일까지 미국 국세청에 소득세를 신고할 때 소득세 신고서식(Form 1040)의 Schedule B, Part Ⅲ에 계좌보유사실을 보고하여야 하며(Yes에 표시 및 보유국가 기재), 1역년(Calendar Year) 동안 어느 시점이든 모든 해외 금융계좌 잔고의 합계액이 $10,000을 초과하는 경우에는(연도 중에 그 잔고의 합계액이 최대 $10,000을 초과하는 경우에는) 다음해 4월 15일까지 FinCEN에 전자신고를 통해서 FBAR 보고를 해야 한다. 또한 별도의 해외 금융자산 보고 (Foreign Financial Asset Reporting) 규정의 조건에 해당하는 경우 소득세 신고시 Form 8938을 첨부해 해외계좌 내역을 보고해야 한다.

### 관련법령

- IRC §61
- 소득세법 제16조(이자소득)
- 소득세법 제119조(국내원천소득)
- 소득세법 제156조(비거주자의 국내원천소득에 대한 원천징수의 특례)
- 한미조세조약 제13조(이자)

## 18. 국내의 채권에 투자하여 얻는 이익은 세법상 어떻게 분류하며, 한국 또는 미국에서 어떤 납세의무가 있는가?

영주권자 또는 시민권자가 채권에 투자하여 얻는 다음의 이익은 이자소득으로 분류하며, 한미조세조약에 의하여 한국에서 지급하는 자가 13.2%(소득세와 지방소득세)를 원천징수하게 된다.

(1) 국가 또는 지방자치단체가 발행한 채권 또는 증권의 이자와 할인액
(2) 내국법인이 발행한 채권 또는 증권의 이자와 할인액
(3) 외국법인의 국내지점 또는 국내영업소에서 발행한 채권 또는 증권의 이자와 할인액
(4) 일정한 요건을 갖춘 채권 또는 증권의 환매조건부 매매차익

영주권자 또는 시민권자가 채권을 양도함에 따라 발생한 양도차익은 Capital Gain으로 분류하며(보유기간에 발생한 이자는 이자소득으로 분류), 한미조세조약 제16조의 규정에 의하여 한국에서 과세되지 않는다.

미국 납세자는 전 세계 소득에 대하여 납세의무가 있으므로 영주권자 또는 시민권자가 한국에서 채권에 투자하여 이자소득 또는 양도소득(Capital Gain)을 얻은 경우 다음 해 4월 15일까지 동 소득을 미국 내의 소득과 합산하여 미국 국세청에 신고하여야 한다. 미국에서 소득세를 계산할 때 한국에서 납부(원천징수)한 세액은 외국납부세액으로 미국 소득세액에서 공제 받을 수 있다. 한국에서 소득세를 납부(원천징수)하였다 하더라도 미국에서 납세의무가 소멸되는 것이 아님을 유의하여야 한다.

### 관련법령

- IRC §61, 901
- 소득세법 제16조(이자소득)
- 소득세법 제119조(국내원천소득)
- 소득세법 제156조(비거주자의 국내원천소득에 대한 원천징수의 특례)
- 소득세법 제156조의3(비거주자의 채권 등에 대한 원천징수의 특례)
- 한미조세조약 제13조(이자)
- 한미조세조약 제16조(양도소득)

 **국내의 주식에 투자하여 얻는 이익은 세법상 어떻게 분류하며, 한국 또는 미국에서 어떤 납세의무가 있는지?**

국내의 주식을 소유하고 있는 경우 동 주식 소유자에게 법인(주식발행법인)이 이익이나 잉여금의 일부를 분배하는 경우가 있는데, 동 분배금은 배당소득(Dividend)에 해당된다. 비거주자에게 배당을 하는 경우 배당금을 지급하는 법인이 배당액의 16.5%(소득세 및 지방소득세)를 원천징수하게 된다.

주식을 양도하는 경우 양도가액에서 취득가액과 필요경비를 뺀 차액은 Capital Gain에 해당된다. 한국 증권시장(유가증권시장 또는 코스닥시장)에 상장된 주식으로서 장내에서 소위 소액주주가 양도하는 주식의 양도소득에 대하여는 한국 세법상 양도소득세가 과세되지 않는다. 또한 한국 세법상 주식 양도소득에 대하여 양도소득세가 과세되는 경우라 하더라도 미국 시민권자 또는 영주권자가 연간 183일 이상 한국에 거주하지 않는 한 미국 거주자의 지위에서 얻은 주식 양도소득이기 때문에 한미조세조약 제16조에 의거하여 한국에서 양도소득세가 과세되지 않는다.

따라서 영주권자 또는 시민권자는 극히 예외적인 경우를 제외하고는 한국의 주식에 투자하여 양도소득을 얻었다 하더라도 한국에서 세금을 납부하지 않게 된다.

시민권자와 영주권자 등 미국세법상 미국인은 일반적으로 전 세계 소득에 대하여 미국에서 납세의무가 있으므로 국내에서의 과세여부에 상관없이 국내 배당소득이나 양도소득에 대하여 다음 해 4월 15일까지 미국 국세청에 신고하여야 한다. 이 경우 한국에서 납부한 세금이 있으면 제한적인 경우에 한해 미국에서 외국납부세액으로 미국 소득세액에서 공제 받을 수 있다.

 **관련법령**
- IRC §61, 901
- 한미조세조약 제16조(양도소득)

## 20. 국내의 펀드에 투자하여 얻는 이익은 세법상 어떻게 분류하며, 한국 또는 미국에서 어떤 납세의무가 있는가

영주권자 또는 시민권자가 한국내의 펀드에 투자하였는데, 동 펀드가 직접 국내 주식시장에 상장된 주식, 벤처기업의 주식, 상장주식을 대상으로 하는 장내파생상품에 투자하여 얻은 이익은 Capital Gain으로 분류하며, 펀드로부터 동 Capital Gain을 분배받은 경우에는 일반적으로 한국에서 양도소득세가 과세되지 않는다.

동 펀드가 다른 상품에 투자하여 이익을 얻은 것을 분배받는 경우에는 배당소득으로 분류한다. 비거주자가 한국에서 배당소득을 얻은 경우 납세의무가 있으며, 배당금을 지급하는 자가 16.5%(소득세와 지방소득세)를 원천징수하게 된다.

시민권자와 영주권자 등 미국세법상 미국인은 일반적으로 전 세계 소득에 대하여 미국에서 납세의무가 있으므로 한국의 펀드로부터 Capital Gain 또는 배당소득을 분배받은 경우 다음 해 4월 15일까지 동 소득을 다른 소득과 합산하여 미국 국세청에 신고하여야 한다. 이 경우 한국에서 납부한 세금은 외국납부세액으로 소득세액에서 공제받을 수 있다. 한국의 펀드로부터 분배받은 이익 중 Capital Gain에 해당하는 부분이 한국에서는 과세되지 않았다 하더라도 미국에서는 과세소득이므로 이를 합산하여 신고하여야 한다.

Qualified Electing Fund election을 한 Passive Foreign Investment Company(PFIC)로 분류되는 역외펀드, 파트너십으로 분류되는 역외펀드, 위임신탁(Non Grantor Trust)으로 분류되는 역외펀드 등에 투자한 미국납세자는 동 펀드가 현실적으로 이익의 분배 또는 배당을 하지 않더라도 동 펀드의 소득 중 일정 부분을 소득으로 인식하여 매년 소득세 신고 시 과세소득에 포함시켜 신고하여야 한다. 특히, 피지배외국법인(Controlled Foreign Company)으로 분류되는 역외펀드의 경우에는 미국 주주(U.S.Shareholder)가 그러한 역외펀드의 의결권 주식 또는 주식 가치의 10% 이상을 소유하거나 소유 한 것으로 간주되는 경우 동 펀드가 현실적으로 이익의 분배 또는 배당을 하지 않더라도 동 펀드의 소득 중 일정 부분을 소득으로 인식하여 매년 소득세 신고 시 과세소득에 포함시켜 신고하여야 하며, 글로벌 무형자산 소득에 대한 새로운 과세체계인 Global Intangible Low Taxed Incom(GILTI) 규정에 따라 그러한 역외펀드가 유형고정자산의 10%를 초과하는 소득을 인식하는 경우, 그 초과 소득에 대해 미국주주의 과세소득에 포함시켜야 한다. 펀드는 일반적으로 매년 펀드의 결산서(Statement)를 투자자에게 보내주므로 동 결산서에서 소득으로 표시된 금액을 과세소득에 포함시켜 신고하면 된다.

2018년 세법 개정으로 피지배외국법인 투자와 관련한 여러 세제가 바뀌었으므로, 역외펀드나 다른 기타 외국법인에 투자하고자 하는 경우에는 투자와 관련된 예상 세금과 세금 보고 의무 등에 대해 미리 세무 전문가와 상담하는 것이 바람직하다.

**관련법령**

- IRC §551, 552, 951~957, 1291~1297
- 소득세법 제17조(배당소득)
- 소득세법 제119조(국내원천소득)
- 소득세법 제156조(비거주자의 국내원천소득에 대한 원천징수의 특례)
- 한미조세조약 제12조(배당)

 **국내에서 발생한 이자, 배당, 양도소득은 언제 미국에 신고하여야 하는가? 소득이 발생할 때 신고하지 않고 자금을 미국으로 회수할 때 신고할 수 있는가?**

영주권자나 시민권자, 거주외국인 등 미국세법상 미국인은 매년 4월 15일까지 전년도에 발생한 전 세계 소득에 대하여 미국 국세청에 소득세 신고를 하여야 한다. 한국에서 이자, 배당, 양도소득에 대하여 세금을 납부(원천징수)하였다 하더라도 동 납부로 미국에서의 납세의무가 없어지는 것이 아니다. 미국에서 소득세를 계산할 때는 한국에서 발생한 이자, 배당, 양도소득을 합산하여 세액을 산출하고, 한국에서 납부한 세액은 외국납부세액으로 미국 소득세액으로부터 공제 받을 수 있다.

미국에서의 소득세 신고는 소득이 발생한 날을 기준으로 하는 것이며, 소득을 미국으로 회수하는 날을 기준으로 하지 않는다. 미국세법상 소득은 일반적으로 납세자가 소득을 지급받는 때 발생한(실현된) 것으로 본다.

이자소득의 경우에는 만기가 되어 현실적으로 이자를 지급받는 날, 이자를 원본에 가산하는 경우에는 그 원본에 가산한 날, 해약으로 인하여 이자를 지급받는 경우에는 그 해약일, 계약기간을 연장하는 경우에는 그 연장하는 날에 이자소득이 발생한 것으로 본다.

배당소득의 경우에는 현금으로 배당을 지급받는 경우에는 그 지급받는 날, 펀드 등의 경우에는 그 이익을 지급받는 날, 펀드의 원본에 가산하는 경우에는 그 원본에 가산하는 날, 펀드의 계약기간을 연장하는 경우에는 그 연장하는 날에 배당소득이 발생한 것으로 본다.

양도소득의 경우에는 원칙적으로 현금주의(Cash Basis)를 적용하여 대금을 받은 날에 소득이 발생한 것으로 본다. 부동산을 양도한 후 약정에 의하여 대금을 여러 과세기간에 걸쳐 나누어 지급받는 경우(Installment Sale)에는 각각 지급받는 날에 양도소득이 발생한 것으로 본다.

 **관련법령**
- IRC §1, 61, 901, 904.
- Treasury Regulation Section 1.1-1(b).

 국내의 예금, 채권, 펀드, 증권 등 금융자산에 원화로 투자하였는데, 이를 회수하는 과정에서 외화로 환전하면서 환차익을 얻은 경우 한국 또는 미국에서 어떤 납세의무가 있는가?

한국내의 예금, 채권, 펀드, 증권 등 금융자산에 원화로 투자하였는데, 이를 회수하는 과정에서 외화(예: 달러)로 환전하면서 환차익을 얻은 경우 원화 기준으로는 가치변동이 없으므로 소득이 발생하지 않는다. 따라서 환차익에 대하여 한국에서 납세의무는 없다.

반면에, 미국세법상 원화로 투자한 예금, 채권, 펀드, 증권 등으로부터 발생한 소득은 소득발생 당시의 환율에 의하여 미화로 환산하여 과세소득을 산정한다. 예를 들어 원화로 주식을 취득하였다가 매각한 경우 당해 주식의 취득가액을 취득 당시의 환율에 의하여 미화로 환산한 금액과 그 주식의 양도가액을 양도 당시의 환율에 의하여 미화로 환산한 금액의 차액으로 과세소득을 산정하게 되므로 환차익은 원칙적으로 투자자산에 대한 양도소득(Capital Gain)의 일부로서 과세되게 된다.

한편, 국내 금융자산에 투자하여 얻은 소득을 원화로 보관하고 있다가 그 후에 달러로 환전하면서 그 동안의 환차익을 얻은 경우, 당해 환차익은 IRC §988에 따라 환전한 과세연도의 통상소득(Ordinary Income)으로 과세되게 된다.

위와 같이 환차익은 한국에서는 과세소득이 아니나, 미국에서는 과세소득이므로 환전한 연도의 과세소득으로 하여 다음해 4월 15일까지 미국 국세청에 신고하여야 한다.

 **관련법령**

- IRC §988
- Treasury Regulation §1.988-1.
- Quijano v. The United States, 93 F.3d 26 (1st Circuit, 1996)

 영주권자 또는 시민권자가 국내의 금융자산 또는 부동산에 투자하였다가 이를 회수하여 자금을 해외로 송금하고자 하는 경우 어떤 절차를 거쳐야 하는가? 금액의 제한 없이 자유롭게 송금할 수 있는가?

영주권자 또는 시민권자가 한국내의 금융자산 또는 부동산에 투자하였다가 이를 회수하여 자금을 해외로 송금할 때 거래 외국환은행을 지정하고 동 은행을 통하여 송금하는 경우에는 자금의 취득경위를 입증하는 서류(예시 : 부동산 취득신고 수리서, 부동산 매매계약서, 당초 투자시의 송금서류 등)를 거래 외국환은행에 제출하여야 해외송금이 가능하다. 자금출처가 확인되는 경우에는 금액의 제한 없이 송금이 가능하다.

다만, 부동산 처분대금의 경우 부동산 소재지 또는 신청자의 최종주소지 관할 세무서장이 발행한 '부동산매각자금확인서'(동 확인서 신청일이 부동산 양도일부터 5년 이내인 경우에 한함)를 제출하여야 한다. 일반적으로 부동산 처분에 따른 해외송금 가능액은 부동산 양도가액에서 당해 부동산의 채무액(전세보증금, 임차보증금 등), 양도소득세, 지방소득세를 공제한 금액이다.

또한 본인 예금 및 신탁계정 원리금, 증권매각대금, 본인명의 예금 또는 부동산을 담보로 하여 외국환은행으로부터 취득한 원화대출금, 본인명의 부동산의 임대보증금의 합계액이 $100,000를 초과하는 경우 거래 외국환은행의 주소지 또는 신청자의 최종 주소지 관할 세무서장이 발행한 반출자금 전체에 대한 '자금출처확인서'를 제출하여야 한다.

 **관련법령**
- 외국환거래규정 제4-4조(비거주자 또는 외국인 거주자의 지급)
- 외국환거래규정 제4-7조(재외동포의 국내재산 반출절차)
- 외국환거래규정 제4-8조(국세청장 등에 대한 통보)

 **24** 국내의 예금, 채권, 펀드, 증권 등에 투자한 자금을 본인이 국내에 가지 않고 회수하고자 하는 경우 어떻게 하여야 하는가?

한국 내에서 대리인을 통해서 계좌해지가 가능하다. 대리인을 통하여 계좌를 해지하는 경우 다음의 서류를 제출하여야 한다.

(1) 본인의 실명확인증표(여권, 외국인투자등록증). 단, 대리인이 해지하는 경우 실명 확인증표 사본도 가능
(2) 대리인의 실명확인증표
(3) 공증을 받은 위임장 또는 한국 대사관(영사관)에서 확인한 위임장

한편, 일부 한국계 은행 미국 지점에서는 계좌해지에 필요한 본인의 실명확인을 미국 현지에서 할 수 있도록 편의를 제공하고 있으므로 본인의 신분증(여권, 운전면허증 등)을 지참하고 한국계 은행 미국 지점을 직접 방문하여 계좌해지에 대하여 상담하면 된다.

국내의 예금, 채권, 펀드, 증권 등에 투자한 자금을 해외로 송금하고자 하는 경우 당초 투자할 때의 자금출처를 입증하는 서류(예 : 국내로 송금한 증빙, 계좌를 개설할 때 신고 서류 등)를 금융기관에 함께 제시하여야 자금을 해외로 반출하는데 편리하다. 예금 및 신탁 계정 원리금, 증권매각대금 등의 합계액이 $100,000를 초과하는 경우 거래 외국환은행 또는 신청자의 최종주소지 관할 세무서장이 발행한 반출자금 전체에 대한 '자금출처확인서'를 제출하여야 해외송금이 가능하다.

 **관련법령**

- 금융실명거래 및 비밀보장에 관한 법률 제3조(금융실명거래)
- 외국환거래규정 제4-7조(재외동포의 국내재산 반출절차)
- 외국환거래규정 제4-8조(국세청장 등에 대한 통보)

## 25. 국내에서 해외로 송금하는 경우 신고의무가 있는가? 한국 국세청에 자료가 통보된다는데, 그 기준은?

현행 한국의 외국환 거래규정상 외화 등의 거래에 있어서 주요 신고의무 및 국세청에 자료를 통보하는 기준은 다음과 같다.

| 구 분 | 국세청 통보기한 |
|---|---|
| • 거주자가 1일 $10,000 초과 환전 시<br>• 연간 $10,000 초과 증여성 송금<br>• 연간 $50,000 초과 해외예금 송금<br>• 연간 $100,000 초과 유학경비(체재비) 송금 | 전산망에<br>의하여<br>자동 통보 |
| • 거주자의 1만 달러 초과 휴대출국 | 다음 달 10일 |
| • 해외직접투자 | 다음 달 25일 |
| • 해외 신용카드 연간 $10,000(통화인출 포함) 초과 사용자<br>• 외국에서 외국통화 인출 $10,000 초과자 | 다음 해<br>2월 20일 |
| • 해외 유학생, 체재자 등의 체재비, 여행경비, 신용카드 실적의 합계액이 $100,000 초과자 | 다음 해 3월말 |

신고의무 이하의 금액은 자유롭게 송금할 수 있으나, 거래 외국환은행에 송금사유를 입증할 수 있는 서류를 제출하여야 하는 경우가 있다.

> **관련법령**
> • 외국환거래규정 제4-3조(거주자의 지급 등 절차 예외)
> • 외국환거래규정 제4-8조(국세청장 등에 대한 통보)
> • 외국환거래규정 제10-6조(신용카드 등에 대한 보고)

 **26** 영주권자 또는 시민권자가 국내·외 금융자산을 통하여 이자 및 배당소득(금융소득)을 획득 시 거주자 여부 및 금융소득 규모에 따른 국내 소득세 과세방법의 차이점은 무엇인가?

영주권자 또는 시민권자가 비거주자에 해당하는 경우에는 한미조세조약에 의하여 소득을 지급하는 자(금융기관 등)는 국내에서 발생한 이자소득에 대하여 13.2%(소득세와 지방소득세)를 원천징수 및 납부하고, 국내에서 발생한 배당소득에 대하여 16.5%(소득세와 지방소득세)를 원천징수 및 납부한다. 따라서 비거주자는 국내 과세관청에 별도로 소득세를 신고 및 납부할 의무가 없다.

한편, 영주권자 또는 시민권자가 거주자에 해당하는 경우에는 국내 소득세법을 적용받으며, 국내·외에서 발생한 금융소득(이자 및 배당소득)이 2천만원 이하 시에는 소득을 지급하는 자(금융기관 등)는 국내에서 발생한 금융소득에 대하여 15.4%(소득세와 지방소득세)를 원천징수 및 납부하고 영주권자 또는 시민권자가 국내 과세관청에 별도로 소득세를 신고 및 납부할 의무가 없다(금융소득 분리과세방법).

하지만, 영주권자 또는 시민권자가 거주자에 해당하고 국내·외에서 발생한 금융소득이 2천만원 초과 시에는 국내 및 국외에서 발생한 모든 소득과 합산하여 소득세를 신고 및 납부해야 한다(금융소득 종합과세방법).

금융소득 종합과세가 적용될 경우 영주권자 또는 시민권자의 국내 및 국외에서 발생한 소득(금융소득 포함) 규모에 따라 6.6%~41.8%(소득세와 지방소득세)의 세율이 적용된다. 다만, 금융소득에 대해서는 국내 소득세법상 세액계산 방법에 의하여 15.4%(소득세와 지방소득세) 미만의 세율은 적용되지 않는다.

위에서 언급한 "거주자"란 국내에 주소를 두거나 183일 이상의 거소를 둔 개인을 말하고, "비거주자"란 거주자가 아닌 개인을 말한다.

"주소"는 국내에서 생계를 같이 하는 가족 및 국내에 소재하는 자산의 유무 등 생활관계의 객관적 사실에 따라 판정을 하고, "거소"는 주소지 외의 장소 중 상당기간에 걸쳐 거주하는 장소로서 주소와 같이 밀접한 일반적 생활관계가 형성되지 아니한 장소를 말한다.

국내에 거주하는 개인이 다음 중 하나에 해당하는 경우에는 국내에 주소를 가진 것으로 본다.

① 계속하여 183일 이상 국내에 거주할 것을 통상 필요로 하는 직업을 가진 때
② 국내에 생계를 같이하는 가족이 있고, 그 직업 및 자산상태에 비추어 계속하여 183일 이상 거주할 것으로 인정되는 때

한편, 국외에 거주 또는 근무하는 자가 외국국적을 가졌거나 외국법령에 의하여 그 외국의 영주권을 얻은 자로서 국내에 생계를 같이하는 가족이 없고 그 직업 및 자산상태에 비추어 다시 입국하여 주로 국내에 거주하리라고 인정되지 아니하는 때에는 국내에 주소가 없는 것으로 본다. 다만, 국외에서 근무하는 공무원 또는 거주자나 내국법인의 국외사업장 또는 해외현지법인(내국법인이 100% 출자한 경우에 한정) 등에 파견된 임원 또는 직원은 국내 거주자로 본다.

다만, 한국세법과 미국세법에 의하여 양국의 이중거주자가 됨에 따라 한·미조세조약에 의하여 미국 거주자로 최종 판정된다면 금융소득 종합과세 대상에서 제외될 수 있다(이중거주자의 거주지국 판정은 FAQ #13 또는 FAQ #42 참조).

국내에 거소를 둔 기간은 입국하는 날의 다음 날부터 출국하는 날까지로 하고, 국내에 거소를 두고 있던 개인이 출국 후 다시 입국한 경우에 생계를 같이하는 가족의 거주지나 자산소재지 등에 비추어 그 출국목적이 관광, 질병의 치료 등으로서 명백하게 일시적인 것으로 인정되는 때에는 그 출국한 기간도 국내에 거소를 둔 기간으로 본다. 그리고 국내에 거소를 둔 기간이 1과세기간 동안 183일 이상인 경우에는 국내에 183일 이상 거소를 둔 것으로 본다.

**관련법령**

- 소득세법 제1조의2(정의), 제14조(과세표준의 계산), 제62조(이자소득 등에 대한 종합과세 시 세액 계산의 특례), 제127조(원천징수의무), 제129조(원천징수세율), 소득세법 시행령 제2조(주소와 거소의 판정), 제3조(거주자 판정의 특례), 제4조(거주기간의 계산), 한미조세조약 제12조(배당), 제13조(이자)

 미국거주자가 한국 원천소득(이자, 배당, 사용료 등)을 지급받는 경우 한미조세조약상 제한세율을 적용받기 위해서는 제한세율 적용신청서를 제출해야 한다고 하는데?

2012년 7월 1일 이후 비거주자·외국법인이 지급받는 이자, 배당, 사용료 등 국내원천 소득에 대해 조세조약상 제한세율을 적용받으려면 제한세율 적용신청서를 원천징수 의무자에게 제출하여야 한다. 제한세율을 적용받는 구체적인 적용방법은 다음과 같다.

## (1) 제한세율 적용신청서 제출(실질귀속자 → 원천징수의무자)

국내원천소득의 실질적 귀속자인 외국법인 또는 비거주자(이하 '실질귀속자')는 '제한 세율 적용신청서'를 국내원천소득을 지급받기 전까지 원천징수의무자에게 제출하여야 한다. 실질귀속자가 제출한 '제한세율 적용신청서'는 최초로 제출된 날로부터 3년 내에는 다시 제출하지 아니할 수 있으며, 그 내용에 변동이 있는 경우에는 변동사유가 발생한 날 이후 최초로 국내원천소득을 지급받기 전까지 다시 제출하여야 한다.

## (2) 원천징수의무자의 제한세율 적용방법

원천징수의무자는 '제한세율 적용신청서'에 기재된 실질귀속자의 거주지국 정보와 제한세율의 적정여부를 확인하여 제한세율을 적용한다. 원천징수의무자는 제출된 제한세율 적용신청서에 기재된 내용에 대하여 보완요구를 할 수 있으며 신청인이 이에 응하지 않는 경우 제한세율 적용을 배제할 수 있다.

## (3) 기타 고려 사항

이전에 개설한 계좌의 경우에도 2012년 7월 1일 이후 제한세율 적용을 위해서는 제한세율 적용신청서 등을 제출 하여야 한다. 제한세율적용신청서는 원칙적으로 원본을 접수하여야 하나, 원본 접수가 곤란한 경우 e-mail, 팩스 등을 통한 사본접수도 가능하다. 제한세율 적용신청서 등 관련 서식의 영문본은 국세청 홈페이지에 게시된 관련 영문서식 (참고용)을 이용하여 작성 가능하다.

 **관련법령**

- 소득세법 제156조의 6, 소득세법 시행령 제207조의 8

## 28. 국내 거주자가 미국의 부동산을 구입하거나, 미국의 기업에 투자하려고 하는데, 가능한가? 어떤 절차를 거쳐야 하는가?

한국내 거주자가 주거 이외의 목적 또는 주거목적으로 미국의 부동산을 구입하고자 하는 경우 사전에 거래 외국환은행에 부동산취득신고서를 제출하여 수리를 받아야 대금을 미국으로 송금하여 부동산을 구입할 수 있다. 부동산 투자금액의 제한은 없다.

부동산 취득자는 취득대금 송금 및 처분 후 3개월 이내(단, 3개월 이내에 처분대금을 수령하는 경우에는 수령하는 시점)에 취득·처분보고서를 외국환은행에 제출하여야 한다.

국내 거주자가 미국 기업에 투자하고자 하는 경우 거래 외국환은행에 해외직접투자신고서를 제출하여야만 투자액을 송금할 수 있다. 다만, 개인은 역외금융회사(역외펀드)에는 투자할 수 없다.

해외 직접투자자는 연간사업실적보고서 등 정기적으로 해외직접투자실적에 대한 보고의무를 이행하여야 하며, 지정 외국환은행을 통해서 신고내용의 이행여부 확인 등 사후관리를 받게 된다.

국내 거주자의 해외부동산 취득 및 해외 직접투자 자료는 거래 외국환은행을 통하여 국세청에 통보된다.

> **관련법령**
> - 외국환거래규정 제9-38조(신고수리요건의 심사), 제9-39조(신고수리절차), 제9-40조(사후관리)
> - 외국환거래규정 제9-5조(해외직접투자의 신고), 제9-7조(사후관리), 제9-9조(보고서 등의 제출), 제9-15조의2(역외금융회사 등에 대한 해외직접투자)

# III

# 부동산 투자 관련

# Ⅲ. 부동산 투자 관련

 **29** 영주권자 또는 시민권자가 국내의 토지를 취득하는데 제한이 있는가? 국내의 건물 취득에 제한이 있는가? 특별한 절차(예 : 신고, 허가 등)를 거쳐야 하는가?

영주권자의 경우는 한국내 거주자와 동일하게 자유롭게 국내의 부동산 및 이에 관한 임차권 기타 이와 유사한 권리를 취득할 수 있으며, 외국환거래법상의 '부동산취득신고' 대상에서 제외된다. 다만, 농지를 취득할 경우에는 국내 거주자와 동일하게 일정한 제한이 있다.

시민권자의 경우는 우선 부동산 취득자금을 반입할 때 외국환거래법에 따라 외국환은행장에게 '부동산취득신고'를 하여야 한다. 시민권자가 국내 건물을 취득하는데 제한이 없으나, 토지를 취득하는 경우에는 계약을 체결한 후 60일 이내에 관할 시장·군수 또는 구청장에게 '토지취득신고' 하여야 한다. 취득하는 토지가 군사시설, 지정문화재, 생태보전지역 등이면 계약을 체결하기 전에 미리 토지취득의 허가를 받아야 한다. 기한내 토지취득 신고를 하지 않은 경우 300만원 이하의 과태료가 부과된다.

 **관련법령**
- 외국환거래규정 제9-42조 제1항 제3호, 제2항
- 부동산 거래신고 등에 관한 법률 제8조, 제9조, 제28조

## 30. 한국 국적을 가지고 있었을 때 보유한 토지 또는 건물을 미국 시민권을 취득한 뒤에도 계속 보유하고자 할 때는 어떤 절차를 거쳐야 하는가?

한국 국적을 가지고 있었을 때 보유한 건물의 경우 미국 시민권을 취득한 뒤에도 특별한 신고 없이 계속 보유할 수 있다.

그러나 한국 국적을 가지고 있었을 때 보유한 토지의 경우 미국 시민권을 취득한 뒤에도 계속 보유하고자 할 때에는 시민권을 취득한 날(한국 국적을 상실한 날)로부터 6개월 이내에 부동산 거래신고 등에 관한 법률 제8조에 따라 토지 소재지를 관할하는 시장·군수 또는 구청장에게 '계속보유신고'를 하여야 한다. 기한내 '토지 계속보유신고'를 하지 않은 경우 100만원 이하의 과태료가 부과된다.

**관련법령**

- 부동산 거래신고 등에 관한 법률 제8조, 제28조
- 부동산 거래신고 등에 관한 법률 시행령 제5조

 **영주권자 또는 시민권자가 국내에 입국하여 부동산을 사서 소유권 이전등기를 하고자 하는 경우 어떤 서류가 필요한가?**

영주권자 또는 시민권자가 한국내에서 매매로 인한 소유권 이전등기를 할 때에는 ①등기신청서, ②매매계약서, ③취득세영수필확인서, ④등기필증, ⑤토지·건축물대장등본, ⑥주민등록등본, ⑦인감증명, ⑧부동산거래계약신고필증 등이 필요하다.

영주권자 또는 시민권자가 주민등록등본, 소유권이전등기신청서에 기재해야 하는 주민등록번호, 인감증명을 구비하는 방법은 다음과 같다.

### (1) 주민등록등본

국내에 체류하는 장소를 국내거소로 정하여 이를 관할 출입국관리사무소에 신고하고, 국내거소신고증 또는 국내거소사실증명원을 발급 받아 이를 주민등록등본에 갈음하여 사용할 수 있다.

### (2) 주민등록번호

종전에 주민등록번호를 부여 받은 영주권자는 말소된 주민등록등본을 첨부하여 종전 주민등록번호로 등기신청을 하여야 한다. 주민등록번호가 없는 영주권자 또는 시민권자는 대법원 소재지 관할등기소(현재 서울지방법원 등기과)에서 부동산등기용등록번호를 부여 받을 수 있다. 국내에 거소신고를 한 시민권자는 국내거소신고번호로 이에 갈음할 수 있다.

### (3) 인감증명

영주권자는 국내 최종 주소지 또는 본적지를 관할하는 동사무소에 인감신고를 할 수 있다. 국내에 거소신고를 한 영주권자 또는 시민권자는 그 국내거소를 관할하는 동사무소에 인감을 신고하고 인감증명을 발급받아 제출할 수 있다. 시민권자는 미국 관공서의 확인, 공증사무소의 공증, 또는 한국 대사관(영사관)의 확인 등을 받은 서명을 사용할 수 있다.

┤ **2012.12.1.부터 "본인서명사실확인제" 시행 - 인감증명서와 선택 사용 가능** ├

- 의의 : 전국 어디서든 읍·면·동사무소 등을 직접 찾아가 본인이 서명하면, 인감증명서와 동일한 효력을 가지는 '본인서명사실 확인서'를 발급받아 사용할 수 있는 제도
- 발급절차 : ① 민원인이 읍·면·동 방문 → ② 신분 확인 후 전자이미지서명입력기(전자패드)에 서명 → ③ 본인서명사실 확인서 발급(읍·면·동장) → ④ 인감증명서 대신 활용

**관련법령**

- 재외동포의 출입국과 법적 지위에 관한 법률 제11조(부동산 거래 등) 제1항, 제6조(국내 거소 신고), 제9조(주민등록 등과의 관계)
- 부동산등기규칙 제61조(법인 등의 인감증명의 제출) 제3항
- 인감증명법 제3조(인감신고 등), 제12조(인감증명의 발급)

 **영주권자 또는 시민권자가 국내에 가지 않고 부동산을 사서 소유권 이전등기를 하고자 하는 경우 어떻게 하여야 하는가?**

　영주권자 또는 시민권자가 한국에 가지 않고 부동산 매매계약을 체결하고 소유권 이전등기를 하려면, 대리인을 선임하고 그 대리인에게 부동산 매매계약 체결 및 소유권 이전등기의 사무를 위임해야 한다.

　영주권자 또는 시민권자가 부동산에 대한 등기신청 권한을 제3자에게 위임한 때에는 위임장을 작성하여 등기신청서류에 첨부해야 한다. 위임장의 양식은 특별히 규정된 바 없으나 등기 대상이 되는 부동산과 수임인이 구체적으로 특정되도록 기재하여야 한다.

　인감이 등록되어 있는 경우에는 위임장에 본인의 인감을 날인하여야 하고, 인감증명을 대리인이 발급받아 제출하여야 한다. 시민권자가 인감 대신 서명을 사용하고자 할 때에는 위임장이나 서면에 기재한 서명에 관하여 본인이 직접 작성하였다는 취지의 미국 관공서의 증명, 공증인의 공증, 또는 한국 대사관(영사관)의 확인을 받아 제출하여야 한다.

　소유권 이전등기를 할 때 필요한 서류는 ①등기신청서, ②매매계약서, ③취득세영수필확인서, ④등기필증, ⑤토지·건축물대장등본, ⑥주민등록등본, ⑦인감증명서(2012.12.1.부터 인감증명서와 본인서명사실확인서 선택 사용 가능), ⑧부동산거래계약신고필증 등이며, 국내에 가지 않고 소유권 이전등기를 하고자 하는 경우 위임장을 반드시 제출해야 하는 점에 차이가 있다.

 **관련법령**

- 외국인 및 재외국민의 국내 부동산 처분 등에 따른 등기신청절차(등기예규 제1282호)

## 33. 영주권자 또는 시민권자가 부동산 소유권 이전등기를 할 때 국내에 주민등록 또는 거소등록이 없는 경우 어떻게 하여야 하는가?

부동산 소유권이전등기를 할 때 주민등록등본과 주민등록번호가 필요한 바, 국내에 주민등록이 없는 경우에는 주민등록등본이나 주민등록번호를 대신할 서류나 번호가 필요하다.

### (1) 주민등록등본의 경우

국내에 체류하는 장소를 국내거소로 정하여 이를 관할 출입국관리소에 신고하고, 국내거소신고증 또는 국내거소사실증명원을 발급 받아 이를 주민등록등본에 갈음하여 사용할 수 있다.

또한, 영주권자는 한국 대사관(영사관)에서 발행한 재외국민 거주사실증명 또는 재외국민등록부등본을 발급받아 이를 주민등록등본에 갈음하여 사용할 수 있다. 시민권자는 미국 관공서의 주소증명서 또는 거주사실증명서를 발급받아 이를 주민등록등본에 갈음하여 사용할 수 있다. 운전면허증 또는 신분증 등의 사본에 원본과 동일하다는 취지를 기재하고 그에 대하여 미국 관공서의 증명, 공증인의 공증, 또는 한국 대사관(영사관)의 확인을 받아 이를 주민등록등본에 갈음하여 사용할 수 있다.

### (2) 주민등록번호의 경우

종전에 주민등록번호를 부여받은 영주권자는 말소된 주민등록등본을 첨부하여 종전 주민등록번호로 등기신청을 하여야 한다.

주민등록번호가 없는 영주권자나 시민권자는 대법원 소재지 관할 등기소(현재 서울지방법원 등기과)에서 부동산등기용등록번호를 부여받아 이를 주민등록번호에 갈음하여 사용할 수 있다. 국내거소신고를 한 시민권자는 국내거소신고번호를 사용할 수 있다.

> **관련법령**
> • 재외동포의 출입국과 법적 지위에 관한 법률 제11조(부동산 거래 등) 제1항, 제6조(국내거소신고), 제9조(주민등록 등과의 관계)

 ## 영주권자 또는 시민권자가 부동산 소유권 이전등기를 함에 있어서 국내에 인감등록이 없는 경우 어떻게 하여야 하는가?

부동산 소유권 이전등기를 하기 위해서는 인감 대신 서명을 사용할 수도 있다.

영주권자는 최종 주소지를 관할하는 동사무소나 최종 주소지를 알 수 없을 때에는 본적지를 관할하는 동사무소에 인감을 신고하고 인감증명을 발급받을 수 있다. 국내에 거소신고를 한 경우에는 거소 관할 동사무소에 인감을 신고하고 인감증명을 발급받을 수 있다(2012.12.1.부터 인감증명서와 본인서명사실확인서 선택 사용 가능). 본인이 국내에 가지 않고 대리인에게 위임하여 인감신고를 할 수 있으며 이때에는 인감신고가 되어 있는 성년자 1인이 연서로 보증하여 신고하여야 한다. 국내에 인감이 이미 신고된 경우에는 대리인에게 인감을 날인한 위임장을 교부하면 국내에 본인이 가지 않고도 인감증명을 발급받을 수 있다.

시민권자는 국내에 체류하는 장소를 국내거소로 정하여 관할 출입국관리소에 신고한 후, 거소 관할 동사무소에 인감을 신고하고 인감증명을 발급받을 수 있다. 시민권자도 본인이 국내에 가지 않고 대리인에게 위임하여 인감신고를 할 수 있으며, 이때에는 인감신고가 되어 있는 성년자 1인이 연서로 보증하여 신고하여야 한다. 국내에 인감이 이미 신고된 경우에는 대리인에게 인감을 날인한 위임장을 교부하면 국내에 본인이 가지 않고도 인감증명을 발급받을 수 있다.

그리고 시민권자는 인감 대신 서명을 사용할 수 있다. 이 경우 위임장이나 서면에 기재한 서명에 관하여 본인이 직접 작성하였다는 취지의 미국 관공서의 증명, 공증인의 공증, 또는 한국 대사관(영사관)의 확인을 받아 제출하면 서명을 인감에 갈음하여 사용할 수 있다.

 **관련법령**

- 부동산등기규칙 제60조(인감증명의 제출), 제61조(법인 등의 인감증명의 제출)
- 재외동포의 출입국과 법적 지위에 관한 법률 제6조(국내거소신고), 제9조(주민등록 등과의 관계)
- 인감증명법 제3조(인감증명서)

## 35. 인감 대신 서명을 사용하기 위해서는 어떻게 하여야 하는가?

영주권자는 최종 주소지를 관할하는 동사무소, 최종 주소지를 알 수 없을 때에는 본적지를 관할하는 동사무소에 인감을 신고하고 인감증명을 발급받을 수 있다(2012.12.1.부터 인감증명서와 본인서명사실확인서 선택 사용 가능). 국내에 거소신고를 한 경우에는 거소 관할 동사무소에 인감을 신고하고 인감증명을 발급받을 수 있다.

시민권자는 인감 대신 서명을 사용할 수 있다. 미국의 경우 부동산 등기에 있어서 인감증명 제도가 없기 때문에 위임장이나 서면에 기재한 서명에 관하여 본인이 직접 작성하였다는 취지의 미국 관공서의 증명, 공증인의 공증, 한국 대사관(영사관)의 확인을 받아 서명을 사용할 수 있다.

**관련법령**

• 부동산등기규칙 제61조(법인 등의 인감증명의 제출)

# 36 부동산 실거래가격 신고의무제는 무엇이고, 신고위반시 불이익은 무엇인가?

이중계약서 작성 등 잘못된 관행을 없애고 부동산거래를 투명하게 하기 위해 부동산 실거래가격 신고의무제도가 2006년 1월 1일부터 시행되고 있다.

- 부동산을 매매한 경우에는 계약체결일로부터 60일 이내에 실제거래가격으로 부동산 소재지 관할 시청·군청·구청에 신고하여야 한다.
- 개업공인중개사가 거래계약서를 작성·교부한 경우 반드시 개업공인중개사가 신고를 하여야 한다.
- 신고된 부동산 거래가격은 허위 신고 여부 등에 대해 가격 검증을 거치게 되며, 거래내역 및 검증결과는 국세청 및 시청·군청·구청 세무부서에 통보하여 과세자료로 활용된다.
- 또한 신고된 가격은 2006년 6월 1일부터 등기부 등본에 기재되며, 2007년부터 양도소득세가 실제 거래가격으로 부과된다.
  무신고, 허위신고, 지연신고 등으로 신고의무를 위반한 매도인·매수인 및 중개업자는 취득세 3배 이하의 과태료를 물어야 한다.
- 거래당사자가 중개업자로 하여금 부동산거래신고를 하지 아니하게 하거나 거짓된 내용을 신고토록 요구한 경우 과태료 처분을 받게 된다.
- 2011.7.1.부터 허위계약서를 작성할 경우 세법상 비과세·감면을 받을 수 없다.
  기타 자세한 사항은 부동산거래관리시스템 홈페이지(http://rtms.molit.go.kr) 또는 부동산실거래가 고객센터 안내(1588-0149)로 문의 가능하다.

 **관련법령**

• 부동산 거래신고 등에 관한 법률 제3조(부동산 거래의 신고)

## 37. 국내의 상가, 오피스텔 등을 개인 또는 법인 명의로 취득하여 부동산임대업을 하고자 하는 경우 어떻게 하여야 하는가?

영주권자 또는 시민권자가 한국에서 부동산임대업을 하는데 있어서 특별한 제한은 없다. 국내에서 부동산임대업을 하기 위해서는 임대업자 본인이나 위임장을 가진 제3자가 부동산의 소재지를 관할하는 세무서에 사업개시일 20일 이내에 사업자등록을 신청하면 된다.

부동산임대업 사업자등록을 위하여 필요한 서류는 다음과 같다.

(1) 공통서류 : 본인 확인을 위한 신분증(외국인등록증 또는 여권 등), 임대 부동산의 등기부등본

(2) 개인의 경우 : 사업자등록신청서, 납세관리인 설정신고서(사업자가 국내에 6개월 이상 체류하지 않는 경우 변호사·세무사·공인회계사 등을 납세관리인으로 선정하여야 함)

(3) 영리법인(본점)의 경우 : 법인설립신고 및 사업자등록신청서, 법인등기부 등본, 주주 또는 출자자명세서

(4) 외국법인 국내사업장의 경우 : 법인설립신고 및 사업자등록신청서, 본점의 등기에 관한서류, 정관사본, 지점등기부등본(국내에서 수행하는 사업 활동의 성격상 한시성이 있는 경우로서 상법상 등기할 의무가 없는 경우는 제외) 또는 국내 사업장의 사업 영위 내용을 입증할 수 있는 서류, 외국기업 국내지사 설치신고서 사본, 국내사업장을 가지게 된 날의 재무상태표

**관련법령**

- 부가가치세법 제8조(사업자등록)
- 부가가치세법 시행령 제11조(사업자등록 신청과 사업자등록증 발급)

## 본인의 자금으로 부동산을 사서 다른 사람 명의로 소유권이전등기를 할 수 있는가? 문제점은 무엇인가?

부동산에 관한 물건을 취득한 자가 친인척 등 다른 사람과 명의신탁약정을 체결하여 그 친인척 명의로 등기를 하게 되면 "부동산 실권리자명의 등기에 관한 법률" 제4조에 의하여 그 등기는 무효가 된다.

더불어 다른 사람 명의로 소유권이전등기(명의신탁)를 한 사실이 확인되면 다음과 같은 과징금, 강제이행금 및 벌칙이 부과된다. 다만, 배우자 명의로 부동산을 등기한 경우에 조세포탈, 강제집행의 면탈 및 법령상 제한의 회피를 목적으로 하지 않는 경우에는 과징금 등을 면제한다.

(1) 과징금 : 과징금 부과 당시 부동산 평가액 × (㉠과 ㉡의 부과율 합계치)

| ㉠ 부동산 평가액 기준에 의한부과율 | |
|---|---|
| 5억 원 이하 | 5% |
| 5억 원 초과 30억 원 이하 | 10% |
| 30억 원 초과 | 15% |

| ㉡ 의무기간 경과기준에 의한 부과율 | |
|---|---|
| 1년 이하 | 5% |
| 1년 초과 2년 이하 | 10% |
| 2년 초과 | 15% |

(2) 이행강제금 : 과징금 부과 후 일정기간 경과 시까지 실소유자 명의로 환원하지 않는 경우에는 강제이행금 부과
- 1년 경과 시까지 실소유자로 환원하지 않은 경우 : 부동산가액 10%
- 2년 경과 시까지 실소유자로 환원하지 않은 경우 : 부동산가액 20%

(3) 벌칙 : 명의신탁자 및 수탁자에게 징역 또는 벌금 부과
- 명의신탁자 : 5년 이하 징역 또는 2억 원 이하 벌금
- 명의수탁자 : 3년 이하 징역 또는 1억 원 이하 벌금

한편, 친인척 등은 자기 명의로 등기되어 있는 부동산을 언제든지 자유롭게 처분할 수 있고, 부동산의 실소유자가 재판에서 소유권을 주장할 수 없는 등 여러 가지 위험부담이 있으므로 특히 외국에 거주하는 영주권자 또는 시민권자는 다른 사람 명의로 부동산 등기를 하지 않는 것이 바람직하다.

**관련법령**

- 부동산 실권리자명의 등기에 관한 법률 제4조(명의신탁약정의 효력), 제5조(과징금), 제6조(이행강제금), 제7조(벌칙)

 본인 앞으로 부동산 소유권 이전등기를 할 때 국내에 납부하는 세금은?

매매, 상속, 증여 등을 원인으로 부동산 소유권을 취득하는 때에는 부동산 소재지를 관할하는 시장·군수·구청장에게 취득세, 농어촌특별세, 지방교육세를 납부하여야 한다. 상속 또는 증여를 받은 경우에는 피상속인(사망자) 또는 수증자(증여를 받는 자)의 주소지 관할 세무서장에게 상속세 또는 증여세를 납부하여야 한다.

취득세의 과세표준은 취득당시의 가액(취득자가 신고한 가액. 다만, 신고하지 않거나 신고한 가액이 지방세 시가표준액에 미달하는 때에는 시가표준액)으로 한다.

토지, 건물 등 일반 부동산에 대한 취득세율은 다음과 같다.

(1) 취득세율 : 표준세율(적용시기 : 2011. 1. 1.이후 납세의무 성립분부터 적용). 다만, 별장·골프장·고급주택은 {표준세율+(중과기준세율인 2%×4)}, 과밀억제권역내의 취득에 대하여는 {표준세율+(중과기준세율인 2%×2)}
  ☞ 적용시기 : 2011. 1. 1.이후 취득분부터 적용)

(2) 취득유형별 취득세 표준세율
  - 매매를 원인으로 취득하는 경우 : 농지 3.0%, 기타 부동산 4.0%
  - 증여를 원인으로 취득하는 경우 : 3.5%
  - 상속을 원인으로 취득하는 경우 : 농지 2.3%, 기타 부동산 2.8%
  - 소유권 보존등기를 하는 경우 : 2.8%
  - 공유물·합유물 및 총유물의 분할 : 분할로 인하여 받은 부동산가액의 2.3%
    ※ 주택 유상거래 취득시 : 1~3%

 관련법령

• 지방세법 제11조(부동산 취득의 세율), 제13조(과밀억제권역 안 취득 등 중과)

## 40. 한국에서 부동산을 보유하는 경우 납부하여야 할 세금의 종류는 무엇인가?

| 구 분 | 재 산 세(지방세) | 종합부동산세(국세) |
|---|---|---|
| 과세대상 | - 주택<br>- 토지 | - 주택<br>- 토지(종합, 별도합산) |
| 납세의무자 | - 6. 1. 현재 재산 소유자 | - 6.1 현재 재산 소유자 중 주택 : 6억원 초과자<br>　(1세대 1주택 9억원 초과자)<br>- 종합합산토지 : 5억원 초과자<br>- 별도합산토지 : 80억원 초과자 |
| 과세권자 | - 재산 소재지 관할 시장·군수·구청장 | - 납세지 관할세무서장 |
| 과세방법 | - 주택(부속토지) : 물건별 통합과세<br>- 토지 : 관내합산과세(과세대상 유형별 구분) | - 인별·유형별 전국합산 과세 |
| 과세표준 | - 주택 : 공시가격×60%<br>- 토지(종합, 별도) : 공시가격×70% | - 주택 : (공시가격 − 6억원*)×90%<br>　* 1세대 1주택 9억원<br>- 종합합산토지 : (공시가격− 5억원)×90%<br>- 별도합산토지 : (공시가격− 80억원)×90% |
| 세율 | - 주택, 토지(종합, 별도) : 3~4단계 누진세율<br>- 토지(분리과세) : 단일세율 | - 주택 : 6단계 누진세율<br>- 토지(종합, 별도) : 3단계 누진세율 |
| 납부기한 | - 주택 : 7.16~7.31(50%)<br>　　　　9.16~9.30(50%)<br>- 토지 : 9.16~9.30<br>- 기타 : 7.16~7.31 | - 12.1~12.15 |
| 징수방법 | - 보통징수(부과징수) | - 부과징수<br>- 선택적 신고납부 가능 |
| 세부담 상한액 | - 직전연도 세액 상당액의 150%<br>　(주택 105~130%) | - 직전연도 총세액 상당액의 150%<br>- 조정대상지역 내 2주택자 : 200%<br>- 조정대상지역 내 3주택자 : 300% |

 **영주권자 또는 시민권자가 국내에 입국하여 부동산을 양도하는 경우 어떤 절차를 거쳐야 하는가? 매수인에게 소유권 이전등기를 넘겨주기 위해서는 어떤 서류가 필요한가?**

영주권자 또는 시민권자가 한국에 입국하여 국내의 부동산을 양도하는 경우 매수인과 매매계약을 체결하고, 매매대금의 수령과 동시에 매수인에게 등기신청에 필요한 서류를 넘겨주는 것이 일반적인 절차이다.

매수인이 소유권 이전등기를 할 수 있도록 교부하여야 할 서류는 등기필증(본인이 소유권을 취득할 때 교부받은 것), 주민등록등본(주소를 증명하는 서면), 인감증명 등이다.

주소를 증명하는 서면의 경우 영주권자나 시민권자는 출입국관리사무소에 '국내거소신고'를 하고, 국내거소신고증을 발급 받아 주민등록등본에 갈음하여 사용할 수 있다.

또한, 영주권자는 한국 대사관(영사관)에서 발행한 재외국민 거주사실증명 또는 재외국민등록부등본을 발급받아 이를 주민등록등본에 갈음하여 사용할 수 있다. 시민권자는 미국 관공서의 주소증명서 또는 거주사실증명서를 발급받아 이를 주민등록등본에 갈음하여 사용할 수 있다. 운전면허증 또는 신분증 등의 사본에 원본과 동일하다는 취지를 기재하고, 그에 대하여 미국 관공서의 증명, 공증인의 공증, 또는 한국 대사관(영사관)의 확인을 받아 이를 주민등록등본에 갈음하여 사용할 수 있다.

인감증명의 경우 국내 주소를 가지지 아니한 영주권자는 국내 최종 주소지 또는 본적지를 관할하는 동사무소에 인감을 신고하고 인감증명을 발급받을 수 있다. 국내에 거소신고를 한 영주권자 또는 시민권자는 국내거소를 관할하는 동사무소에 인감을 신고하고 인감증명을 발급받을 수 있다. 시민권자는 인감 대신 서명을 사용할 수 있으며, 위임장이나 서면에 기재한 서명에 관하여 본인이 직접 작성하였다는 취지를 기재하고, 그에 대하여 미국 관공서의 증명, 공증인의 공증, 또는 한국 대사관(영사관)의 확인을 받아 제출하여야 한다.

 **42** 영주권자 또는 시민권자가 국내에 가지 않고 부동산을 양도하고자 하는 경우 어떻게 하여야 하는가?

영주권자 또는 시민권자가 한국에 가지 않고 부동산을 양도하기 위해서는 대리인을 선임하여 그 대리인에게 부동산 매매계약 체결 권한, 부동산 소유권을 이전하여 주는데 필요한 사무를 처리할 수 있는 권한을 위임하여야 한다.

대리인에게 권한을 위임하고자 하는 경우에는 위임장을 작성하여 대리인에게 교부하여야 한다. 위임장의 양식은 특별히 규정된 바 없으나, 매매 대상이 되는 부동산의 내역, 대리인의 인적사항, 대리인이 처리하여야 할 사무의 내용 등을 구체적으로 특정하여 기재하여야 한다.

부동산 매수인이 소유권 이전등기를 할 수 있도록 매도인이 교부하여야 할 서류는 등기필증(본인이 소유권을 취득할 때 교부받은 것), 주민등록등본(주소를 증명하는 서면), 인감증명 등이 있으며, 동 서류를 대리인이 발급받을 필요가 있을 때는 대리인에게 이를 발급받을 수 있는 권한을 위임하여야 한다.

 **관련법령**
• 외국인 및 재외국민의 국내 부동산 처분 등에 따른 등기신청 절차(등기예규 제1282호)

## 영주권자 또는 시민권자가 한국에서 부동산을 양도하는 경우 한국 또는 미국에서 세금은 어떻게 되는가? 부동산 양도대금을 미국으로 가지고 오는 방법은?

미국에 거주하는 영주권자 또는 시민권자는 국내 부동산을 양도하는 경우 보유기간 중 발생한 양도소득에 대하여 먼저 한국에서 양도소득세를 납부하여야 한다.

시민권자와 영주권자 등 미국세법상 미국인은 일반적으로 전 세계 소득에 대하여 미국에서 납세의무가 있으므로 양도일이 속하는 연도의 다음 해 4월 15일까지 한국에서의 부동산 양도소득을 미국 국세청에 신고하여야 한다. 이 경우 한국에서 납부한 양도소득세는 외국납부세액으로 미국 소득세액에서 공제 받을 수 있다.

영주권자가 국내 부동산을 양도하고 권리이전을 하기 위해서는 양수자에게 인감증명을 교부하여야 하는데, 인감증명을 신청할 때 세무서장을 경유하도록 하였으나, 위임장이나 첨부서면에 본인이 직접 서명 또는 날인하였다는 뜻의 대한민국 재외공관의 공증을 받음으로써 인감증명의 제출을 갈음하도록 개정되었다(2018.8.31.).

영주권자 또는 시민권자가 부동산 양도대금을 해외로 반출하고자 하는 경우에는 거래 외국환은행을 지정하고, '재외동포 재산반출 신청서', 당초 부동산을 취득할 때의 '취득신고서(비거주자로서 해외 자금으로 취득한 경우 등에 해당할 경우)', '부동산 매매계약서', 세무서장이 발급한 '부동산 매각자금 확인서'(확인서 신청일이 부동산 양도일부터 5년 이내인 경우에 한함)를 거래 외국환은행에 제출하여야 한다.

'20.7.1.부터 시민권자는 부동산을 양도한 경우 소유권 이전 등기를 위해서 "재외국민·외국인 부동산등 양도신고확인서"를 세무서장으로부터 발급받아 등기관서의 장에게 제출하여야 하며, 부동산 양도대금을 해외로 반출할 때 세무서장이 발급하는 부동산 매각자금 확인서가 필요하므로 부동산 소재지 관할세무서를 경유하여야 한다.

### 관련법령

- 외국환거래규정 제9-42조(신고절차) 제2항
- 외국환거래규정 제4-7조(재외동포의 국내재산 반출절차)

**영주권자 또는 시민권자가 국내 부동산을 소유하고 있는 경우 미국 IRS에 그 사실을 신고하여야 하는가? 국내의 부동산을 다른 사람에게 빌려 주고 전세 또는 월세를 받는 경우 그 소득을 미국 IRS에 신고하여야 하는가?**

미국에 거주하는 영주권자 또는 시민권자가 국내 부동산을 소유하고 있는 경우 동 부동산에서 소득이 발생하지 않으면 부동산을 소유하고 있다는 사실을 IRS에 신고할 의무는 없다.

시민권자와 영주권자 등 미국세법상 미국인은 일반적으로 전 세계 소득에 대하여 소득세 신고의무가 있으므로 한국에서 부동산을 빌려 주고 월세를 받는 경우 그 소득을 매년 4월 15일까지 IRS에 미국 내의 소득과 합산하여 신고하여야 한다. 미국 소득세 신고서식(Form 1040) Schedule E, Part Ⅰ에 월세를 받는 부동산의 소재지, 월세 소득 및 관련 비용 등을 기재하여야 한다. 이 경우에 한국에서 납부한 소득세는 외국납부세액으로 미국 소득세액에서 공제 받을 수 있으며, 한국에서 납부한 부가가치세, 부동산 관리비용, 수선비, 감가상각비 등은 비용으로 소득액 계산에서 공제받을 수 있다.

한국에서 부동산을 빌려 주고 전세보증금을 받는 경우 전세보증금은 임대차 종료 후 반환할 금액(일종의 채무)이므로 과세소득에 포함되지 않는 것으로 해석될 수 있다. 다만, 전세보증금을 은행에 예금하여 이자소득을 얻는 경우에는 동 이자소득은 미국에 신고하여야 한다. 은행예금에 대해서는 소득세 신고서식(Form 1040)의 Schedule B, Part Ⅲ에 계좌보유사실을 보고하고(Yes에 표시 및 보유국가 기재), 은행 예금이 $10,000를 초과하는 경우에는 다음해 4월 15일까지 전자신고를 통해서 FinCEN에 FBAR 보고를 해야 한다. 또한 별도의 해외 금융자산 보고(Foreign Financial Asset Reporting) 규정의 조건에 해당하는 경우 소득세 신고시 Form 8938을 첨부해 해외계좌 내역을 보고해야 한다.

**관련법령**

- IRS Publication 527(Residential Rental Property(Including Rental of Vacation Homes))

# IV

# 양도소득세 관련

안드레스의 집

# Ⅳ 양도소득세 관련

**45** 한국에서 소득세 납세의무자는 어떻게 구분하는가?
거주자와 비거주자의 납세의무 차이점은 무엇인가?

한국 세법은 개인을 거주자와 비거주자로 구분하여 과세소득의 범위와 과세방법 등을 달리 적용하고 있다. 한국의 거주자는 전 세계 소득에 대하여 납세의무를 부담하지만, 비거주자는 국내원천소득(Domestic Source Income)에 대하여만 한국에서 납세의무를 부담한다.

거주자가 외국에서 발생한 소득에 대하여 당해 국가에서 소득세를 납부한 경우에는 한국에서 소득세를 계산할 때 외국에서 납부한 세액 중 세법에서 정한 한도내의 금액을 외국납부세액으로 소득세액에서 공제 받을 수 있다.

개인의 경우 원칙적으로 국내에 주소를 두거나 183일 이상 거소를 둔 경우 한국의 거주자로 보며, 그 외의 자는 비거주자로 본다. 여기서 주소란 생활의 근거가 되는 장소로서 국내에 생계를 같이 하는 가족, 국내에 소재하는 자산의 유무 등 생활관계의 객관적 사실에 따라 판단한다. 거소는 상당한 기간 동안 계속하여 거주하는 장소로서 주소와 같이 밀접한 일반적 생활관계가 없는 장소를 말한다. 또한 계속하여 183일 이상 국내에 거주할 것을 통상 필요로 하는 직업을 가진 때 또는 국내에 생계를 같이하는 가족이 있고 그 직업 및 자산상태에 비추어 계속하여 183일 이상 국내에 거주할 것으로 인정되는 때에는 거주자로 보며, 국내에 거소를 둔 기간이 1과세기간 동안 걸쳐 183일 이상인 경우에도 거주자로 본다.

한편, 「해외이주법」에 따라 해외이주한 자(비거주자)가 영주귀국*하는 경우에는 국내에 주소를 둔 날(거주자가 되기 위하여 입국한 날)부터 거주자가 된다(부동산거래관리과 -150, 2012.3.9).

\* 영주귀국의 신고 및 영주귀국 확인서의 발급 필요(「해외이주법」 제12조 및 같은 법 시행규칙 제13조)

해외에 이주하여 영주권 또는 이에 준하는 장기체류 자격을 취득한 사람이 국내(한국)에서 생업에 종사할 목적 등으로 영주귀국하려면 영주귀국을 증명할 수 있는 서류(영주권 또는 영주권에 준하는 장기체류 자격의 취소를 확인할 수 있는 서류와 거주여권을 말함)를 갖추어 외교부장관에게 신고하여야 하며, 외교부장관은 영주귀국 신고를 받았을 때에는 영주귀국 확인서를 발급하여야 함(한국세법 및 미국세법상 각국의 거주자가 되는 경우, 즉 이중거주자가 되는 경우 거주자국 판정은 FAQ #13 또는 FAQ #46를 참조)

예를 들어, 영주권자 또는 시민권자가 한국에서 사업을 하면서 가족과 함께 183일이상 거소를 두고 한국에 거주하는 경우에는 한국의 거주자에 해당된다.

한국세법상 한국 거주자에게는 한국내에서 조세감면이나 비과세 등 각종 혜택도 함께 부여한다. 예를 들어 거주자는 일정한 요건을 갖춘 1세대 1주택에 대하여 비과세 혜택을 받을 수 있지만, 한국 비거주자(일반적으로 가족과 함께 미국에 거주하는 영주권자 또는 시민권자는 한국의 비거주자에 해당)는 1세대 1주택 비과세 혜택을 받을 수 없다.

**관련법령**

- 소득세법 제2조 제1항(납세의무), 제3조(과세소득의 범위)
- 소득세법 시행령 제2조(주소와 거소의 판정)
- 소득세법 시행령 제4조(거주기간의 계산)
- 소득세법 제121조제2항 단서(비거주자에 대한 과세방법)
- 한미조세조약 제3조(Fiscal Domicile)

 **46** 미국에서 소득세 납세의무자는 어떻게 구분하는가? 한국과 미국 양국의 거주자에 해당하는 경우 어느 쪽의 거주자가 되는가?

미국 시민권자, 영주권자, 또는 미국에서 사업 또는 직장근무를 하는 거주 외국인 등 미국세법상 미국인이 해외에 금융계좌를 가지고 있고, 1역년(Calendar Year) 동안 어느 시점이든 모든 해외 금융계좌 잔고의 합계액이 $10,000을 초과하는 경우에는 예외 없이 FBAR 보고를 하여야 한다.

미국 세법에서는 (1)과 (2) 및 (3)의 요건 중 어느 하나에 해당되면 미국세법상 미국인으로 보나, 예외적으로 (4)에 해당하는 경우 미국세법상 미국인이 아니라고 판정할 수 있다.

(1) 미국 시민: 미국 시민은 미국세법상 미국인이다.

(2) Green Card Test : 미국 영주권자는 미국 거주자로서 미국세법상 미국인이다.

(3) Substantial Presence Test : 미국 영주권자가 아니라 하더라도 외국인이 일정기간 이상 미국체류 요건을 충족하는 경우에는 거주외국인(resident alien)으로 미국거주자로 본다(2020년 소득세 신고 시의 거주자 기준 : ① 2020년에 31일 이상 미국에 체류하고, ② 미국 체류 기준일수가 2019년(체류일수의 100% Count), 2019년(1/3 Count), 2018년(1/6 Count) 3년을 합하여 183일 이상인 경우).

(4) 다만, 위 (3)의 체류기준을 충족하는 경우에도 신고대상연도 중 미국에서 체류한 일수가 183일 미만이고, 당해 신고대상연도에 외국에 tax home(가족이 사는 주거지인 family home이 어디이든 관계없이 사업의 주된 장소, 고용 혹은 근무 장소를 말하나, 일의 성격상 일상적인 혹은 주된 사업장소가 없는 경우에는 일상적으로 사는 장소를 말함)을 가지고 있으며, 미국보다도 tax home이 있는 외국과 보다 밀접한 관계가 있을 경우(예: 외국이 가족거주지, 개인은행업무 수행지, 운전면허증 발급지 등임을 소명) form 8840을 제출하여 소명하여야 함

시민권자, 영주권자 및 그밖의 거주외국인(resident alien) 등 미국 세법상의 미국인(US person)은 일반적으로 전 세계 소득에 대하여(단, 아래와 같이 영주권자 및 그밖의 거주외국인이 미국세법 또는 조세조약에 의해 미국 거주자가 아니라고 판정되는 경우에는 미국 원천소득에 대하여만) 미국에서 납세의무를 부담한다. 전세계소득에 대하여 미국에서

납세의무를 부담할 경우 미국에서 소득세를 계산할 때 국외원천소득과 관련하여 외국에 납부한 세금에 상당하는 금액은 외국납부세액으로 소득세액에서 공제받을 수 있다. 비거주자는 미국에서 발생한 원천소득에 대하여만 미국에서 납세의무를 부담한다.

더 나아가 미국세법은 영주권자 및 외국인이 미국 세법에 의해 미국거주자가 됨과 동시에 외국 세법에 의해 외국거주자가 됨으로써 이중거주자에 해당하는 경우 조세조약에 의해 거주지국을 판정하는 것을 허용하고 있다.

즉, 어느 개인이 미국세법에 의해 미국 거주자도 되고 한국세법에 의해 한국 거주자도 되어(한국세법의 거주자 판정기준은 FAQ #45참조) 이중거주자에 해당되는 경우에는 한미조세조약 제3조에 따라 ① 주거(Permanent Home)를 두고 있는 국가의 거주자, ② 양국에 주거를 두고 있거나 양국에 주거가 없는 경우 인적 및 경제적 관계가 가장 밀접한 국가(중대한 이해관계의 중심지, Center of Vital Interest)의 거주자, ③ 중대한 이해관계의 중심지가 어느 국가에도 없거나 결정될 수 없을 경우 일상적 거소(Habitual Abode)를 두고 있는 국가의 거주자, ④ 양국에 일상적 거소를 두고 있거나 어느 국가에도 일상적 거소를 두고 있지 않은 경우 시민권(Citizenship)이 있는 국가의 거주자 ⑤ 동 개인이 양국의 시민으로 되어 있거나 또는 양국 중 어느 국가의 시민도 아닌 경우에 양국의 권한 있는 당국은 상호 합의에 의하여 그 문제를 해결 등의 순으로 어느 국가의 거주자에 해당하는지를 판정한다. 한미조세 제3조에서 말하는 주거는 어느 개인이 그 가족과 함께 거주하는 장소를 말한다.

미국시민권자의 경우에는 한미조세조약의 거주자판정기준에 의거 한국 거주자에 해당되더라도 전세계에서 얻은 소득을 매년 미 국세청에 보고해야 한다(한미 조세조약 제4조 제4항 참조). 다만, 이중과세방지를 위해 외국납부세액공제 등을 허용한다.

한미 조세조약에 의해 거주지를 판정한 결과 한국거주자임을 주장하는 경우 미국 국세청에 Form 8833을 제출하여야 한다(단, 소득이 10만불을 초과하는 경우에만 제출).

예를 들어, 미국 영주권자가 한국에서 사업을 하면서 183일 이상 한국에 거주하는 경우에는 세법상 미국 거주자와 한국 거주자 모두 해당되나, 한국에 가족이 거주하는 주거(Permanent Home)가 있는 경우 한미 조세조약에 의거 한국거주자에 해당한다.

조세조약상 한국 거주자에 해당되는 미국 영주권자는 한국에서 전세계 소득에 대하여 소득세 신고를 하고, 미국에 소득세 신고가 필요한 소득(예: 부동산 임대소득)이 있을 경우 Form 1040NR 또는 1040NR-EZ에 의하여 소득세 신고를 하여야 한다.

 **관련법령**

- IRS Publication 519(US Tax Guide for Aliens)
- 한미조세조약 제3조(Fiscal Domicile)

## 47. 한국 거주자의 양도소득세 과세대상 자산은?

양도소득세 과세대상 자산(아래 표 참고)을 매도·교환·현물출자 등 사실상 유상으로 소유권을 이전하는 경우 보유기간 중 발생된 양도소득에 대하여 예정신고 또는 확정신고하고 양도소득세를 납부하여야 한다. 일반적으로 양도자가 양도일 현재 거주자인 경우에는 국내·외의 모든 자산에 대하여 납세의무가 있으며, 비거주자인 경우에는 국내소재 자산에 대하여만 납세의무가 있다.

다만, 부동산, 주식 등 일정한 국외자산(예 : 미국 소재 자산)을 양도한 경우에는 해당 자산의 양도일까지 계속하여 5년 이상 한국 내에 주소 또는 거소를 둔 자만 납세의무가 있다.

거주자라 함은 국적·성별·나이 및 외국시민권자·외국영주권자·한국국적자 여부에 관계없이 양도일현재 국내(韓國)에 주소를 두거나 183일이상 거소를 둔 자(個人)를 말하며, 비거주자라 함은 거주자가 아닌 자(個人)를 말한다.

| 자산구분 | 자산유형별 종류 |
|---|---|
| 부동산 | · 토지·건물 |
| 부동산에 관한 권리 | · 부동산을 취득할 수 있는 권리<br>· 지상권·전세권·등기된 부동산임차권(국외 자산은 등기여부와 무관), 부동산과 함께 양도하는 이축권 |
| 주권상장 법인의 주식 | · 대주주가 양도하는 유가증권시장(KOSPI) 상장법인의 주식 등<br>· 대주주가 양도하는 코스닥(KOSDAQ)·코넥스 상장법인의 주식 등<br>· 소액주주가 유가증권 또는 코스닥·코넥스 시장 밖에서 양도하는 주식 등 |
| 주권비상장 법인의 주식 | · 증권시장(유가증권 또는 코스닥·코넥스 시장)에서 거래되지 아니한 주식 등 |
| 기타 자산 | · 사업용고정자산과 함께 양도하는 영업권<br>· 특정시설물이용권 및 회원권 등<br>· 특정주식 등<br>· 부동산과다보유법인 주식 등 |

| 자산구분 | 자산유형별 종류 |
|---|---|
| 파생상품 | · KOSPI 200 선물·옵션('16.1.1. 이후 최초로 거래 또는 행위가 발생하는 분부터)<br>· 미니KOSPI200 선물·옵션('16.7.1.이후 양도하는 분부터)<br>· KOSPI200 ELW('17.4.1.이후 양도하는 분부터)<br>· 코스닥150선물·옵션, KRX300선물, 섹터지수 선물, 배당지수선물, KOSPI 200 변동성지수선물, KOSPI150 주식워런트(ELW)증권, 주가지수 관련 장외파생 상품(주가지수 관련 장내파생상품과 경제적 실질이 동일한 상품에 한함)('19.4.1. 이후 양도하는 분부터) |
| 국외전출자 국내주식등 | · 출국일 10년 전부터 출국일까지 5년 이상 국내에 주소·거소를 둔 자가 국외전출하는 경우에 국외전출일이 속하는 직전 연도 종료일 현재 대주주 요건에 해당하는 주식의 평가이익 |

| 양도소득세 과세대상 상장·비상장법인 대주주의 범위 |

| 구 분 | 상 장 주 식 | | | 비상장주식 |
|---|---|---|---|---|
| | 코스피 | 코스닥 | 코넥스 | |
| 지분율 | 1% 이상 | 2% 이상 | 4% 이상 | 4% |
| 시가총액 | 25억원 이상('18.3.31) | 20억원 이상('18.3.31) | 10억원 이상 | 25억원 이상('18.3.31) |
| | 15억원 이상('18.4.1~)<br>10억원 이상('20.4.1~)<br>3억원 이상('21.4.1~) | | 3억원 이상('21.4.1~) | 15억원 이상('18.4.1~)<br>10억원 이상('20.4.1~)<br>3억원 이상('21.4.1~) |

**관련법령**

· 소득세법 제88조(양도의 정의), 제94조(양도소득의 범위)
· 소득세법 제118조의9(거주자의 출국 시 납세의무)

## 48. 한국 양도소득세의 세율은? 높은 세율로 중과되는 경우는 어떤 경우인가?

양도소득세의 세율은 가장 복잡한 구조의 세율체계를 가지고 있다. 자산의 종류, 토지의 이용 상황, 보유기간, 등기여부 등에 따라 다양한 세율체계를 가지고 있다.

아래 기본(누진)세율, 2016년까지 최고 과표구간 1.5억원 초과분에 대하여 38%로 과세하던 것을 2017.1.1.이 속하는 과세기간부터는 5억원 초과분을 구분하여 40%로 상향 조정하였다가, 2018.1.1.이 속하는 과세기간부터는 5억원 초과분에 대해서는 42%로 높여 소득세 과세를 강화하였다.

2014.1.1.이후 양도분 부터는 2년미만의 단기보유 부동산 중 주택(주택부수토지, 조합원입주권 포함)과 주택 외로 구분하여 주택 외에 대하여는 종전과 변동없이 40%, 50%로 과세하고, 주택은 1년미만 보유시 40%, 1년이상 보유시 기본세율로 과세한다.

한편, 지정지역내 3주택 이상자에게는 기본세율에 10%p를 추가하여 과세하고, 비사업용토지도 그동안 중과제도를 유예하였다가 2016년부터는 비사업용토지 세율(기본세율 +10%p)로 과세하고 있으며, 2018.1.1.이후 조정대상지역내 주택분양권 양도 시 보유기간에 관계없이 50%로 과세하고 2018.4.1.이후 조정대상지역내 다주택자에 대해서도 중과세(2주택자는 기본세율+10%p, 3주택이상자는 기본세율+20%p)하도록 개정되었다.

법인이 보유하는 주택과 비사업용토지에 대해서는 법인세율(10~22%)에 30%p를 추가 과세하던 것을 2014.1.1.이후 양도분부터 법인세율에 10%p 추가 과세하는 것으로 완화되었다. 다만, 법인세율에 10%p 추가 과세하는 경우에도 중소기업은 2015년까지 10%p 추가과세를 하지 않고 2016년 이후 양도분부터 10%p 추가 과세하도록 하였다.

## | 세율 체계 |

| 자산구분 | 과세표준 등 | 국내재산 '16년 일반 | 국내재산 '16년 비사업용토지 | 국내재산 '17년 일반 | 국내재산 '17년 비사업용토지 | 국내재산 '18년 이후 일반 | 국내재산 '18년 이후 비사업용토지 | 국내재산 '18년 이후 누진공제 | 국외자산 |
|---|---|---|---|---|---|---|---|---|---|
| 토지·건물·부동산에 관한 권리 | 1200만원 이하 | 6% | 16% | 6% | 16% | 6% | 16% | - | 일반세율 |
| | 1200만원 초과 4600만원 이하 | 15% | 25% | 15% | 25% | 15% | 25% | 108만원 | |
| | 4600만원 초과 8800만원 이하 | 24% | 34% | 24% | 34% | 24% | 34% | 522만원 | |
| | 8800만원 초과 1.5억원 이하 | 35% | 45% | 35% | 45% | 35% | 45% | 1,490만원 | |
| | 1.5억원 초과 3억원 이하 | 38% | 48% | 38% | 48% | 38% | 48% | 1,940만원 | |
| | 3억원 초과 5억원 이하 | 38% | 48% | 38% | 48% | 40% | 50% | 2,540만원 | |
| | 5억원 초과 | | | 40% | 50% | 42% | 52% | 3,540만원 | |
| 토지·건물 | 1년 이상 2년 미만 | 40%(주택 : 일반세율) | | | | | | | 없음 |
| | 1년 미만 | 50%(주택 : 40%) | | | | | | | |
| | 미등기 | 70% | | | | | | | |
| 기타자산 | | 일반세율 | | | | | | | |

| 구분 | 분양권 | 1세대 2주택 | 1세대 3주택 이상 |
|---|---|---|---|
| 조정대상 지역 내 | '18.1.1.이후 양도분부터 보유기간 관계없이 50% | '18.4.1.이후 양도분부터 기본세율 + 10%p | '18.4.1.이후 양도분부터 기본세율 + 20%p |

| 구분 | '14년~'15년 | '16년~ | '18년~ |
|---|---|---|---|
| 주식 or 출자증권 | 중소기업(대주주포함) : 10% | 중소기업 : 10%<br>중소기업 대주주 : 20% | 대주주 3억 이하 : 20%<br>대주주 3억 초과 : 25%<br>* 중소기업은 '20.1.1.이후 적용 |
| | 중소기업 외 : 20%, 중소기업 외 대주주 1년 미만 :30% | | |

| 파생상품 | '16.1.1. 이후 최초로 거래 또는 행위가 발생하는 분부터 5%<br>'18.4.1. 이후 거래 또는 행위가 발생하는 분부터 10% |
|---|---|
| 국외전출자 국내주식등 | '18.1.1. 이후 출국하는 경우부터 적용, 20%<br>('19.1.1.이후 출국하는 경우에는 과세표준 3억원 초과 25%→중소기업 대주주 주식은 '20.1.1.) |

※ 부동산·기타자산의 경우 하나의 자산이 둘 이상의 세율에 해당할 경우 각각의 산출세액중 큰 것이 납부할 세액. 1년에 2개 이상의 자산을 양도할 때에는 총 과세표준에 일반세율과 각 자산별 세율을 적용한 세액의 합계액 중 큰 것이 납부할 세액

※ 조정대상지역 내 분양권·1세대2주택·1세대3주택자가 조정대상지역 공고 전에 매매계약하고 계약금을 받은 사실이 증빙서류에 의해 확인되는 경우에는 중과세율을 적용하지 아니함('18.8.28. 이후 양도).

| 조정대상지역 2020.2.21. 현재 |

| 시·도 | 상세지역 |
|---|---|
| 서울 | 서울 25개구 |
| 경기 | 과천시, 광명시, 성남시, 고양시[1], 남양주시[2], 하남시, 동탄2택지개발지구[3], 구리시, 안양시 동안구, 광교택지개발지구[4], 수원시 팔달구[5], 용인시 수지구[6], 용인시 기흥구[7] |
| | 수원시 영통구[8], 권선구·장안구[9], 안양시 만안구, 의왕시 |
| 세종 | 세종특별자치시[10] (행정중심복합도시 건설 예정지역) |

1) 삼송택지개발지구, 원흥·지축·향동 공공주택지구, 덕은·킨텍스(고양국제전시장)1단계·고양관광문화단지(한류월드) 도시개발구역
2) 다산동·별내동
3) 화성시 반송동·석우동, 동탄면 금곡리·목리·방교리·산척리·송리·신리·영천리·오산리·장지리·중리·청계리 일원에 지정된 동탄2택지개발지구에 한함
4) 수원시 영통구 이의동·원천동·하동·매탄동, 팔달구 우만동, 장안구 연무동, 용인시 수지구 상현동, 기흥구 영덕동 일원에 지정된 광교택지개발지구에 한함
5) 6) 7) 8) 9) 해당지역 내 광교택지개발지구의 경우 기존('18.8.28 지정공고)의 조정대상지역지정효력을 따름
10) 세종특별자치시는 신행정수도 후속대책을 위한 연기·공주지역 행정중심복합도시 건설을 위한 특별법 제2조 제2호에 따른 예정지역에 한함

| 다주택 중과 제외 주택의 범위 |

○ 1세대 3주택 이상 또는 주택과 조합원입주권의 수가 3개 이상인 경우(소득세법시행령 제167의3, 제167의4)

| 중과 대상 주택 | 중과 제외 대상 주택 |
|---|---|
| 조정대상지역 내 1세대 3주택 이상 또는 주택과 조합원입주권의 수가 3개 이상인 주택 | ⓐ 수도권·광역시·특별자치시(세종시) 외의 지역*의 양도당시 기준시가가 3억원 이하 주택** <br> * 광역시 소속 군지역 및 경기도·특별자치시 읍·면 지역 포함 <br> ** 보유주택 수 계산시에도 제외 <br> ⓑ 장기임대주택* <br> * 장기일반민간임대주택등으로 등록하여 8년 이상 임대한 주택 <br> (다만, '18.3.31일까지 등록한 경우에는 5년 이상 임대한 주택) <br> • 매입임대주택: 6억원 이하(비수도권 3억원 이하) 주택 <br> • 건설임대주택: 대지 298㎡ 이하, 건물연면적 149㎡ 이하, 6억원 이하 주택을 2호 이상 임대 |

| 중과 대상 주택 | 중과 제외 대상 주택 |
|---|---|
| | ⓒ 조특법상 감면대상 주택*<br>    * 장기임대주택(§97, §97의2), 미분양주택 등(§98~§98의3, §98의5~§98의8), 신축주택 등(§99~§99의3)<br>ⓓ 10년이상 무상제공한 장기사원용 주택<br>ⓔ 5년 이상 운영한 가정어린이집 등<br>ⓕ 상속받은 주택(5년 이내 양도)<br>ⓖ 문화재주택<br>ⓗ 저당권 실행 또는 채권 변제를 위해 취득한 주택(3년 이내 양도)<br>ⓘ 상기 ⓐ~ⓗ의 주택 외에 1개의 주택만을 소유하는 경우의 해당 주택<br>ⓙ 조정대상지역의 공고가 있는 날 이전에 해당 지역의 주택을 양도하기 위하여 매매계약을 체결하고 계약금을 지급받은 사실이 증빙서류에 의하여 확인되는 주택<br>ⓚ 보유기간이 10년 이상인 주택을 2020년 6월 30일까지 양도하는 경우 그 해당 주택 |

○ 1세대 2주택인 경우(소득세법시행령 제167의10)

| 중과 대상 주택 | 중과 제외 대상 주택 |
|---|---|
| 조정대상지역 내<br>1세대 2주택 | ⓐ 3주택 이상자의 중과제외대상 주택(장기임대주택 등)<br>ⓑ 수도권·광역시·특별자치시(세종시) 외의 지역*의 양도당시 기준시가 3억원 이하 주택**<br>    * 광역시 소속 군지역 및 경기도·특별자치시 읍·면 지역 포함<br>    ** 보유주택 수 계산시에도 제외<br>ⓒ 취학, 근무상 형편, 질병 요양 등의 사유로 취득한 수도권 밖 주택 및 다른 시·군 소재 주택*<br>    * 취득 당시 기준시가 3억원 이하, 취득 후 1년 이상 거주하고 사유 해소 후 3년 이내 양도<br>ⓓ 혼인합가일로부터 5년 이내 양도하는 주택<br>ⓔ 부모봉양합가일로부터 10년 이내 양도하는 주택<br>ⓕ 소송진행 중이거나 소송결과에 따라 취득한 주택<br>   (확정판결일로부터 3년 이내 양도)<br>ⓖ 일시적 2주택인 경우 종전 주택<br>ⓗ 양도 당시 기준시가 1억원 이하 주택*<br>    * 「도시 및 주거환경 정비법」상 정비구역 내 주택은 제외<br>ⓘ 상기 ⓐ~ⓕ의 주택 외에 1개의 주택만을 소유하는 경우의 해당 주택<br>ⓙ 조정대상지역의 공고가 있는 날 이전에 해당 지역의 주택을 양도하기 위하여 매매계약을 체결하고 계약금을 지급받은 사실이 증빙서류에 의하여 확인되는 주택<br>ⓚ 보유기간이 10년 이상인 주택을 2020년 6월 30일까지 양도하는 경우 그 해당 주택 |

○ 1세대가 1주택과 1조합원입주권을 소유한 경우(소득세법시행령 제167의11)

| 중과 대상 주택 | 중과 제외 대상 주택 |
| --- | --- |
| 조정대상지역 내 1세대가 1주택·조합원입주권 | • 2주택자의 중과 제외 주택으로서 ⓐ~ⓕ 및 ⓗⓘⓙⓚ에 해당하는 주택<br>• 1주택자가 주택 취득일부터 1년 경과 후 1조합원입주권을 취득하고 3년 이내 종전주택 양도시 해당 주택<br>• 1주택자가 1조합원입주권을 취득하고 3년이 경과하여 종전 주택을 양도하는 경우 해당 주택(다음요건 충족시)<br>　- 재건축·재개발로 취득하는 주택의 완공 후 2년 이내 세대 전원이 해당 주택으로 이사하여 1년 이상 거주<br>　- 주택 완공 후 2년 이내 종전주택 양도<br>• 1주택자가 해당 주택의 재개발·재건축으로 대체주택을 취득하였다가 양도하는 경우 해당 주택(다음요건 충족시)<br>　- 사업시행인가일 이후 대체주택을 취득하여 1년 이상 거주<br>　- 재개발·재건축사업으로 취득하는 주택의 완공 후 2년 이내 세대 전원이 해당 주택으로 이사하여 1년 이상 거주<br>　- 주택 완공 후 2년 이내 대체주택 양도 |

 **관련법령**

• 소득세법 제104조(양도소득세의 세율), 같은법 시행령 제167조의3,4, 제167조의10, 제167조의11

 비거주자의 한국 양도소득세는 어떻게 계산하는가?

한국세법상 비거주자(예 : 일반적으로 미국에 거주하는 영주권자 또는 시민권자)의 양도소득세는 거주자와 동일한 방법으로 세액을 계산하며, 1년(1. 1.~12.31.) 기준으로 양도소득금액은 '국내자산'과 '국외자산'으로 구분하고, 다시 각각 '주식'과 '주식外 자산'으로 구분한 4가지 유형의 양도자산별 소득금액을 합산하여 각각 계산한다.

먼저, 자산별로 양도가액에서 취득가액과 기타필요경비를 공제하여 양도차익을 계산하는데, 2007. 1. 1일 이후 양도분부터는 양도와 취득가액은 모두 실지거래가액으로 하며 기타필요경비는 원칙적으로 자본적 지출 등 보유기간 중 실제 소요된 경비를 말한다.

이어서 양도차익에서 장기보유특별공제액을 공제하여 양도소득금액을 계산한다. 장기보유특별공제가 적용되는 자산은 3년이상 보유한 등기된 토지와 건물이며, 자세한 내용은 FAQ #51에서 설명하기로 한다.

양도소득과세표준은 양도소득금액에서 양도소득기본공제를 공제하여 계산한다. 양도소득기본공제는

- ☞ 거주자인 경우 "국내주식·국내주식外 자산·국외주식·국외주식外 자산·파생상품·국외전출자 국내주식등"에 대하여
- ☞ 비거주자인 경우 "국내주식·국내주식外 자산"에 대하여
  각각 250만원을 공제하므로 1과세기간에 거주자는 최고 1,750만원을, 비거주자는 최고 750만원을 공제받을 수 있다.

양도소득과세표준에 세율을 적용하여 양도소득산출세액을 계산하고 조세특례제한법에 의한 감면세액 등 세액공제를 공제한 후 양도소득결정세액을 산출하고, 가산세와 기납부세액을 차가감하여 납부할 세액을 계산한다. 그리고 납부할 양도소득세의 10%에 해당하는 지방소득세를 납부하여야 한다.

 **관련법령**

- 소득세법 제95조(양도소득금액), 제119조(비거주자의 국내원천소득)

## 50. 비거주자가 한국 부동산을 양도한 경우 한국의 양도소득세는 어디에, 언제까지, 어떻게 신고·납부하여야 하는가?

한국세법상 비거주자(예 : 일반적으로 미국에 살고 있는 영주권자 또는 시민권자)의 양도소득세 납세지는 국내사업장(국내사업장이 2개 이상 있는 경우에는 주된 국내사업장)의 소재지이며, 국내사업장이 없는 경우에는 국내원천소득이 발생하는 장소(양도자산의 소재지)이다. 따라서 비거주자는 국내사업장 소재지 또는 국내원천소득이 발생하는 장소를 관할하는 세무서장에게 양도소득세를 신고·납부하여야 한다.

양도소득세 신고·납부는 예정과 확정으로 나뉘며, 예정신고·납부는 아래 표와 같다.

| 자산종류 | 신고·납부기한 | 적용시기 |
| --- | --- | --- |
| 토지·건물, 기타자산 부동산에 관한 권리 | 양도일이 속하는 달의 말일부터 2개월 이내 | - |
| 부담부증여 | 증여일이 속하는 달의 말일부터 3개월 이내 | '17.1.1. 이후 부담부증여부터 |
| 국내 주식 | 양도일이 속하는 분기의 말일부터 2개월 이내 | '17.12.31. 까지 |
| 국내 주식 | 양도일이 속하는 반기의 말일부터 2개월 이내 | '18.1.1. 이후 |
| 국외전출자 국내주식등 | 출국일이 속하는 말일부터 3개월 이내 | '18.1.1. 이후 |

※ 국외자산 중 주식 등에 대해서는 2012년 양도분부터 예정신고납부제도가 폐지되었다.

'18년 신설된 국외전출자 국내주식등에 대한 양도소득세 신고는 출국일이 속하는 달의 말일부터 3개월 이내에 납세지 관할 세무서장에게 신고하면 된다.

당해 연도에 2회 이상 양도한 때에는 양도한 연도의 다음연도 5.1~5.31 중에 합산하여 확정신고·납부하여야 한다.

다만, 비거주자가 법인(내국법인 또는 외국법인)에게 부동산을 양도하는 경우에는 양수자인 법인이 양도가액의 10%와 실가에 의한 양도차익(＝양도가액－취득가액－기타

필요경비)의 20% 중 적은 금액을 원천징수(양도소득세의 10%에 상당하는 지방소득세는 별도)하여 다음달 10일까지 원천징수의무자(양수자)의 납세지 관할 세무서장에게 납부하여야 한다. 비거주자는 '비거주자의 양도소득세에 대한 원천징수영수증'을 양수자로부터 교부받아 예정 또는 확정신고시 관할 세무서장에게 제출하여 원천징수세액을 기납부세액으로 공제받는다.

비거주자가 원천징수를 원하지 않거나 직접 신고·납부하고자 할 경우 또는 비과세·과세제외·과세미달 등에 해당되는 경우에는 '비거주자 양도소득 확인신청서'를 납세지 관할 세무서장으로부터 교부받아 양수자(취득자인 내국법인 또는 외국법인)에게 제출하면 양수자의 원천징수의무가 면제된다.

양도소득 과세표준 예정 또는 확정신고를 하는 자는 '양도소득 과세표준 예정(확정)신고 및 납부계산서'와 '양도소득금액계산명세서'에 증빙서류(예 : 토지대장 및 건축물대장등본, 토지 및 건물 등기부등본, 당해 자산의 매도 및 매입에 관한 계약서 사본 등)를 첨부하여 신고기한 내에 납세지 관할 세무서장에게 제출하고, 금융기관(국내 시중은행 또는 우체국)에 세액을 납부하여야 한다.

**관련법령**

- 소득세법 제105조(예정신고), 제110조(확정신고), 제118조의15(신고·납부)
- 소득세법 제156조(비거주자의 국내원천소득에 대한 원천징수의 특례)

**51** 한국에서 부동산을 3년 이상 보유하는 경우 장기보유특별공제를 받는다고 하는데, 비거주자도 장기보유특별공제를 받을 수 있는가? 비거주자도 1세대의 1주택에 대한 장기보유특별공제 우대율을 적용받을 수 있는가?

장기보유특별공제는 보유기간이 3년 이상인 등기된 부동산을 양도하는 경우 및 조합원입주권을 양도하는 경우에 적용받을 수 있다. 이 경우 조합원입주권은 「도시 및 주거환경정비법」 제74조에 따른 관리처분계획인가전 주택분의 양도차익에 대해서만 장기보유특별공제를 적용한다.

장기보유특별공제액은 자산의 보유기간에 따라 양도차익의 6%~30%(1세대 1주택인 경우 24%~80%)를 공제한다.

다만, 2010년 이후 양도분부터 비거주자는 소득세법 제121조제2항에 따라 1세대 1주택에 대한 장기보유특별공제율(24%~80%)을 적용하지 않고 6%~30%공제율만을 적용한다. 그러나 비거주자가 3년이상 보유한 주택에 거주한 상태로 거주자로 전환되어 1세대 1주택을 양도하는 경우에는 특례 공제율(24%~80%)을 적용받을 수 있다. 이 경우 보유기간은 취득일부터 양도일까지로 한다(비거주자일 때 보유한 기간도 포함함).

또한, 비거주자가 민간건설임대주택, 민간매입임대주택, 공공건설임대주택, 공공매입임대주택을 6년 이상 임대 후 해당 주택을 양도하는 경우 임대기간에 따라 매년 2%씩 추가로 공제한다(조세특례제한법 제97의4, 2014.1.1. 양도 분부터).

| 1세대 1주택에 대한 장기보유특별공제율 연혁 |

| 연도 | 장기보유특별공제율 | 비고 |
|---|---|---|
| '07.1.1.~'07.12.31. | 3~4년:10%, 5~9년:15%, 10~14년:30%, 15년이상:45% | |
| '08.1.1.~'08.3.20. | 3년 이상 10% ~ 15년 이상 45% | 연 3% |
| '08.3.21.~'08.12.31. | 3년 이상 12% ~ 20년 이상 80% | 연 4% |
| '09.1.1. 이후 | 3년 이상 24% ~ 10년 이상 80% | 연 8% |

장기보유특별공제액 계산시 적용되는 공제율은 아래 표와 같다.

| 보유기간 | 양도자산 유형별 공제율 | | | |
|---|---|---|---|---|
| | 일반부동산<br>(거주자/비거주자) | 1세대의 1주택<br>(거주자) | 장기임대주택<br>(거주자/비거주자) | 장기일반민간임대주택<br>(거주자) |
| 3년 이상 4년 미만 | 100분의 6 | 100분의 24 | | |
| 4년 이상 5년 미만 | 100분의 8 | 100분의 32 | | |
| 5년 이상 6년 미만 | 100분의 10 | 100분의 40 | | |
| 6년 이상 7년 미만 | 100분의 12 | 100분의 48 | 일반부동산에 2% 추가 | |
| 7년 이상 8년 미만 | 100분의 14 | 100분의 56 | 〃 4% 〃 | |
| 8년 이상 9년 미만 | 100분의 16 | 100분의 64 | 〃 6% 〃 | 50% |
| 9년 이상 10년 미만 | 100분의 18 | 100분의 72 | 〃 8% 〃 | |
| 10년 이상 11년 미만 | 100분의 20 | 100분의 80 | 〃 10% 〃 | 70% |
| 11년 이상 12년 미만 | 100분의 22 | | | |
| 12년 이상 13년 미만 | 100분의 24 | | | |
| 13년 이상 14년 미만 | 100분의 26 | | | |
| 14년 이상 15년 미만 | 100분의 28 | | | |
| 15년 이상 | 100분의 30 | | | |

* 장기일반민간임대주택 : 전용 85(수도권 제외 읍·면 100)㎡이하, 보증금·월세 연 5% 인상율 제한, 임대개시일 당시 기준시가 6억원(비수도권 3억원)이하
* 임대주택에 대한 장기보유특별공제 특례는 2014.1.1.이후 양도분부터 적용
* 임대기간 : 세무서와 구청에 임대주택으로 등록하여 임대를 개시한 날부터 기산

**관련법령**

- 소득세법 제95조(양도소득금액) 제2항
- 소득세법 제121조(비거주자에 대한 과세방법) 제2항 단서

## 52

영주권자 또는 시민권자도 1세대 1주택 비과세 혜택을 받을 수 있는가? 이민 올 때 한국에 두고 온 주택 1채를 언제까지 양도해야 1세대 1주택으로 비과세 혜택을 받을 수 있는가? 한국에서 1세대 1주택 비과세를 받은 경우 동 양도소득에 대한 미국에서의 납세의무는 어떻게 되는가?

외국의 영주권자 또는 시민권자는 일반적으로 국내에 주소를 두거나 183일 이상 거소를 두지 않는 한 비거주자이므로 거주자에 국한하여 적용하는 1세대 1주택에 대한 비과세 혜택을 받을 수 없는 것이 원칙이다.

다만, 1세대가 출국일 및 양도일 현재 1주택만을 보유한 경우로서 해외이주법에 의한 해외이주로 세대전원이 출국한 후 출국일(현지이주의 경우는 영주권 또는 그에 준하는 장기체류 자격을 취득한 날)부터 2년 이내에 당해 1주택을 양도하는 경우에는 비록 양도일 현재 비거주자일지라도 보유기간(2년 이상 보유, 2012.6.28. 이전 양도시에는 3년)의 제한을 받지 아니하고 양도소득세가 비과세(양도가액 9억원 이하에 상당하는 양도차익에 한정됨)된다.

그러나 출국한 후 2년이 경과된 뒤에 주택을 양도하는 경우에는 출국일 현재 이미 1세대 1주택 비과세 요건을 충족한 경우일지라도 비과세 특례규정이 적용되지 아니한다.

시민권자와 영주권자 등 미국세법상 미국인은 일반적으로 전 세계 소득에 대하여 미국에서 납세의무가 있으므로 양도일이 속하는 날의 다음 해 4월 15일까지 한국에서의 부동산 양도소득을 합산하여 미국 국세청에 신고하여야 하며, 한국에서 양도소득세를 납부한 경우 이에 상당하는 금액은 미국에서 외국납부세액으로 공제받을 수 있다. 한국에서 1세대 1주택으로 비과세를 받았다고 하더라도 한국에서의 부동산 양도소득을 미국 국세청에 합산하여 신고하여야 하며, 이 경우에 한국에서 납부한 세액은 없으므로 미국에서 공제받을 외국납부세액은 없다.

### 관련법령

- 소득세법 제89조(비과세 양도소득) 제1항 제3호, 동법 시행령 제154조 제1항 제2호 나목(1세대 1주택의 범위)
- 소득세법 제121조(비거주자에 대한 과세방법) 제2항 단서

 이민 온 이후에 국내에 주택을 새로 구입하거나, 상속 또는 증여 받은 경우 1세대 1주택 비과세 혜택을 받을 수 있는가? 그리고 미분양주택을 취득한 경우에 혜택은?

1세대 1주택에 대한 양도소득세 비과세 규정은 원칙적으로 양도자가 양도일 현재 소득세법상 거주자인 경우에 한정하여 적용한다.

다만, 1세대가 출국일 및 양도일 현재 1주택을 보유한 경우로서 해외이주법에 의한 해외이주로 세대전원이 출국한 후 출국일(현지이주의 경우는 영주권 또는 그에 준하는 장기체류 자격을 취득한 날)부터 2년 이내에 당해 주택을 양도하는 경우에는 보유기간(2년 이상 보유, 2012.6.28. 이전 양도시에는 3년)의 제한을 받지 아니하고 양도가액 9억원 이하에 상당하는 양도차익에 대하여는 양도소득세가 비과세 된다.

따라서 이민 온 이후에 비거주자 신분 상태에서 국내 소재 주택을 새로 구입하거나 상속 또는 증여받은 경우 동 주택을 양도하였을 때는 비과세 규정을 적용받을 수 없으므로 양도일 현재 1세대가 1주택만을 보유한 경우일지라도 양도소득세를 납부하여야 한다.

또한, 1년 이상 계속하여 국외거주를 필요로 하는 근무상의 형편으로 세대전원이 출국하는 경우는 출국일 및 양도일 현재 국내 1주택을 보유하고 출국일부터 2년 이내에 양도하는 경우에 한하여 2년 이상 보유 요건 충족여부에 관계없이 비과세 혜택을 받을 수 있지만, 출국일부터 2년을 경과하여 양도하는 때에는 출국일 현재 1세대 1주택 비과세 요건을 충족하였다고 하더라도 과세대상이 된다는 점에 특히 유의해야 한다.

한편, 비거주자가 한국내의 미분양주택을 취득기간 내에 취득한 경우, 향후 양도시 5년간 발생한 양도소득에 대해 100% 감면을 받을 수 있다.

 **관련법령**

- 소득세법 제89조(비과세 양도소득) 제1항 제3호, 동법 시행령 제154조 제1항 제2호 나목과 다목 (1세대 1주택의 범위)
- 소득세법 제121조(비거주자에 대한 과세방법) 제2항 단서
- 조세특례제한법 제98조의3(미분양주택 취득자에 대한 양도세 과세특례), 제98조의6 등

## 54. 1세대 1주택 비과세 대상이 아닌데, 한국에 돌아가서 일정기간 거주하는 경우 비과세 혜택을 받을 수 있는가?

거주자 상태에서 국내 소재 1주택을 취득하고 비거주자가 되었다가 다시 거주자가 되거나, 비거주자 신분 상태에서 국내소재 1주택을 취득한 후 거주자가 된 경우, 양도일 현재 1세대가 국내에 1주택을 보유하고 있는 경우로서 거주자 신분에서 당해 주택을 2년 이상 보유한 경우 양도소득세가 비과세(양도가액 9억원 이하에 상당하는 양도차익에 한정됨)된다.

비거주자가 국내에 183일 이상 거주함으로써 거주자로 신분이 전환된 경우에 있어서 위의 보유기간(2년 이상인지 여부)의 계산은 거주자 신분에서의 보유기간을 통산하여 계산하며, 비거주자였던 기간은 제외한다.

예를 들어, 한국에 주택을 한 채 가지고 있는 1세대인 부부가 한국에 귀국하여 일정한 직업이 없이 3년이상 거소를 둔 상태에서 한국에 보유하고 있는 1채의 주택을 양도하는 경우, 183일이 되는 날 거주자가 되고 거주자 신분 상태에서 동 주택을 2년이상 보유하고 양도하는 것이므로 1세대1주택 비과세를 적용 받을 수 있다. 또한 한국에 주택을 한 채 가지고 있는 1세대인 부부가 한국으로 귀국하여 남편이 국내에 계속하여 183일 이상 거주할 것을 통상 필요로 하는 직업을 가지게 된 경우, 그 직업을 가진 날부터 2년이 지난 후 동 주택을 양도한다면, 국내에 직업을 가지게 된 날에 거주자가 되고 거주자 신분상태에서 주택을 2년 이상 보유하고 양도하는 것이므로 1세대 1주택 비과세를 적용 받을 수 있다.

다만, 비거주자가 해당 주택을 3년 이상 계속 보유하고 그 주택에서 거주한 상태로 거주자로 전환된 경우에는 해당 주택에 대한 거주기간 및 보유기간을 통산한다.

거주자에 해당하는지의 여부는 한국 내 거주기간(최소 183일이상 거주), 한국에 직업이 있는지 여부, 다른 가족의 거주지 및 재산보유 상태 등을 종합적으로 고려하여 결정한다 (한국의 거주자판정에 대해서는 FAQ #45 참조).

**관련법령**

- 소득세법 제89조(비과세 양도소득) 제1항 제3호, 동법 시행령 제154조 제1항 제2호 나목(1세대 1주택의 범위), 제8항 제2호

 1세대 1주택 비과세 혜택은 9억원까지만 적용된다고 하는데, 주택 양도가액이 9억원을 초과하는 경우 양도차익은 어떻게 계산하는가? 장기보유특별공제액은 어떻게 계산하는가?

1세대 1주택 비과세 규정은 주택과 이에 부수되는 토지의 양도당시 실지거래가액이 9억원 이하인 경우에 적용되며, 9억원을 초과하는 고가주택인 경우에는 9억원을 초과하는 부분에 상당하는 양도차익에 대하여는 양도소득세를 납부하여야 한다.

1세대 1주택 비과세 요건을 충족한 고가주택의 과세대상 양도차익 계산방법은 다음과 같다.

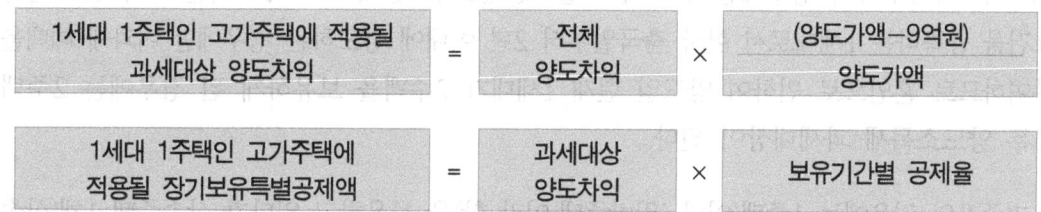

거주자가 양도일 현재 1세대 1주택 비과세 요건을 충족한 고가주택을 양도할 경우의 장기보유특별공제액은 위 과세대상 양도차익에 보유기간별 공제율(등기된 3년 이상 보유 주택에 한정하여 24%~80%)을 곱하여 계산한다. '20.1.1.이후 양도하는 분부터는 2년 이상 거주한 경우에 한해 10년 최대 80%의 장기보유특별공제율을 적용하며, 2년 미만 거주시 15년 최대 30%의 장기보유특별공제율을 적용한다.

그러나, 비거주자 신분상태에서 취득한 주택을 비거주자 신분상태에서 양도하거나, 국내에 1주택 소유한 1세대가 출국일(원칙적으로 세대전원이 출국한 날을 말하며, 해외 이주법에 따른 현지이주의 경우에는 영주권 또는 그에 준하는 장기체류 자격을 취득한 날을 말함)부터 2년이 지나 당해 주택을 양도하는 경우로서 양도일 현재 비거주자인 경우에는 1세대 1주택 비과세 혜택을 적용받지 못하므로 위 산식을 적용하지 않고 전체 양도차익에 대하여 과세된다. 한편, 양도일 현재 비거주자인 경우에는 장기보유특별공제액을 계산할 때 10%~30%의 공제율을 적용한다.

 **관련법령**

- 소득세법 제95조, 동법 시행령 제160조(고가주택에 대한 양도차익 등의 계산)

## 56. 비거주자가 상속 또는 결혼으로 2주택을 보유하게 된 경우 한국의 양도소득세는 어떻게 되는가?

한국 거주자의 경우에는 1주택을 보유한 자가 1주택을 보유한 자와 혼인함으로써 1세대 2주택이 되는 경우 또는 1주택을 보유하고 있는 60세 이상의 직계존속을 동거봉양하는 무주택자가 1주택을 보유하는 자와 혼인함으로써 1세대가 2주택을 보유하게 되는 경우 그 혼인한 날부터 5년 이내에 먼저 양도하는 주택은 이를 1세대 1주택으로 보아 비과세 해당 여부를 판정하여 1세대 1주택 비과세 요건을 충족한 경우 양도소득세를 비과세 한다. 그러나, 비거주자의 경우에는 한국 출국일 및 양도일 현재 모두 1주택을 보유하고 일정 요건을 충족하는 1세대로서 한국 출국일부터 2년 이내에 양도하는 경우에만 비과세 혜택을 부여하므로 혼인으로 인하여 양도일 현재 1세대가 2주택을 보유하게 된 경우에는 2주택 모두 양도소득세 과세대상이 된다.

거주자의 경우에는 1주택(이하 '일반주택'이라 함)을 보유하고 있다가 상속주택 1채(상속주택이 1채인 경우 그 주택, 상속주택이 2주택 이상인 경우 피상속인의 보유기간이 긴 주택, 거주기간이 긴 주택, 상속개시일 현재 거주주택, 기준시가가 가장 높은 주택, 상속인이 선택한 주택 順으로 순차 적용)를 상속받아 2주택이 된 경우 일반주택을 양도할 때에는 일반주택만으로 1세대 1주택 비과세 요건을 판정하여 1세대 1주택 비과세 요건을 충족한 경우에는 양도소득세를 비과세한다. 그러나, 비거주자의 경우에는 한국 출국일 및 양도일 현재 모두 1주택인 경우로서 한국 출국일부터 2년 이내에 양도하는 경우에만 비과세 혜택을 부여하므로 상속 또는 결혼으로 인하여 양도일 현재 1세대가 2주택을 보유하게 된 경우에는 2주택 모두 양도소득세 과세대상이 된다.

**관련법령**

- 소득세법 제89조(비과세 양도소득) 제1항 제3호, 같은 법 시행령 제154조(1세대1주택의 범위)

 **비거주자의 주택이 도시 및 주거환경정비법에 의한 재개발 또는 재건축으로 신축완성된 취득주택을 양도할 경우 한국의 양도소득세는 어떻게 되는가?**

국내에 1주택만 소유하고 있던 1세대가 도시 및 주거환경정비법에 의한 재개발·재건축 정비사업 시행 중에 해외이주법에 의한 해외이주로 세대전원이 출국하여 비거주자인 상태에서 재개발·재건축으로 완성된 신축주택을 출국일부터 2년 이내에 양도하는 경우로서 양도일 현재 등기된 주택인 때에는 보유기간에 관계없이 1세대 1주택으로 보아 양도소득세가 비과세(양도실가 9억원 초과분에 상당하는 양도차익은 과세)된다.

그러나 재개발·재건축조합의 조합원의 지위를 승계(승계조합원)하여 중도금을 불입하던 중 위의 사유로 출국한 후 비거주자인 상태에서 완성된 주택을 양도하는 경우에는 양도소득세가 과세된다.

또한 완성된 주택을 양도하는 것이 아니라 조합원입주권(조합으로부터 받은 입주자로 선정된 지위)을 양도하는 경우에는 양도자산이 주택이 아닌 부동산을 취득할 수 있는 권리이므로 양도소득세가 과세된다.

 **관련법령**

- 소득세법(2016.12.20. 개정된 것) 제89조제1항 제4호
- 소득세법 시행령 제154조 제1항 제2호 나목, 제155조 제17항(2017.2.3. 개정 전)

## 58. 비거주자가 소유하고 있던 주택을 도시 및 주거환경정비법에 의한 재개발 또는 재건축 정비사업조합에 양도하고 현금으로 청산금을 받는 경우 한국의 양도소득세는 어떻게 되는가?

도시 및 주거환경정비법에 의한 재개발 또는 재건축 정비사업이 진행될 때 정비사업조합에 제공한 기존부동산의 평가액(예 : 7억원)이 분양예정가(예 : 3억원) 보다 큰 경우에는 조합원입주권(조합으로부터 받은 입주자로 선정된 지위)과 청산금(4억원, 일부 양도로 봄)을 재개발·재건축 정비사업조합으로부터 지급받게 된다.

관리처분계획인가일 전에 기존 부동산을 양도하거나, 관리처분계획인가일 이후에 청산금을 지급받은 경우로서 관리처분계획인가일과 건물(주택) 멸실일 중 빠른 날 현재 1세대 1주택 비과세 요건(비거주자가 출국일로부터 2년 이내 양도하고 출국일 및 양도일 현재 1주택인 경우로 한정)을 충족한 경우에는 양도일 현재 비거주자일지라도 양도가액 9억원 이하에 상당하는 양도차익에 대하여는 양도소득세가 비과세된다.

그러나 비과세 요건을 충족하지 못하거나, 지상건축물이 주택이 아니거나, 비과세 요건을 충족하더라도 양도가액 중 9억원을 초과하는 부분에 상당하는 양도차익에 대하여는 양도소득세 납세의무가 있다. 다만, 정비기반시설을 수반하는 정비구역의 토지 등을 사업시행자에게 양도함으로써 발생하는 소득에 대하여는 양도일 현재 비거주자인 경우이더라도 산출된 양도소득세의 10%(일반채권보상은 15%, 23년 이상 만기보상채권은 30%, 5년 이상 만기보상채권은 40%)를 감면받을 수 있다.

지급받은 청산금(일부 양도로 보는 부분)에 대한 양도차익 계산방법은 다음과 같다.

* 지급받은 청산금에 상당하는 양도차익 =
  관리처분계획인가 前 양도차익 × (지급받은 청산금 / 기존건물과 그 부수토지의 평가액)

관리처분계획인가 前 양도차익 =
기존건물과 그 부수토지의 평가액 − 기존건물과 그 부수토지의 취득가액 − 기타 필요경비

### 관련법령

- 소득세법 시행령 제155조 제17항, 제166조 제1항

## 59. 비거주자가 한국소재 상가, 대지 등을 양도한 경우 한국의 양도소득세를 내는가? 장기보유특별공제는? 세율은?

한국 비거주자가 한국에 소재하는 상가(그 부수토지 포함), 토지(공부상 지목에 관계없음. 타인소유 주택의 부수토지 포함)를 양도하는 경우 양도소득세 과세대상이다.

대지를 양도하는 경우 원칙적으로 당해 대지가 비사업용 토지에 해당하는 경우에는 장기보유특별공제를 2016.12.31.까지는 받을 수 없었으나, 2017.1.1.부터는 적용받을 수 있다. 중과세율(60%) 적용도 2015.12.31.까지 유예하였다가 2016.1.1.부터는 기본(누진)세율에 10%p를 더한 세율을 적용하고 있다.

다만, 한시적인 소득세법 개정에 따라 2009.3.16.부터 2012.12.31. 중에 취득하여 양도하는 경우에는 일반세율(6%~40%, 2012년부터 2016년까지는 6~38%. 보유기간 2년 미만은 40%, 1년 미만은 50%, 미등기 양도자산은 70%)을 적용하고 있다. 그러나, 장기보유특별공제는 2017.1.1.이후 양도분부터 적용 된다.

양도하는 토지가 비사업용 토지에 해당되는지 여부는 토지의 지목, 보유기간, 기간별 토지의 용도, 도시지역 편입 여부, 사업 관련성 여부 등을 기준으로 판단하며, 구체적인 내용은 관련 자료(토지대장, 토지등기부등본, 재산세 과세내역 등)를 확보하여 국세상담센터 또는 세무사·공인회계사 등 전문가에게 문의하여 확인하는 것이 바람직하다.

* 대지(농지, 임야, 목장용지 외의 토지)의 비사업용 토지 판단
  - 일정기간 동안 지방세법에 따른 재산세 종합합산과세대상인 토지는 비사업용 토지에 해당함
  - 한편, 일정기간 동안 지방세법에 따라 재산세가 비과세 되거나 면제되는 토지, 재산세 별도합산과세대상 또는 분리과세대상이 되는 토지는 비사업용 토지에서 제외됨
  - 또한 지방세법상 재산세 종합합산과세대상인 경우에도 거주 또는 사업과 직접 관련이 있다고 인정할 만한 상당한 이유가 있는 토지(소득세법 시행령 제168조의11 제1항 각 호의 어느 하나에 해당하는 토지를 말함)는 비사업용 토지에서 제외됨

 **관련법령**

- 소득세법 제104조(세율) 제1항, 제104조의3(비사업용 토지의 범위)
- 소득세법 시행령 제168조의6~제168조의14

 비거주자가 한국에 있는 농지, 목장용지, 임야 등을 양도하는 경우 한국의 비사업용토지 해당여부 및 감면은 가능한가? 상속받은 경우는 어떻게 되는가?

비거주자가 농지, 목장용지, 임야 등을 양도하는 경우 양도소득세 과세대상이다. 또한, 본인이 직접 재촌(실제 거주한 경우를 의미, 임야는 주민등록 요건 충족) 및 직접경작(농작업에 상시 종사하거나 농작업을 위한 노동력의 50% 이상을 자기노동력으로 농작물을 재배하는 것을 말함)하지 아니하거나 '16.2.17일이후 부터는 근로소득(총급여) 및 사업소득(농업·임업, 부동산임대업, 농가부업소득은 제외)*의 합계액이 3,700만원 이상인 경우는 해당연도는 자경기간에서 제외되어 비사업용토지에 해당된다('20년부터는 복식부기 의무자 수입금액 기준 이상의 수입금액이 있는 경우 해당 과세기간은 자경기간에서 제외).

  * 2017.2.7.이후 양도분부터 사업소득이 결손인 경우 "0"으로 봄

다만, 피상속인(또는 피상속인이 배우자로부터 상속받아 경작한 사실이 있는 경우에는 피상속인의 배우자가 취득하여 경작한 기간 포함)이 거주자인 상태에서 농지 소재지에 거주하면서 직접 경작한 경우로서 상속인이 그 상속받은 농지를 1년이상 계속하여 재촌·자경하는 경우에는 피상속인이 취득한 때부터 상속인(양도자)이 양도할 때까지의 재촌 및 자경한 기간을 통산하여 8년 이상인 경우에는 연간 최고 1억원(2015.12.31. 까지는 2억원), 5년간 최고 2억원(2017.12.31.까지는 3억원)을 한도로 하여 양도소득세 감면을 받을 수 있다.

그러나 피상속인(2006.2.9. 이후 사망한 경우)이 농지 소재지에 거주하면서 8년 이상 직접 경작한 농지라 하더라도 상속인이 상속농지를 경작하지 않은 경우(일반적으로 영주권자 또는 시민권자가 상속받은 농지는 이 경우에 해당)에는 상속받은 날부터 3년 이내에 양도하는 경우에는 양도소득세 감면을 받을 수 있으나, 2013.2.15 조세특례제한법 시행령을 개정하여 농지 소유자가 8년 이상 재촌·자경하였더라도 양도일 현재 비거주자인 경우에는 자경농지에 대한 양도소득세 감면을 적용받을 수 없다.
(다만, 비거주자가 된 날부터 2년 이내에 양도하는 경우에는 감면 적용)

 **관련법령**

- 소득세법 제104조의 3(비사업용 토지의 범위), 조세특례제한법 제69조

 비거주자가 소유하고 있던 한국의 부동산이 공익사업용으로 수용 또는 협의매수된 경우 한국의 양도소득세를 내는가?

한국 비거주자가 소유하고 있던 토지 또는 건물(양도일 현재 미등기 양도자산에 해당되지 않아야 함)이 공익사업용으로 2021.12.31.까지 공익사업용으로 협의 매수 또는 수용된 경우로서 일정한 조건(사업인정고시일부터 소급하여 2년 이전에 취득)을 갖춘 경우에는 양도소득세의 10%(채권 보상분 15%, 3년이상 만기 특약 채권보상분 30%, 5년 이상 만기 특약채권 보상분 40%)를 감면받을 수 있다.

* 2014.1.1.~2015.12.31. : 현금보상분(15%), 채권보상분(20%), 만기채권보상분(30%, 40%)
  2013.12.31.이전 양도시 : 현금보상분(20%), 채권보상분(25%), 만기채권보상분(40%, 50%)

다만, 감면세액은 1개 과세기간 또는 5개 과세기간별로 감면한도액이 있으며, 동일한 양도자산에 대하여 2개 이상의 감면규정이 동시에 적용되는 경우에는 그 중 어느 하나의 감면 규정을 양도자가 선택하여야 함에 유의하여야 한다.

한편, 공익사업용 토지 등에 대한 세액감면을 받은 경우에는 그 감면세액의 20%에 상당하는 농어촌특별세를 납부하여야 한다.

구체적인 감면대상, 감면한도, 감면요건, 감면율, 감면한도, 감면세액 계산방법 등에 관한 사항은 국세상담센터 또는 세무사·공인회계사 등 전문가에게 문의하여 확인하는 것이 바람직하다.

* 공익사업용 수용 또는 협의매수에 따른 감면종합한도
  - 1과세기간 동안 : 1억원,
  - 5과세기간 동안 : 2억원('18.1.1.이후 양도분부터 2억원으로 일원화)

 **관련법령**

- 조세특례제한법 제77조(공익사업용 토지 등에 대한 양도소득세의 감면), 제127조(중복지원의 배제), 제133조(양도소득세 및 증여세의 감면의 종합한도)

## 62. 미국의 양도소득에 대한 납세의무는?

미국에서는 투자목적이든 아니든 미국세법에 따로 명시된 몇몇 자산 외의 개인이 소유하는 모든 자산(Capital Assets)을 양도하여 발생하는 소득(Capital Gains)이 양도소득세 과세대상이다. 양도소득세 과세대상 자산에는 투자자산(Investment Assets), 부동산, 동산 및 일정한 사업용 자산(Business Assets)이 포함된다.

양도자가 미국 세법상의 미국인, 즉 미국 시민권자 또는 영주권자, 거주외국인에 해당하는 경우 일반적으로 전 세계에서 발생한 양도소득(Capital Gains)에 대하여 미국에서 납세의무가 있으며, 양도자가 미국 비거주자에 해당하는 경우에는 미국 내의 부동산 또는 부동산에 대한 권리의 양도소득에 대하여만 납세의무가 있다.

미국 비거주자가 미국에서 부동산 또는 부동산에 관한 권리를 양도한 경우 일반적으로 양수인은 양도대금(Net Proceeds)의 15%를 원천징수해야 한다. 원천징수를 당한 부동산 양도자는 미국에서 소득세 신고를 하면서 원천징수세액을 기납부세액으로 공제한다. 한국 거주자(통상 미국 비거주자)가 미국에서 양도소득이 있는 경우 이를 한국에서도 신고하여야 하며, 한국에서 양도소득세를 계산할 때 미국에서 납부한 세금은 외국납부세액으로 소득세액에서 공제받을 수 있다.

양도소득은 보유기간을 기준으로 1년 미만 보유자산의 처분에서 발생하는 단기양도소득(Short-term Capital Gains)과 1년 이상 보유자산의 처분에서 발생하는 장기양도소득(Long-term Capital Gains)으로 분류하며, 단기양도소득은 일반소득과 합산하여 일반세율(10%~37%)을 적용하고, 장기양도소득은 양도자산의 종류 및 일반소득의 수준에 따라 0%, 15%, 20%의 우대세율이 적용된다.

양도소득은 매년 4월 15일까지 소득세 신고 시에 다른 소득과 합산하여 신고하여야 하며, 양도소득에서 발생한 순양도손실(Net Capital Losses)은 매년 $3,000까지 일반 종합소득(Ordinary Income)에서 공제할 수 있고, 공제하지 못한 순양도손실은 이월되어 그 다음 해부터 양도소득 또는 일반 종합소득에서 공제할 수 있다.

주거용자택(Principal Residence)을 처분한 경우, 양도소득 공제금액은 일정한 요건 하에서 $250,000(부부가 합산신고를 하는 경우 $500,000)이다.

 **관련법령**

- IRC §1, 61, 121, 1011, 1012, 1211, 1212, 1221, 1222, 1223

## 63. 영주권자 또는 시민권자가 국내 부동산을 양도한 경우 동 양도소득에 대하여 미국에서도 세금을 내야 하는가?

한국 비거주자(일반적으로 미국에 거주하는 영주권자 또는 시민권자는 한국 비거주자에 해당)가 한국 내 부동산을 양도한 경우 보유기간 중 발생된 양도소득에 대하여 먼저 한국에서 양도소득세를 신고·납부하여야 한다.

시민권자와 영주권자 등 미국세법상 미국인은 일반적으로 전 세계 소득에 대하여 미국에서 납세의무가 있으므로 양도일이 속하는 연도의 다음 연도 4월 15일까지 한국에서의 부동산 양도소득을 합산하여 미국 국세청에 신고하여야 한다. 이 경우 한국에서 납부한 양도소득세는 외국납부세액으로 미국 소득세액에서 공제 받을 수 있다.

대부분의 경우에 있어서 한국에서 납부한 세액을 미국세액 산출 시 공제하게 되면 미국에서 추가 납부할 세액은 없을 뿐만 아니라, 양도대금을 미국으로 가져 올 때 자금출처가 되므로 미국 국세청에 신고하는 것이 바람직하다.

미국세법상 미국인은 통상 전세계소득에 대하여 주소득세(State Income Tax)를 납부하여야 하므로 미국 주정부에 추가적인 소득세를 납부하여야 한다. 국내 부동산 양도와 관련하여 한국에서 납부한 소득세는 일반적으로 주소득세 계산시 외국납부세액으로 공제 받을 수 없다.

한국에서 비과세(예 : 1세대 1주택 비과세), 세액감면 등을 받았다 하더라도 미국에서는 동 양도소득에 대하여 납세의무가 있다. 이 경우에 미국에서 외국납부세액으로 미국세액에서 공제 할 수 있는 세액이 없거나 적어지게 되는 것이다.

 한국에서 부동산을 양도한 경우 미국 IRS에 언제, 어떻게 신고하여야 하는가? 부동산 양도 당시에 신고하지 않고 대금을 미국으로 가져 올 때 신고할 수 있는가?

미국에 거주하고 있는 영주권자 또는 시민권자(일반적으로 한국 비거주자에 해당)가 한국에서 부동산을 양도한 경우 양도소득이 발생한 날이 속하는 연도의 다음연도 4월 15일까지 미국 IRS에 동 양도소득을 신고하여야 하는 것이며, 대금을 미국으로 가져올 때까지 신고를 연기할 수는 없다.

양도소득의 경우에는 원칙적으로 현금주의(Cash Basis)를 적용하여 대금을 받은 날에 소득이 발생한 것으로 본다. 부동산을 양도한 후 소유권을 이전하고 약정에 의하여 그 후에 대금을 여러 과세기간에 걸쳐 나누어 지급받는 경우(Installment Sale)에는 각각 지급받는 날에 양도소득이 발생한 것으로 본다.

한국에서는 양도일(대금청산일과 소유권이전등기접수일 중 빠른 날)의 말일부터 2월 이내에 납세지 관할세무서장에게 예정신고·납부하여야 하며, 당해 연도에 2회 이상 양도한 때에는 양도연도의 다음연도 5.1~5.31 중에 합산하여 확정신고·납부하여야 한다. Installment Sale의 경우에 한국에서는 부동산 소유권이전등기일을 양도일로 보아 양도소득세를 신고하여야 한다.

 **관련법령**

- IRC §61, 901, 7701

## 65. 영주권자 또는 시민권자가 한국 또는 미국에서 납부한 양도소득세에 대하여 상대방 국가에서 외국납부세액 공제가 가능한가?

한국 비거주자(미국에 거주하고 있는 영주권자 또는 시민권자는 한국 비거주자에 해당)가 한국내 재산을 양도한 경우 한국 법령에 의하여 양도소득세를 납부하여야 한다. 한편, 시민권자, 영주권자, 거주외국인 등 미국 세법상 미국인은 일반적으로 전세계 소득에 대하여 미국에서 납세의무가 있으므로 양도일이 속하는 연도의 다음 연도 4월 15일까지 한국에서의 부동산 양도소득을 합산하여 미국 국세청에 신고하여야 한다. 이 경우 한국에서 납부한 양도소득세액을 미국에서 외국납부세액으로 소득세액에서 공제받을 수 있다.

그러나 일반적으로 한국에 납부한 소득세는 주소득세 납부시 외국납부세액으로 공제받을 수 없다.

미국 영주권자 또는 시민권자가 한국 내에 계속하여 5년 이상 주소 또는 거소를 둔 경우로서 미국에 있는 아래 자산을 양도한 때에는 비록 당해 자산이 미국에 소재하더라도 양도일 현재 거주자 신분이므로 한국 세법에 의하여 양도소득세를 납부하여야 한다.

이 경우 미국에서도 동일한 양도소득에 대하여 과세되므로 이중과세 방지를 위하여 미국에서 납부한 소득세를 한국에서 양도소득세를 계산할 때에는 법정신고기간 내에 신고한 경우에 한하여 외국납부세액공제를 받거나 또는 필요경비로 공제할 수 있다.

## | 한국 외 소재 자산 중 양도소득세 과세대상 자산 |

| 자산구분 | 자산유형별 종류 |
|---|---|
| 부 동 산 | • 토지·건물 |
| 부동산에 관한 권리 | • 부동산을 취득할 수 있는 권리 |
|  | • 지상권·전세권·부동산임차권(등기여부 불문) |
| 주식 또는 출자지분 | • 외국법인이 발행한 주식 등(국내 증권시장에 상장된 주식 제외) |
|  | • 내국법인이 발행한 주식 등으로 국내의 유가증권시장·코스닥시장과 유사한 외국의 시장에 상장된 내국법인의 주식 등 |
| 기타 자산 | • 특정주식 등 |
|  | • 사업용고정자산과 함께 양도되는 영업권 |
|  | • 특정시설물이용권 및 관련주식 등 |
|  | • 부동산과다보유법인 주식 등 |
| 파생상품 | • 해외파생상품시장에서 거래되는 파생상품 |

**관련법령**

• 소득세법 제118조의2(양도소득의 범위), 제118조의6(외국납부세액의 공제)

## 66. 국내에 있는 부모가 국내 소재 주택을 처분하여 미국에 거주하는 자녀에게 현금으로 증여하는 경우 한국에서 어떤 세금을 부담하여야 하는가? 부모가 주택을 먼저 증여하고 자녀가 양도하는 경우와 세금 차이는 없는가?

주택을 먼저 처분하는 경우 당해 주택이 비과세 대상인 1세대 1주택에 해당되지 아니하면 부모에게 양도소득세가 과세된다. 당해 주택이 1세대 1주택 비과세 요건을 충족하더라도 양도가액 9억원을 초과하는 부분에 상당하는 양도차익에 대하여는 양도소득세가 과세된다.

현금을 증여하기 위하여 미국에 거주하는 자녀에게 송금하는 경우 증여받은 자녀(수증자)는 한국에서 증여세 납세의무가 있으며, 송금한 부모(증여자)는 증여세 연대납세의무를 지게 된다.

주택을 먼저 증여하는 경우 증여받은 자녀는 당해 주택의 증여 당시의 재산가액에 대하여 한국에서 증여세 납세의무가 있다.

증여받은 재산을 자녀가 양도하는 경우 자녀가 비거주자이므로 항상 양도소득세가 과세된다. 다만, 자녀가 부모로부터 2009.1.1 이후 증여받은 당해 주택을 증여등기접수일부터 5년 이내에 양도하면 부모의 취득가액을 자녀의 취득가액으로 하여 계산한 양도차익에 대하여 양도소득세가 과세된다. 이 경우에 당해 주택을 증여받으면서 자녀가 부담한 증여세 산출세액은 필요경비로 공제한다.

어느 경우에 세금부담이 적은지는 구체적으로 세액을 계산하여 비교하여야 알 수 있으나, 일반적으로 부모가 1세대 1주택 비과세 요건에 해당하는 경우에는 양도일 현재 거주자인 부모가 주택을 먼저 양도하면 1세대 1주택 비과세 혜택을 볼 수 있으므로 전체적인 세금 부담이 적다.

 **관련법령**
- 상속세및증여세법 제2조(증여세 과세대상)
- 소득세법 제97조의2(양도소득의 필요경비 계산 특례)

 부부 등이 공동명의로 부동산을 취득하면 양도소득세 세부담을 줄일 수 있는가?

공동명의로 취득한 부동산을 양도하는 경우 양도소득세가 공동명의자 각각에 대해 별도로 계산됨에 따라 현행 누진세율 체계하에서 단독명의로 양도하는 경우에 비해 세부담을 줄일 수 있다.

※ 취득 시 부담하는 취득세는 취득자 수와 관계없이 동일

예를 들어 남편 단독명의로 2채의 아파트를 소유하다가 2017년 3월에 아파트 1채를 양도(양도 과세표준 2억)하는 경우 세금을 5,660만원 정도 내야 하지만, 취득 시 공동명의(각각 1/2 지분으로 과세표준 1억원)로 하면 세금이 4,020만원(1인당 2,010만원)정도가 되어 세부담을 줄일 수 있다.

 **관련법령**

- 소득세법 제104조(양도소득세의 세율), 제55조(세율), 제103조(양도소득기본공제)

# V

# 주택임대 관련

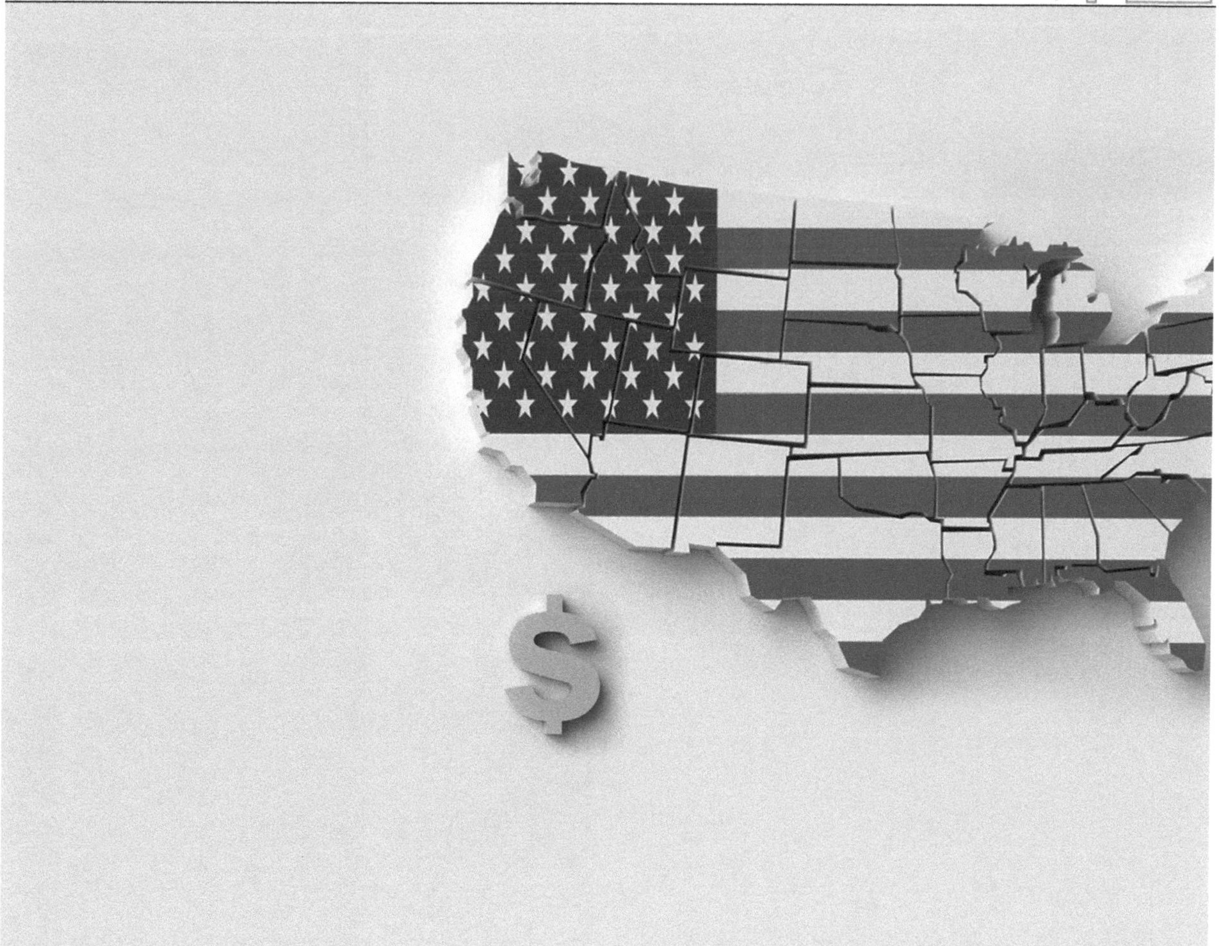

# Ⅴ 주택임대 관련

## 68 한국의 상가, 아파트 등을 개인이 취득하여 부동산임대업을 하고자 하는 경우 어떻게 하여야 하는가?

한국에서 부동산임대업을 하는데 있어서 특별한 제한은 없다. 한국에서 부동산임대업을 하기 위해서는 임대업자 본인이나 위임장을 가진 제3자가 부동산의 소재지를 관할하는 세무서에 사업개시일 20일 이내에 사업자등록을 신청하여야 하며, 해외에서도 홈택스와 모바일 홈택스를 통해 사업자등록 신청이 가능하다.

부동산임대업 사업자등록을 위하여 필요한 서류는 다음과 같다.

(1) 본인 확인을 위한 신분증(외국인등록증 또는 여권 등)
(2) 사업자등록신청서
(3) 납세관리인 설정신고서(사업자가 국내에 6개월 이상 체류하지 않는 경우 변호사·세무사·공인회계사 등을 납세관리인으로 선정하여야 함)

**관련법령**
- 소득세법 제168조(사업자등록 및 고유번호의 부여)
- 부가가치세법 제8조(사업자등록)
- 부가가치세법 시행령 제11조(사업자등록신청과 사업자등록증 발급)

## 69. 한국에서 상가임대와 주택임대의 차이점은?

상가임대와 주택임대 모두 종합소득세를 신고납부하여야 하는 사업소득세에 해당하나, 아래와 같이 수입금액 신고방법, 간주임대료 계산 등에서 차이가 있다.

| 구 분 | 주택임대 | 상가임대 |
|---|---|---|
| 부가가치세 | 면세사업 | 과세사업 |
| 사업자등록 | 등록 대상 | |
| 수입금액 신고 | 사업장현황신고<br>* 주택임대업을 포함한 부가가치세 면세 사업자가 수입금액을 신고(1.1~2.10) | 부가가치세 신고<br>* 1기(1월~6월) : 7.1~7.25<br>* 2기(7월~12월) : 1.1~1.25 |
| 과세방식 | 종합과세 또는 분리과세*<br>* 수입금액 2천만원이하인 경우 선택가능 | 종합과세 |
| 간주임대료* | 3주택 이상을 소유하고 보증금 등의 합계액이 3억 초과시 과세<br>* 소형주택(주거 전용면적 40㎡ 이하이면서 기준시가 2억 원 이하)은 간주임대료 과세대상 주택에서 제외 | 보증금이 있는 경우 과세 |
| | (보증금등 − 3억원)의 적수 × 60% × 1/365 × 정기예금 이자율*<br>* '19년 귀속 2.1% | 보증금 등의 적수 × 1/365 × 정기예금 이자율*<br>* '19년 귀속 2.1% |

\* 간주임대료는 월세 등 임대료를 받은 경우와의 과세형평을 위해 보증금 등에 대해서는 정기예금이자율 금액만큼 임대료로 간주

**관련법령**

- 부가가치세법 제26조(재화 또는 용역의 공급에 대한 면세)
- 부가가치세법 제49조(확정신고와 납부), 소득세법 제78조(사업장 현황신고)
- 소득세법 제64조의2(주택임대소득에 대한 세액 계산의 특례)

 주택임대 소득세 절세하는 방법은?

주택수는 부부 합산하여 계산하며, 소형주택*은 간주임대료 과세대상에서 제외되므로 주택 수를 꼼꼼히 확인하여야 한다.

* 주거전용면적 40㎡ 이하이면서 기준시가 2억 원 이하인 주택

또한, 수입금액이 2천만원 이하인 경우 종합과세(세율 6~42%)와 분리과세(세율 14%) 중 선택하여 신고가 가능하므로, 홈택스에서 종합과세와 분리과세의 예상세액 비교 서비스* 등을 활용하여 유리한 방법을 선택하여 신고 할 수 있다.

* 홈택스(www.hometax.go.kr) > 전체메뉴 > 기타 > 모의계산 > 종합·분리과세 예상세액 비교하기

그리고 소득세법에 따른 사업자등록과 민간임대주택에 관한 특별법에 따른 임대사업자 등록을 모두 하고 일정 요건을 충족하는 경우 분리과세 필요경비율*1)과 기본공제*2)에 혜택이 있으며, 소형주택 임대사업자에 대한 세액감면*3)을 받을 수 있다.

*1) 필요경비율 : 미등록 50% → 등록 60%
*2) 기본공제 : 미등록 2백만원 → 등록 4백만원
*3) 감면율 : 감면대상 소득세의 30%(장기일반민간임대주택등은 75%)

| 구 분 | 세액감면 내용 |
|---|---|
| 감면율 | 단기임대(30%) / 장기임대(75%) |
| 감면요건 | 아래 요건 모두 충족<br>가. 소득세법에 따른 사업자등록<br>나. 민간임대주택에 관한 특별법에 따른 임대사업자 등록<br>다. 국민주택규모 주택일 것<br>라. 임대개시일 당시 기준시가가 6억원을 초과하지 않을 것<br>마. 임대보증금·임대료의 연 증가율이 5% 초과하지 않을 것<br>바. 단기 4년(장기 8년) 이상 임대 |

 관련법령

- 소득세법 제25조(총수입금액 계산의 특례)
- 소득세법 제64조의2(주택임대소득에 대한 세액 계산의 특례)
- 조세특례제한법 제96조(소형주택 임대사업자에 대한 세액감면)

# VI

# 상속세 관련

# VI. 상속세 관련

 **한국은 상속인들 사이에서 상속재산을 어떻게 분배하는가? 법정 분배비율과 다르게 분배하고자 하는 경우 어떻게 하여야 하는가?**

상속재산의 분배방법을 정하기 위해서는 먼저 적용 법률이 결정되어야 한다. 원칙적으로 상속시 적용되는 법률은 피상속인(사망자)의 본국 법률이다. 피상속인이 한국 국적자이면 한국법이 적용되고, 미국 시민권자이면 미국법이 적용된다. 다만, 피상속인이 미국인이고 한국에 부동산이 소재한 경우, 피상속인의 본국법인 미국법에서는 부동산의 상속에 관하여 그 소재지국의 법률에 따르도록 규정하고 있기 때문에 이 경우 한국법이 적용된다.

한국의 경우 유언이나 협의가 없으면 원칙적으로 민법의 규정에 따라 상속재산의 분배가 이루어진다. 민법의 규정에 의한 상속 순위는 ① 피상속인의 직계비속과 배우자, ② 피상속인의 직계존속과 배우자, ③ 피상속인의 형제자매, ④ 피상속인의 4촌 이내의 방계혈족 순이다.

동순위의 상속인이 여러 사람인 경우에는 최근친이 선순위이고(예 : 아들과 손자가 있는 경우 아들), 촌수가 같은 상속인이 여러 명인 경우는 공동상속(아들과 딸이 있는 경우는 공동상속)한다. 피상속인의 배우자는 직계비속 또는 직계존속의 상속인이 있을 경우에는 공동상속인이 되며 상속분은 다른 상속인의 1.5배가 된다. 직계비속이나 직계존속의 상속인이 없는 경우에는 피상속인의 배우자가 단독상속인이 된다.

법정 상속분과 다르게 상속재산을 분배하고자 한다면 피상속인이 유언을 하거나, 상속인들이 상속재산을 협의분할하는 방법이 있다. 다만, 피상속인이 유언을 통하여 상속재산을 법정상속분과 다르게 분배하더라도, 상속인의 유류분을 침해할 수 없다. 유류분 권리자는 피상속인의 배우자, 직계비속, 직계존속, 형제자매이며, 유류분의 범위는 배우자 및 직계비속은 법정상속분의 1/2이고, 직계존속 및 형제자매는 법정 상속분의 1/3이다.

### 관련법령

- 국제사법 제49조 제1항, 제9조 제1항
- Restatement Conflict of Laws §249
- 민법 제1000조(상속의 순위), 제1009조(법정상속분), 제1112조(유류분)

 **상속재산을 분배한 후에 다시 상속인들 사이에서 분배비율을 달리하여 조정하는 경우 국내 세금문제는 어떻게 되는가?**

민법상 상속재산은 상속인들 사이에서 언제든지 협의분할 할 수 있으며 그 효력은 상속개시 당시로 소급되지만(민법 제1013조), 각 상속분이 1차 확정(부동산 등기, 주식의 명의개서 등)된 후 협의분할을 이유로 당초 상속분에 증감이 있는 경우에는 지분이 감소된 상속인이 지분이 증가된 상속인에게 증여한 것으로 보아 증여세를 과세한다.

다만, 당초 상속재산 분할에 원인무효의 사유가 있거나, 다음의 사유로 인하여 상속인들 사이에서 상속재산의 변동이 있는 경우에는 증여세를 과세하지 않는다.

(1) 상속세 신고기한 이내에 재분할하여 당초 상속분이 변동된 경우

(2) 상속회복청구의 소에 의한 법원의 확정 판결에 의하여 상속인 및 상속재산에 변동이 있는 경우

(3) 민법 제404조의 규정에 의한 채권자대위권의 행사에 의하여 공동상속인들의 법정 상속분으로 등기 등이 된 상속재산을 상속인간의 협의분할에 의하여 재분할하는 경우

(4) 상속세 과세표준 신고기한 이내에 상속세를 물납하기 위하여 민법 제1009조에 의한 법정상속분으로 등기, 등록, 명의개서 등을 통해 물납을 신청하였다가 물납허가를 받지 못하거나 물납재산의 변경명령을 받아 당초의 물납 재산을 상속인간의 협의 분할에 의하여 재분할하는 경우

 **관련법령**

• 상속세 및 증여세법 제4조(증여세 과세대상)

 국내에서 상속받은 부동산을 영주권자 또는 시민권자 앞으로 등기하고자 하는 경우 어떤 서류가 필요한가? 한국에 주민등록 또는 호적이 없었던 시민권자 앞으로 상속등기를 할 수 있는가?

상속받은 부동산을 영주권자 또는 시민권자 앞으로 등기하고자 하는 경우 필요한 서류는 다음과 같다.

(1) 상속으로 인한 소유권이전등기 신청서
(2) 상속인임을 증명하는 서류(제적등본, 가족관계증명서, 기본증명서, 친양자입양관계증명서)
(3) 피상속인(사망자) 및 상속인의 주민등록표등(초)본
(4) 취득세영수필확인서
(5) 토지·건축물대장
(6) 인감증명서(협의분할에 의한 상속등기를 신청하는 경우에는 분할협의서에 날인한 상속인 전원의 인감증명이 필요)

※ 2012.12.1.부터 인감증명서와 본인서명사실확인서 선택 사용 가능
※ 「인감증명법」에 따른 인감증명을 받을 수 없는 자는 신청서나 위임장 또는 첨부서면에 한 서명에 관하여 본인이 직접 작성하였다는 뜻의 미국 관공서의 증명이나 이에 관한 공정증서를 제출하여야 함.

한국에 주민등록 또는 호적이 있었던 영주권자 또는 시민권자는 가족관계증명서를 피상속인(사망자)의 이름으로 발급받을 수 있다. 가족관계증명서를 발급받을 수 없는 경우에는 제적증명서를 발급받아 이에 갈음하여 사용할 수 있다.

시민권자가 주민등록 또는 호적이 없었던 경우에는 상속인임을 증명하는 서면으로 미국법에서 정하는 상속증명서를 발급받아 제출해야 한다.

시민권자의 경우 상속을 원인으로 대한민국 내의 토지를 취득한 때에는 토지를 취득한 날부터 6개월 이내에 토지취득신고를 하여야 한다.

 **관련법령**

- 부동산등기규칙 제60조, 제61조(인감증명의 제출)
- 재외동포의 출입국과 법적 지위에 관한 법률 제6조(국내거소신고), 제9조(주민등록 등과의 관계)
- 인감증명법 제3조(인감신고 등)
- 외국인토지법 제5조(계약 외의 토지취득 신고)

## 74. 영주권자 또는 시민권자가 국내에 가지 않고 상속등기를 하고자 하는 경우 어떻게 하여야 하는가?

영주권자 또는 시민권자가 국내에 가지 않고 상속등기를 하고자 하는 경우에는 등기신청을 대리인에게 위임하여야 한다. 등기신청에 필요한 서류는 본인이 직접 등기하는 경우와 동일하며 추가로 위임장이 필요하다

(1) 상속으로 인한 소유권이전등기 신청서
(2) 상속인임을 증명하는 서류(제적등본, 가족관계증명서, 기본증명서, 친양자입양관계증명서)
(3) 피상속인(사망자) 및 상속인의 주민등록표등(초)본
(4) 취득세영수필확인서
(5) 토지·건축물대장
(6) 인감증명서(협의분할에 의한 상속등기를 신청하는 경우에는 분할협의서에 날인한 상속인 전원의 인감증명이 필요)
  ※ 2012.12.1.부터 인감증명서와 본인서명사실확인서 선택 사용 가능
  ※ 「인감증명법」에 따른 인감증명을 받을 수 없는 자는 신청서나 위임장 또는 첨부서면에 한 서명에 관하여 본인이 직접 작성하였다는 뜻의 미국 관공서의 증명이나 이에 관한 공정증서를 제출하여야 함.
(7) 위임장

위임장에는 위임자(영주권자 또는 시민권자)의 서명 또는 인감을 날인하여야 하고, 등기대상이 되는 부동산의 내역, 대리인의 인적사항, 대리인이 처리하여야 할 사무의 내용 등을 구체적으로 특정하여 기재하여야 한다. 한국 대사관(영사관)에서 위임장에 대하여 확인을 받을 수 있다.

위임장에 인감을 사용한 경우에는 인감증명을 함께 제출해야 하며, 서명한 경우에는 그 서명이 본인의 것임을 증명하기 위하여 미국 관공서의 증명, 공증인의 공증, 또는 한국 대사관(영사관)의 확인을 받아 제출하여야 한다.

### 관련법령
- 부동산등기규칙 제60조, 제61조(인감증명의 제출)
- 인감증명법 제3조(인감신고 등)

## 75. 부모가 오래 전에 사망하였는데, 지금 국내 상속등기를 할 수 있는가? 상속등기를 하지 않고 다른 사람에게 바로 소유권 이전등기를 할 수 있는가?

피상속인의 재산은 등기 없이도 법률상 당연히 상속인에게 이전된다. 따라서 상속포기의 의사표시를 별도로 하지 않는 이상 부모의 사망과 동시에 자녀(상속권자)는 부모 재산에 대한 소유권을 취득한다.

따라서 부모가 오래 전에 사망하였다 하더라도 언제든지 상속인들 앞으로 등기를 할 수 있다. 상속에 의해 부동산을 취득한 자가 제3자에게 이를 양도하기 위해서는 민법 제187조 단서 규정에 따라 반드시 상속인 앞으로 등기할 것이 요구된다.

사망하기 전(상속개시 전)에 부모가 다른 사람에게 부동산을 처분한 경우 증빙서류를 갖추어 상속인들이 그 부동산 매수인에게 바로 소유권이전등기를 할 수 있으나, 마치 부모가 생전에 처분한 것처럼 등기원인서류를 위조하여 소유권이전등기를 하는 경우 형사처벌을 받을 수 있다.

 **관련법령**
- 민법 제187조(등기를 요하지 아니하는 부동산 물건취득)
- 외국인토지법 제5조(계약 외의 토지취득 신고)

 한국은 상속재산이 부채보다 적은 경우 어떻게 하는 것이 좋은가? 한정승인 또는 상속포기는 어떻게 하는가?

상속채무가 상속재산을 초과하는 경우 상속인이 자기의 재산으로 채무를 상환하지 않기 위해서는 가정법원에 한정승인 또는 상속포기를 신고하여 법원으로부터 승인을 받아야 한다.

한정승인이란 상속인이 상속으로 인하여 취득할 재산의 한도 내에서 피상속인(사망자)의 채무와 유증을 변제할 것을 조건으로 상속을 승인하는 것을 말한다. 이는 피상속인의 채무가 상속재산보다 많은 경우에 상속인의 의사를 묻지 아니하고 채무의 전부를 승계시키는 것은 상속인에게 오히려 경제적으로 불리하게 되므로 이를 방지하여 상속인을 보호하기 위한 것이다.

상속인이 한정승인을 하는 경우에는 상속개시가 있음을 안 날로부터 3개월 이내에 상속재산의 목록을 첨부하여 상속개시지를 관할하는 가정법원에 한정승인의 신고를 하여야 한다. 상속인이 상속채무가 상속재산을 초과한다는 사실을 중대한 과실 없이 3개월 이내에 알지 못하여 신고하지 못한 경우에는 상속채무가 많은 것을 안 날로부터 3개월 이내에 신고할 수 있다.

상속포기란 상속인의 재산과 부채를 물려받지 않겠다는 것을 법원에 신고하는 것을 말한다. 상속을 포기하려는 자는 상속개시가 있음을 안 날로부터 3개월 이내에 상속개시지를 관할하는 가정법원에 상속포기의 신고를 하여야 한다.

상속포기의 경우 1순위 상속인 전원이 상속포기를 하면 2순위 상속인에게 상속권이 생기게 되고 그 상속인들도 다시 상속포기를 해야 하는 번거로움이 있고, 나중에 상속재산이 추가로 발견되어도 상속을 받을 수 없는 문제점이 있으므로 한정승인을 활용하여 1순위 상속인들이 상속재산 범위 내에서만 채무를 변제하는 것이 더 편리한 방법일 수 있다.

 **관련법령**

- 민법 제1028조(한정승인의 효과), 제1041조(포기의 방식)

 **한국의 상속세 납세의무는?**

자연인의 사망으로 상속이 개시된 경우 피상속인(사망자)의 재산과 채무를 포괄적으로 승계하는 상속인 및 피상속인의 유언 등에 의해 상속재산을 취득하는 수유자(受遺者)는 부과되는 상속세 중 각자가 받았거나 받을 상속재산에 따른 일정비율 만큼의 상속세를 납부할 의무가 있다.

* 상속인 또는 수유자별 상속세 납부의무 비율 : (상속세 과세표준에 포함된 상속인 또는 수유자별 과거 증여재산 과세표준 + 순수 상속세 과세표준 × (상속인별 또는 수유자별 순수 상속재산 가액/전체 순수 상속재산 가액)) ÷ (전체 상속세 과세표준 − 상속인 및 수유자가 아닌 자에게 과거 증여된 증여재산으로서 상속세 과세표준에 포함된 증여재산의 과세표준)

국내에 주소를 두거나 183일 이상 거소를 둔 거주자가 사망한 경우에는 상속개시일(사망일) 현재 피상속인(사망자)의 국내외 모든 상속재산에 대하여 상속세가 부과된다. 비거주자가 사망한 경우에는 한국내의 상속재산에 대하여만 상속세가 부과된다.

한편, 미국 상속세법상 미국 거주자가 사망한 경우 전 세계 상속재산에 대하여 미국에서 상속세가 부과되므로 동 미국 거주자의 한국내 재산에 대하여 미국에서 상속세 납세의무가 발생한다. 동 미국 거주자가 한국내 재산이 있는 경우에는 한국에서도 상속세가 부과되는데, 이 경우에 한국에서 납부한 상속세는 미국에서 외국납부세액으로 상속세액에서 공제받을 수 있다.

 **관련법령**

- 상속세 및 증여세법 제3조(상속세 과세대상), 제3조의2(상속세 납세의무)

 한국 상속세는 어떻게 계산하는가?

　상속세 과세표준은 피상속인이 소유한 모든 재산가액의 합계액을 우선 산정한 다음 이 금액에서 비과세 상속재산, 공과금, 채무, 상속공제액 등을 차감하고, 피상속인이 상속인에게 상속개시 전 10년(상속인 외의 자는 5년) 이내에 증여한 재산의 가액을 가산하여 계산한다.

* 상속세 과세표준 = 피상속인이 소유한 모든 재산의 가액 − 비과세 상속재산 및 공익법인에 출연한 상속재산의 가액 − 피상속인이 변제할 공과금, 채무 및 장례비용 + 피상속인이 상속인에게 상속개시 전 10년(상속인 외의 자는 5년) 이내에 증여한 재산의 가액 + 재산처분액 또는 채무부담액 중 용도 불분명 금액 − 상속공제액(기초공제, 배우자공제, 그 밖의 인적공제, 금융재산공제, 재해손실공제, 동거주택 상속공제) 및 감정평가수수료
* 피상속인이 비거주자인 경우에는 기초공제만 적용받을 수 있으므로 주의해야 한다.

　상속세 과세표준에 세율(10%~50%, 5단계 초과누진세율)을 적용하여 산출세액을 계산한다. 자녀가 아닌 손자, 외손자 등이 상속받은 재산에 대해서는 세대생략상속에 따른 30%(미성년자인 직계비속이 받는 재산가액이 20억원을 초과하는 경우 40%) 할증과세를 한다. 다만, 자녀가 먼저 사망하거나 상속결격사유가 있어 손자 또는 외손자가 대습상속인으로서 조부모 또는 외조부모의 재산을 상속받은 경우에는 할증과세를 하지 않는다.

　피상속인이 사망하기 전에 증여한 재산을 상속세 과세표준에 가산하여 상속세액을 산출하는 경우 증여 당시 부담한 증여세액은 납부증여세액으로 공제한다.

 **관련법령**

- 상속세 및 증여세법 제2조(정의), 제3조(상속세 과세대상)

## 79. 한국 상속세의 세율은?

상속세는 다음과 같이 상속세 과세표준에 따라 5단계 초과누진세율 체계를 가지고 있다.

| 과세표준 | 세율 | 누진공제 |
|---|---|---|
| 1억원 이하 | 10% | - |
| 1억원 초과 5억원 이하 | 20% | 1천만원 |
| 5억원 초과 10억원 이하 | 30% | 6천만원 |
| 10억원 초과 30억원 이하 | 40% | 1억 6천만원 |
| 30억원 초과 | 50% | 4억 6천만원 |

구체적인 상속세 산출세액 계산방법은 아래의 사례와 같다.

| 과세표준(사례) | 산출세액의 계산 |
|---|---|
| 9천만원 | 9천만원 × 10% = 9백만원 |
| 3억원 | 3억원 × 20% - 누진공제 1천만원 = 5천만원 |
| 8억원 | 8억원 × 30% - 누진공제 6천만원 = 1억 8천만원 |
| 20억원 | 20억원 × 40% - 누진공제 1억 6천만원 = 6억 4천만원 |
| 100억원 | 100억원 × 50% - 누진공제 4억 6천만원 = 45억 4천만원 |

**관련법령**

- 상속세및증여세법 제26조(상속세 세율)

 한국 상속세는 언제, 어디에, 어떻게 신고·납부하여야 하는가?

거주자가 사망한 경우에는 상속개시일(사망일)이 속하는 달의 말일로부터 6월 이내에, 비거주자가 사망한 경우 및 거주자가 사망한 경우로서 상속인 전원이 외국에 주소를 둔 경우에는 상속개시일이 속하는 달의 말일로부터 9월 이내에 관할 세무서에 상속세 과세표준을 신고하고 세금을 납부하여야 한다.

상속세를 신고·납부하여야 할 세무서는 거주자가 사망한 경우에는 피상속인이 사망할 당시의 주소지 관할 세무서이며, 비거주자가 사망한 경우에는 주요(가액이 가장 큰) 상속재산의 소재지 관할 세무서이다.

상속세 납부방법은 일시 현금납부, 분납, 연부연납, 물납이 있다.

(1) 분납 : 상속세액이 1천만원을 초과하는 경우에는 2개월 이내에서 분납(나누어 납부하는 것)이 가능하다. 다만, 연부연납을 허가받은 경우에는 분납할 수 없다.

(2) 연부연납 : 상속세액이 2천만원을 초과하는 경우에는 담보를 제공하고 5년(가업상속재산에 대한 상속세는 10년 또는 20년) 이내의 기간 동안 연부연납(연도별로 나누어 납부하는 것으로 매년 납부할 금액은 1천만원을 초과 하여야 함)이 가능하며, 연부연납세액에 대해서는 각 분할납부세액의 납부일 현재 국세기본법 시행령 §43의3②항에 따른 이자율('20.3.13.이후 연 1천분의 18)에 해당하는 가산금(이자상당액)을 부담해야 한다.

(3) 물납 : 상속재산 중 부동산 및 유가증권가액 비율이 50%를 초과하고 상속세 납부세액이 2천만원을 초과하며 납부세액이 상속재산가액 중 금융재산의 가액을 초과하는 경우에는 상속받은 부동산 및 유가증권으로 물납(현금 대신 현물로 납부하는 것)이 가능하다.

 관련법령

- 상속세및증여세법 제6조(과세관할), 제67조(상속세 과세표준신고), 제70조(자진납부), 제71조(연부연납), 제73조(물납)

**81** 한국은 할아버지가 사망한 경우 아버지가 상속받지 않고 세대를 건너서 손자가 상속받을 수 있는가? 세대를 건너서 상속하는 경우 불이익은 없는가?

1순위 상속인인 자녀와 배우자 모두가 상속을 포기하게 되면 다음 순위 상속인인 손자가 할아버지의 재산을 상속받을 수 있으며, 할아버지가 살아 계실 때 손자에게 상속 하도록 유언을 하거나 손자와 사인증여계약을 체결한 경우 또는 손자에게 재산을 증여 하기로 계약을 체결해 둔 경우 손자가 상속재산을 취득할 수 있다.

손자가 상속받은 재산에 대해서는 상속공제를 받을 수 없고, 손자가 상속받은 재산에 해당하는 상속세에 30%(미성년자인 직계비속이 상속받는 재산가액이 20억원을 초과하는 경우 40%)를 할증하여 과세하게 된다.

다만, 아버지가 먼저 사망하거나 상속결격사유가 있어 손자가 대습상속인으로서 할아버지의 재산을 상속받은 경우에는 세대를 건너뛴 상속에 따른 할증과세를 적용하지 않는다.

**관련법령**

• 상속세및증여세법 제24조(공제적용의 한도), 제27조(세대를 건너뛴 상속에 대한 할증과세)

## 82. 미국의 상속세 납세의무는?

피상속인이 미국 상속세법상 거주자이거나 미국 시민권자인 경우에는 전 세계에 소재한 상속재산에 대하여 상속세 납세의무가 있고, 비거주외국인인 경우에는 미국 내에 소재하는 유산(부동산, 동산, 주식, 사채, 조합지분 등)이 $60,000을 초과하는 경우 상속세 납세의무가 있다.

상속세 과세대상이 되는 상속재산에는 피상속인이 소유한 모든 재산, 사망 시 이전키로 한 재산, 취소가능신탁의 재산권, 생명보험금 수령액, 피상속인이 수익자를 지명할 수 있는 권리를 가진 신탁의 재산권 등이 포함된다. 피상속인이 연간 증여공제액을 초과하여 증여한 금액은 상속재산에 가산된다.

상속재산에 대한 모기지(Mortgage) 등 부채, 장례비용, 유언집행 등에 소요된 비용, 적격 자선단체에 기부한 금액, 미국 시민권자 또는 거주자인 배우자에게 양도한 재산은 상속공제를 받을 수 있다. 배우자가 미국 시민권자 또는 거주자가 아닌 경우 적격신탁(Qualified Domestic Trust)을 통하여 상속받는 경우에는 상속공제를 받을 수 있다.

2020년 상속세의 최고세율은 40%이다.

통합세액공제를 활용하면 2020년의 경우 $11,580,000까지 세금을 납부하지 않고 상속할 수 있다. 주정부에 납부한 상속세는 과세대상 재산가액에서 공제되고, 피상속인이 생전에 납부한 증여세, 외국납부세액 등에 대해서는 상속세액에서 세액공제를 받을 수 있다.

유언집행인(Executor), 신탁(Trust)에서 지명한 수탁자(Trustee), 유산을 상속받는 자 등은 상속 개시일(사망일)로부터 9개월 이내에 상속세 신고를 해야 한다(Form 706).

 **관련법령**

- IRC §2001, 2005, 2013, 2101, 2103, 2104, 2105
- Treasury Regulation §20.2101-1. 20.2104-1(a)

 **83** 한국 비거주자인 부모가 사망한 경우로서 한국 내에 재산이 있을 경우 한국 또는 미국에서 상속세는 어떻게 과세되는가?

한국 비거주자가 사망한 경우 국내에 상속재산이 있는 경우 한국내 상속재산에 대해서는 상속인이 거주자 또는 비거주자인지를 불문하고 한국에서 상속세가 과세된다.

거주자가 사망한 경우에는 배우자공제, 자녀공제 등 인적공제를 받을 수 있지만, 비거주자가 사망한 경우에는 공제받을 수 없고 기초공제 2억원만이 공제된다.

피상속인(사망자)이 국내 거주자인가 비거주자인가 여부는 영주권 또는 시민권 취득 여부에 불구하고 생활의 근거지가 국내인가 또는 국외인가를 기준으로 판단하며, 생활 근거지는 직업, 생계를 같이 하는 가족, 재산 소유상태 등 객관적인 자료에 의하여 판단한다.

미국 시민권자 및 미국 상속세법상 미국 거주자가 사망한 경우 미국에서도 전 세계 상속재산에 대하여 상속세가 부과되므로 한국내 재산에 대하여 한국에서 상속세가 부과되었다 하더라도 미국에서도 상속세 납세의무가 있다. 이 경우에 한국내 상속재산에 대해 한국에서 납부한 상속세는 미국에서 상속세를 계산할 때 외국납부세액으로 공제받을 수 있다.

 **관련법령**

• 상속세 및 증여세법 제3조(상속세 과세대상), 제3조의2(상속세 납부의무) IRC §2014

 **한국 거주자인 부모가 사망한 경우로서 영주권자 또는 시민권자가 상속받을 경우 한국 또는 미국에서 상속세는 어떻게 과세되는가?**

한국 거주자가 사망한 경우 한국내 및 미국 등 국외에 있는 모든 상속재산에 대하여 한국에서 상속세가 과세된다. 이 경우에 상속인이 거주자 또는 비거주자인지를 불문하고 배우자공제, 자녀공제 등의 각종 공제를 받을 수 있다.

거주자의 외국 소재 상속재산에 대하여 그 나라에서 상속세가 과세되는 경우 한국에서 상속세를 계산할 때 외국납부세액으로 공제하여 이중과세되는 부담을 덜어주고 있다.

한국 거주자가 사망한 경우로서 미국에 거주하고 있는 미국 영주권자 또는 시민권자가 국내 재산을 상속받는 경우 한국거주자가 미국 시민권자나 미국 상속세법상 미국 거주자가 아닌 한 미국에서 상속세 납세의무가 없다. 다만, 한국내에서 상속받은 재산의 가액이 $100,000를 초과하는 경우에는 Form 3520을 작성하여 다음 해 4월 15일까지 IRS에 소득세신고 시에 제출하여야 한다.

한국 거주자가 사망한 경우로서 미국 영주권자 또는 시민권자가 미국 내 재산을 상속받는 경우 동 미국 내 상속재산에 대하여 한국에서 상속세가 부과되었다고 하더라도 미국에서도 상속세 납세의무가 부과될 수 있다.

 **관련법령**

• 상속세 및 증여세법 제3조(상속세 과세대상), 제3조의2(상속세 납부의무) IRC §2103

## 85. 거주자가 사망한 경우 한국은 각종 공제가 어떻게 되는가? 비거주자가 사망한 경우 각종 공제는 어떻게 되는가?

한국 거주자가 사망한 경우 다음의 각종 상속공제를 받을 수 있으며, 상속인이 거주자 또는 비거주자인지를 불문하고 공제를 받을 수 있다.

| 구 분 | 공 제 금 액 |
|---|---|
| 기초공제 | • 2억원 |
| 가업·영농상속 공제 | • 가업상속공제 : 가업상속재산의 100%(최대 한도액 500억원)<br>• 영농상속공제 : 영농상속재산가액(15억원 한도) |
| 배우자 공제 | • 배우자가 실제로 상속받는 가액(법정지분 및 30억원 한도)<br>• 배우자 최소공제액 : 5억원 공제 |
| 그 밖의 인적공제 | 〈2016.1.1. 이후 상속개시〉<br>• 자녀공제 : 1인당 5,000만원<br>• 미성년자공제 : 1,000만원 × 19세까지의 잔여연수<br>• 연로자공제 : 1인당 5,000만원(65세 이상인 자)<br>• 장애자공제 : 1,000만원 × 통계청장이 발표하는 기대여명(期待餘命)<br>〈2015.12.131. 이전 상속개시〉<br>• 자녀공제 : 1인당 3,000만원<br>• 미성년자공제 : 500만원 × 20세까지의 잔여연수<br>• 연로자공제 : 1인당 3,000만원(60세 이상인 자)<br>• 장애자공제 : 500만원 × 통계청장이 발표하는 기대여명(期待餘命) |
| 일괄공제 | • 일괄공제 5억원과 (기초공제+그 밖의 인적공제) 중 선택 |
| 금융재산 상속공제 | • 순금융재산가액의 20% 공제(공제한도 : 2억원)<br>• 순금융재산가액의 20%가 2천만원에 미달시 2천만원을 공제<br>* 상속세 과세표준 신고기한까지 미신고한 타인 명의의 금융재산은 공제할 수 없음 |
| 동거주택 상속공제 | • 피상속인과 상속인이 10년 이상 동거한 1세대 1주택을 무주택 상속인이 상속받은 경우 주택가액[주택가액(부수토지 포함) – 담보된 채무액] (6억원 한도) 공제 |
| 재해손실 공제 | • 상속개시 이후 상속세 신고기한 이내에 재난으로 인하여 상속재산이 멸실·훼손된 경우 그 손실가액 공제 |

한편, 비거주자가 사망한 경우에는 상속인이 거주자 또는 비거주자인지를 불문하고 각종 공제가 적용되지 않고, 기초공제 2억원만 적용된다.

**관련법령**

• 상속세및증여세법 제18조(기초공제) 내지 제24조(공제 적용의 한도)

## 86. 한국은 사망 전에 증여하는 경우와 사망 후에 상속하는 경우 중 어느 것이 세금부담이 적은가?

한국 거주자의 경우에는 상속세와 증여세의 세율은 동일하지만 상속공제액과 증여재산 공제액에는 큰 차이가 있기 때문에 사망 전에 재산을 증여하는 경우 일반적으로 세금부담이 많을 수 있다.

또한, 배우자, 자녀 등에게 재산을 증여하고 증여세를 납부했다고 하더라도 증여자가 10년 이내에 사망하는 경우에는 증여재산을 상속세 과세가액에 가산하여 상속세를 계산하고 기납부한 증여세액을 공제해 주는 증여재산 합산과세제도를 두고 있기 때문에 증여한 때에 증여세를 부담했다고 하여 납세의무가 종결되는 것은 아니다.

비거주자의 경우에는 획일적으로 세부담을 비교하기 어려우며, 상황에 따라 증여세와 상속세를 구체적으로 계산하여 비교하여야 어느 쪽이 세금부담이 적은지 알 수 있다.

| 21억원을 증여한 경우 거주자와 비거주자의 증여세 부담 비교 |

| 수증자 | 증여재산 | 거주자가 증여받은 경우 | | | 비거주자가 증여받은 경우 | | |
|---|---|---|---|---|---|---|---|
| | | 증여공제 | 과세표준 | 산출세액 | 증여공제 | 과세표준 | 산출세액 |
| 배우자 | 11억원 | 6억원 | 5억원 | 9천만원 | - | 11억원 | 2억8천만원 |
| 아들 | 5억원 | 5천만원 | 4억5천만원 | 8천만원 | - | 5억원 | 9천만원 |
| 딸 | 5억원 | 5천만원 | 4억5천만원 | 8천만원 | - | 5억원 | 9천만원 |
| 합 계 | 21억원 | | | 2억5천만원 | | | 4억6천만원 |

※ 아들.딸은 미성년자 아님

| 21억원을 상속한 경우 거주자와 비거주자의 상속세 부담 비교 |

| 상속인 | 상속재산 | 거주자가 사망한 경우 | | | 비거주자가 사망한 경우 | | |
|---|---|---|---|---|---|---|---|
| | | 상속공제 | 과세표준 | 산출세액 | 상속공제 | 과세표준 | 산출세액 |
| 배우자 | 11억원 | 배우자 상속공제액 9억원<br>자녀의 일괄공제 5억원 | | | 비거주자가 사망한 경우<br>기초공제 2억원만 공제가능 | | |
| 아들 | 5억원 | | | | | | |
| 딸 | 5억원 | | | | | | |
| 합 계 | 21억원 | 14억원 | 7억원 | 1억5천만원 | 2억원 | 19억원 | 6억원 |

## 87. 한국 또는 미국에서 납부한 상속세에 대하여 상대방 국가에서 외국납부세액 공제가 가능한가?

한국 거주자가 사망한 경우 국내외에 소재하는 모든 상속재산에 대하여 한국에서 상속세를 과세한다. 이 때 미국에 소재하는 상속재산에 대하여 미국에서 납부한 상속세가 있는 경우에는 한국에서 상속세를 계산할 때 미국에서 납부한 상속세액과 아래 공제세액 중 적은 금액을 외국납부세액으로 공제받을 수 있다.

$$공제세액 = 상속세\ 산출세액 \times \frac{외국에서\ 상속세가\ 부과된\ 과세표준}{총\ 상속세\ 과세표준}$$

시민권자 또는 미국상속세법상 미국 거주자가 사망한 경우 전 세계에 소재하는 모든 상속재산에 대하여 미국에서 상속세를 과세한다. 이 때 외국에 소재한 상속재산에 대해 해당외국(한국을 포함)에서 납부한 상속세에 상당하는 금액을 미국에서 상속세를 계산할 때 외국납부세액으로 상속세액에서 공제받을 수 있다. 미국소재 재산에 대하여 해당외국(한국)에서 상속세가 부과된 경우에는 외국납부세액으로 공제받을 수 없다.

**관련법령**

- 상속세및증여세법 제29조(외국납부세액 공제)

 영주권자 또는 시민권자가 한국에서 상속받은 부동산을 양도한 경우 한국 또는 미국에서 세금은 어떻게 되는가? 처분대금을 미국으로 가지고 오는 방법은?

한국 비거주자가 상속받은 국내 부동산을 양도한 경우 보유기간 중 발생된 양도소득에 대하여 먼저 한국에서 양도소득세를 납부하여야 한다.

시민권자, 영주권자, 거주외국인 등 미국세법상 미국인은 일반적으로 전 세계 소득에 대하여 미국에서 납세의무가 있으므로 양도일이 속하는 연도의 다음 연도 4월 15일까지 한국에서의 부동산 양도소득을 미국 국세청에 신고하여야 한다. 이 경우 한국에서 납부한 양도소득세는 외국납부세액으로 공제받을 수 있다.

상속받은 부동산의 양도소득을 계산할 때 재산의 취득가액은 상속개시 당시의 가액(시가)으로 하게 되며, 이 점은 한국과 미국이 동일하다.

영주권자 또는 시민권자가 상속받은 부동산 처분대금을 해외로 반출하려면 거래 외국환은행을 지정하고, '재외동포 재산반출 신청서', '부동산 매매계약서', 세무서장이 발급한 '부동산 매각자금 확인서'(확인서 신청일이 부동산 양도일부터 5년 이내인 경우에 한함)를 거래 외국환은행에 제출하여야 한다.

한편, 한국에 소재하는 재산이 동산이나 주식(단, 회사 자산의 50% 이상이 부동산인 경우는 부동산양도소득으로 과세)인 경우, 동 재산을 처분하여 발생한 양도소득에 대해서는 현행 한미조세조약상 양도자의 거주지국인 미국에서만 과세되고 한국에서의 과세는 면제된다.

 **관련법령**

- IRC §1014, 2001, 2010, 2014, 2031, 2056
- 한미조세조약 제16조(양도소득)

## 89. 한국에서 상속인이 피상속인이 알려주지 않은 국내 상속재산(부동산, 금융재산)을 확인하는 방법은?

부모와 자녀가 함께 살지 않는 핵가족화 심화현상으로 상속인들은 부친 등 피상속인이 사망하게 되면 상속세 신고를 하긴 해야 하는데 피상속인이 남긴 재산(부동산, 금융재산)이 얼마인지를 잘 모르는 경우가 많이 있는데, 한국에서는 상속인들이 피상속인의 금융거래, 토지, 자동차, 세금 등의 재산확인을 개별기관을 일일이 방문하지 않고 한 번의 통합신청으로 문자·온라인·우편 등으로 결과를 확인하는 안심상속 원스톱서비스를 제공하고 있다.

### 가. 신청자격 및 이용절차

(1) 신청자격
  - 민법상 제1순위 상속인(자녀, 배우자), 제2순위 상속인(부모, 배우자), 제3순위 상속인(형제, 자매)
    ※ 단, 온라인 신청 시, 제1순위 상속인, 제2순위 상속인만 신청 가능
  - 대습상속인
  - 실종선고자의 상속인

(2) 신청방법
  - 온라인 신청(www.gov.kr) 또는 시청이나 구청, 읍·면·동 주민센터 방문 신청
  - 사망일이 속한 달의 말일부터 6월 이내 신청

(3) 구비서류
  - 상속인이 신청할 경우에는 상속인 본인의 신분증 지참
  - 대리인이 신청할 경우에는 대리인의 신분증, 상속인의 위임장, 상속인의 본인서명사실확인서(또는 인감증명서) 지참
  - 사망신고 이후에 신청할 경우에는 가족관계증명서 제출

## 나. 조회내용

(1) 금융거래
- 예금보험공사, 은행, 우체국, 생명보험, 손해보험, 금융투자회사, 여신전문금융회사, 저축은행, 새마을금고, 산림조합, 신용협동조합, 한국예탁원, 종합금융회사, 대부업 CB에 가입한 대부업체 협회
    * 전국은행연합회, 신보·기신보, 한국주택금융공사, 한국장학재단, 미소금융중앙재단, NICE평가정보, KCB, KED, 한국자산관리공사 포함

(2) 국세 : 국세 체납액 및 납부기한이 남아있는 미납 국세, 환급세액
(3) 국민연금 : 국민연금 가입 유무
(4) 토지 : 개인별 토지 소유 현황
(5) 지방세 : 지방세 체납내역 및 납부기한이 남아있는 미납 지방세, 환급세액
(6) 자동차 : 자동차 소유내역

## 다. 조회결과 확인방법

- 상속인이 사망자 재산조회 통합처리 신청서에 기입한 조회결과 확인방법에 따라 안내
- 토지·자동차·지방세 정보는 7일 이내, 금융거래·국세·국민연금 정보는 20일 이내에 결과 확인
  · 금융거래, 국민연금 : 각 기관의 홈페이지에서 조회
    - 금융감독원 : www.fss.or.kr
    - 국민연금공단 : www.nps.or.kr
  · 국세(국세청) : 국세청 홈택스(www.hometax.go.kr)에서 조회
  · 토지, 지방세, 자동차 : 직접 방문수령, 우편, 문자(SMS) 중 선택

**관련법령**

· 사망자 재산조회 통합처리에 관한 기준(행정자치부 예규 제38호)

 일반서민층도 국내 상속세 납부를 신경써야 하는가? 상속가액이 얼마이면 국내 상속세를 부담하는가?

부모님이 돌아가시고 나면 상속을 하나도 받지 못하는 사람들도 있겠지만 많은 사람들이 많든 적든 재산을 상속받게 되는데, 이 때 상속받은 재산에 대하여 상속세를 내야 하는 건지 아니면 안내도 되는지가 매우 궁금할 것이다.

결론부터 말하자면 일반 서민들은 국내거주자인 부모님이 돌아가시면 상속세에 대하여 크게 걱정을 하지 않아도 된다. 왜냐하면 정부에서는 중산층의 상속세에 대한 불안감을 덜어주고 상속인의 생활안정 및 기초생활 유지를 위하여 상속공제 제도를 채택하고 있는데, 그 공제해 주는 금액이 크기 때문에 대부분의 사람들에게는 상속세가 과세되지 않기 때문이다.

예를 들어 부모님 두 분 중 한 분이 돌아가신 경우에는 최소한 10억원을 공제해 주며, 한 분만 생존해 계시다가 돌아가신 경우에도 최소 5억원을 공제해 준다. 게다가 돌아가신 분이 부담해야 할 부채가 있으면 이 또한 상속세 계산 시 공제해 준다.

그러므로 상속재산이 배우자(돌아가신 분의 배우자)가 있는 경우에는 10억원, 배우자가 없는 경우에는 5억원 이하이면 상속세에 대하여 신경을 쓰지 않아도 된다.

\* 단 피상속인이 거주자인 경우만 상기 공제가 적용된다. 비거주자인 경우 기초공제 2억원과 감정평가 수수료만 공제가능하다.

 **관련법령**

- 상속세 및 증여세법 제18조(기초공제), 제19조(배우자공제), 제21조(일괄공제)

# VII

# 증여세 관련

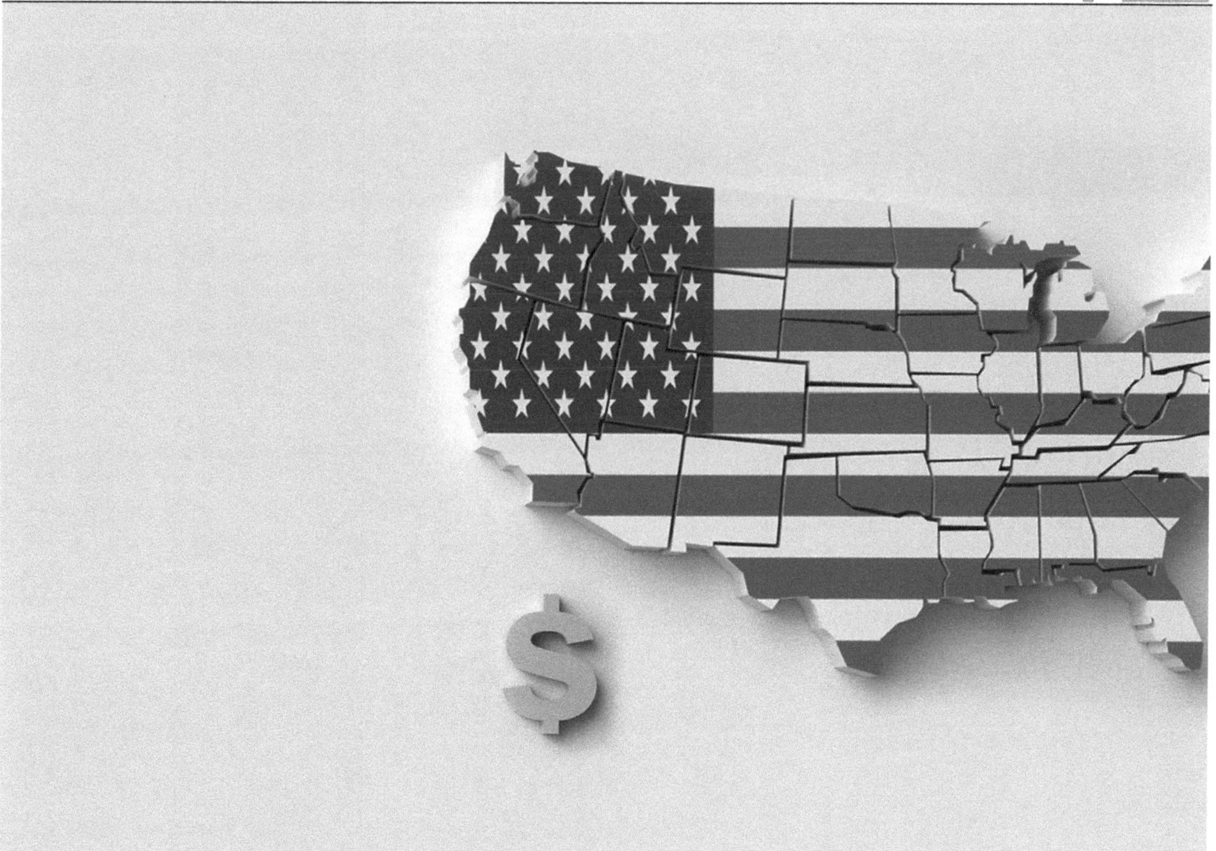

# VII 증여세 관련

## 91 한국의 증여세 납세의무는?

한국의 경우 미국과는 달리 타인의 증여에 의하여 재산을 취득하는 자(수증자)가 증여세의 납세의무자이다.

수증자가 증여일 현재 거주자인 경우에는 국내외의 모든 증여재산에 대하여 수증자에게 증여세의 납세의무가 있다. 이 경우에 증여자가 거주자인가 비거주자인가에 관계없이 수증자에게 증여세 납세의무가 있다.

수증자가 증여일 현재 비거주자인 경우에는 국내에 있는 증여재산에 대하여 수증자에게 증여세의 납세의무가 있다.

다만, 명의신탁재산의 증여 의제에 따라 재산을 증여한 것으로 보는 경우에는 증여자(실제소유자)에게 증여세 납세의무가 있다. 이 경우, 증여자의 다른 재산에 대해 체납처분을 집행하여도 징수 금액에 미치지 못하는 경우 명의신탁재산으로 체납액을 징수할 수 있다.

증여세의 납세의무가 있는 수증자가 ① 주소 또는 거소가 분명하지 아니한 경우로서 조세채권의 확보가 곤란한 경우 및 ② 증여세를 납부할 능력이 없다고 인정되는 경우로서 체납처분을 하여도 조세채권의 확보가 곤란한 경우 ③ 수증자가 비거주자인 경우 등에는 증여자가 증여세의 연대납세의무를 지게 된다.

위와 같이 증여자가 연대납세의무자로서 납부한 증여세는 수증자에 대한 증여로 보지 않으나, 그 밖의 경우에 있어서 증여자가 수증자의 증여세를 대신 납부하였을 때에는 그 납부한 증여세액도 당초의 증여재산 가액에 합산하여 증여세를 과세한다.

**관련법령**

- 상속세 및 증여세법 제4조(증여세 과세대상), 제4조의2(증여세 납부의무)
- 국제조세조정에관한법률 제21조(국외증여에 대한 증여세 과세특례)

## 92 한국의 증여재산의 범위는?

상속세 및 증여세법상 증여란 "그 행위 또는 거래의 명칭·형식·목적 등과 관계없이 직접 또는 간접적인 방법으로 타인에게 무상으로 유형·무형의 재산 또는 이익을 이전 (移轉)(현저히 낮은 대가를 받고 이전하는 경우를 포함한다)하거나 타인의 재산가치를 증가시키는 것"으로 정의하고 있으며, 과세대상이 되는 증여재산의 범위는 다음과 같다.

(1) 무상으로 이전받은 재산 또는 이익

(2) 현저히 낮은 대가를 주고 재산 또는 이익을 이전받음으로써 발생하는 이익이나 현저히 높은 대가를 받고 재산 또는 이익을 이전함으로써 발생하는 이익

(3) 재산 취득 후 해당 재산의 가치가 증가한 경우의 그 이익

(4) 상속세및증여세법에서 예시규정하고 있는 증여재산
   ① 신탁이익, 보험금의 증여(상속세및증여세법 §33, 34)
   ② 저가·고가 양도에 따른 이익의 증여 등(상속세및증여세법 §35)
   ③ 채무면제에 따른 이익의 증여(상속세및증여세법 §36)
   ④ 부동산 무상사용에 따른 이익의 증여(상속세및증여세법 §37)
   ⑤ 합병, 증자, 감자에 따른 이익의 증여(상속세및증여세법 §38, 39, 39의 2)
   ⑥ 현물출자에 따른 이익의 증여(상속세및증여세법 §39의3)
   ⑦ 전환사채 등의 주식전환 등에 따른 이익의 증여(상속세및증여세법 §40)
   ⑧ 초과배당, 주식 상장 등에 따른 이익의 증여(상속세및증여세법 §41의2,3)
   ⑨ 금전무상대출, 합병에 따른 상장 이익의 증여(상속세및증여세법 §41의4,5)
   ⑩ 재산사용 및 용역제공 등에 따른 이익의 증여(상속세및증여세법 §42)
   ⑪ 법인의 조직변경 등에 따른 이익의 증여(상속세및증여세법 §42의2)
   ⑫ 재산 취득 후 재산가치 증가에 따른 이익의 증여(상속세및증여세법 §42의3)

(5) 증여추정 재산
   ① 배우자 등에 대한 양도시의 증여추정(상속세및증여세법 §44)
   ② 재산취득자금 등의 증여추정(상속세및증여세법 §45)

(6) 상속세및증여세법에서 예시규정하고 있는 증여재산의 경우의 각 규정을 준용하여 증여재산의 가액을 계산할 수 있는 경우의 그 재산 또는 이익

(7) 증여의제 재산
   ① 명의신탁재산의 증여의제(상속세및증여세법 §45의2)
   ② 특수관계법인과의 거래를 통한 이익의 증여의제(상속세및증여세법 §45의3)
   ③ 특수관계법인으로부터 제공받은 사업기회로 발생한 이익의 증여의제(상속세및증여세법 §45의4)
   ④ 특정법인과의 거래를 통한 이익의 증여의제(상속세및증여세법 §45의5)

(8) 민법상 증여 및 증여의제재산은 아니나 증여로 취급하는 재산
   ① 상속재산 재분할에 따른 상속인간 몫의 변동 시 증여 취급
   ② 증여재산의 반환 및 재증여에 따른 증여 취급

**관련법령**

• 상속세및증여세법 제4조(증여세 과세대상)
• 상속세및증여세법 제33조 내지 제45조의5

 한국에서 부모, 배우자, 자녀 등에게 양도를 원인으로 소유권 이전등기를 하는 경우 증여세 과세를 피할 수 있는가?

배우자 또는 직계존비속에게 양도한 재산은 양도자가 당해 재산을 양도한 때에 그 재산의 가액을 배우자 또는 직계존비속이 증여받은 것으로 추정하여 증여세를 과세한다.

또한, 특수관계 있는 자에게 양도한 재산을 그 특수관계 있는 자가 당해 재산을 양수한 날부터 3년 이내에 당초 양도자의 배우자 등에게 다시 양도하는 경우에는 당초 양도자로부터 그 배우자 등이 증여받은 것으로 추정하여 증여세를 과세한다.

그러나 다음과 같이 대가를 지급한 것이 명백할 때에는 증여추정을 배제하고 양도소득세를 과세한다.

(1) 권리의 이전이나 행사에 등기나 등록을 요하는 재산을 서로 교환한 경우

(2) 당해 재산의 취득을 위하여 이미 과세(비과세 또는 감면 포함)를 받았거나 신고한 소득금액 또는 상속 및 증여재산의 가액으로 그 대가를 지급한 사실이 입증되는 경우

(3) 당해 재산의 취득을 위하여 소유재산의 처분금액으로 그 대가를 지급한 사실이 입증되는 경우

다만, 지급한 대가와 시가와의 차액이 시가의 30% 이상이거나 그 차액이 3억원 이상인 경우에는 시가와 대가와의 차액 상당을 증여받은 것으로 보아 증여세를 과세한다.

특수관계 있는 자에게 양도한 경우로서 지급한 대가와 시가와의 차액이 시가의 5% 이상이거나 그 차액이 3억원 이상인 경우에는 신고한 양도가액에 관계없이 시가로 양도소득세를 과세한다.

 **관련법령**

- 상속세및증여세법 제44조(배우자 등에게 양도한 재산의 증여추정)
- 상속세및증여세법 제35조(저가·고가양도에 따른 이익의 증여 등)

2020 재미납세자가 알아야 할 한·미 세금상식

## 94. 한국의 증여추정을 배제하는 금액은?

일정금액 이상의 재산을 취득하거나 채무를 상환한 자가 직업·연령·소득 및 재산상태 등으로 보아 자력으로 취득·상환하였다고 인정하기 어려운 경우에는 당해 재산을 취득(채무를 상환)한 때에 다른 사람으로부터 취득·상환자금을 증여받은 것으로 추정하여 증여세를 과세한다.

그러나 본인의 소득·재산 등으로 취득·상환한 사실을 입증하게 되면 증여세를 과세하지 않는다.

재산취득일 또는 채무상환일 전 10년 이내의 재산취득금액 또는 채무상환금액이 연령별 또는 재산종류별로 다음의 일정 금액에 미달하는 경우에는 자금출처조사를 하지 않는다. 다만, 그 금액에 미달하더라도 취득자금 또는 상환자금이 타인으로부터 증여받은 사실이 객관적으로 확인될 경우에는 증여세를 과세한다.

| 구 분 | 취 득 재 산 | | 채무상환 | 총액한도 |
| --- | --- | --- | --- | --- |
| | 주택 | 기타재산 | | |
| 1. 세대주인 경우 <br> 가. 30세 이상인 자 <br> 나. 40세 이상인 자 | 1억5천만원 <br> 3억원 | 5천만원 <br> 1억원 | 5천만원 | 2억원 <br> 4억원 |
| 2. 세대주가 아닌 경우 <br> 가. 30세 이상인 자 <br> 나. 40세 이상인 자 | 7천만원 <br> 1억5천만원 | 5천만원 <br> 1억원 | 5천만원 | 1억2천만원 <br> 2억5천만원 |
| 3. 30세 미만인 자 | 5천만원 | 5천만원 | 5천만원 | 1억원 |

**관련법령**

- 상속세및증여세법 제45조(재산취득자금 등의 증여추정)
- 상속세및증여세 사무처리규정 제38조(재산취득자금 등의 증여추정배제기준)

 **한국에서 무상으로 재산을 취득하더라도 증여세를 과세하지 않는 경우는?**

타인으로부터 무상으로 재산을 취득하였다 하더라도 다음과 같은 경우에는 증여세를 과세하지 않는다.

(1) 불우이웃돕기 등에 의하여 증여받은 재산

(2) 장애인이 지급받는 보험금 중에서 연간 4천만원

(3) 사회통념상 인정되는 이재구호금품, 기타 이와 유사한 것

(4) 민법상 부양의무자 상호간의 생활비, 교육비로서 통상적인 금품

(5) 학자금, 장학금 기타 이와 유사한 금품

(6) 기념품, 축하금, 부의금 등으로 통상 필요하다고 인정되는 금품

(7) 혼수용품(가사용품에 한하고 호화용이나 주택, 차량 등은 제외)

(8) 수증 받아 국외에서 반입된 물품으로서 관세의 과세가액이 100만원 미만인 금품

(9) 국가유공자의 유족이나 의사자의 유족이 증여받은 성금 및 물품

(10) 국가나 지방자치단체로부터 증여받은 재산

다만, 생활비, 유학경비 등 학자금, 교육비 등 명목으로 받은 경우에도 동 금전으로 부동산이나 주식을 취득하거나 정기예금에 저축하는 등 생활비 등의 명목으로 사용하지 않는 금전에 대해서는 증여세를 과세한다.

 **관련법령**

• 상속세및증여세법 제46조(비과세되는 증여재산)

## 96. 한국에서 증여받은 재산을 반환하는 경우 증여세가 과세되는가?

증여받은 재산을 당초 증여자에게 반환하는 경우 수증자(증여받은 자)가 결과적으로 무상 취득한 재산은 없지만, 증여재산의 반환과 재증여를 통해 증여세를 회피하는 사례를 방지하기 위하여 반환시기에 따라 당초 증여분 또는 반환분에 대한 증여세 과세문제가 다음과 같이 발생할 수 있다.

※ 증여받은 재산이 금전일 경우에는 시기에 관계없이 모두 과세

| 반환 또는 재증여시기 | 당초 증여분 | 반환 또는 재증여 |
|---|---|---|
| 증여세 신고기한 이내 | 과세제외 | 과세제외 |
| 신고기한 경과 후 3월 이내 | 과 세 | 과세제외 |
| 신고기한 경과 후 3월 후 | 과 세 | 과 세 |
| 금전(시기에 관계없음) | 과 세 | 과 세 |

다만, 당초 증여등기에 실질적 원인무효의 사유가 있어 증여등기를 말소하는 경우 및 증여받은 재산을 상속인에게 유류분으로 반환하는 경우에는 그 반환시기에 관계없이 증여세를 과세하지 아니하며, 증여세가 과세된 경우에도 환급한다.

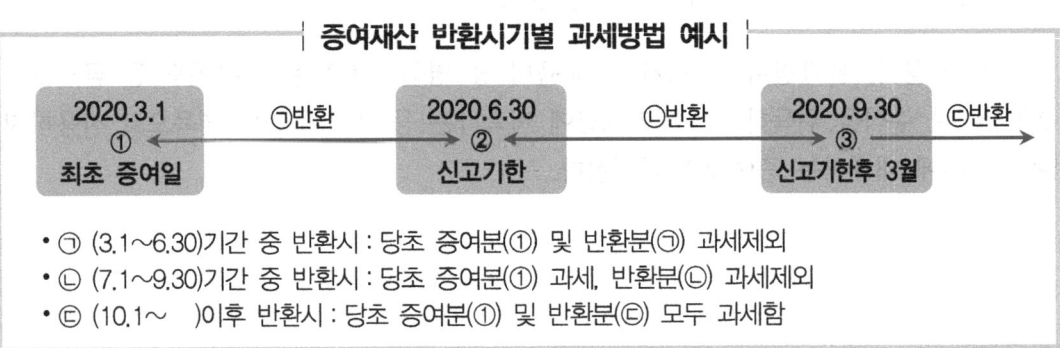

**증여재산 반환시기별 과세방법 예시**

- ㉠ (3.1~6.30)기간 중 반환시 : 당초 증여분(①) 및 반환분(㉠) 과세제외
- ㉡ (7.1~9.30)기간 중 반환시 : 당초 증여분(①) 과세, 반환분(㉡) 과세제외
- ㉢ (10.1~   )이후 반환시 : 당초 증여분(①) 및 반환분(㉢) 모두 과세함

### 관련법령

• 상속세 및 증여세법 제4조(증여세 과세대상)

 **한국 증여세는 어떻게 계산하는가?**

　증여세는 수증자가 여러 증여자로부터 시기를 달리하여 증여를 받았을 때에는 각각 증여자와 수증자별로 구분한 후 증여시기별로 증여세액을 계산하는 것을 원칙으로 한다. 단, 분산증여를 통해 누진세율을 회피하는 것을 방지하기 위해 동일인으로부터 증여받은 재산가액이 1천만원 이상인 경우에는 합산하여 과세한다.

　증여세 과세표준은 증여당시의 재산가액에 동일인(증여자가 직계존속인 경우에는 그 배우자가 증여한 것을 포함)으로부터 10년 이내에 증여받은 재산의 합계액이 1천만원 이상인 경우 종전 증여재산의 가액을 합산한 후, 여기에 증여재산공제를 하여 산출한다.

　증여세 과세표준에 세율(10%~50%, 5단계 초과누진세율)을 적용하여 산출세액을 계산한다. 자녀가 아닌 손자, 외손자 등이 증여받은 경우에는 세대생략증여에 따른 30%(수증인이 미성년자이며 증여재산가액이 20억원 초과할 경우 40%) 할증과세를 한다.

　동일인으로부터 10년 이내에 증여받은 재산의 가액을 합산하여 증여세를 산출한 경우에는 종전 증여 당시의 증여세 산출세액을 납부세액공제한다.

\* 증여세 계산사례 : 거주자인 甲(미성년자 아님)이 여러 차례에 걸쳐 아버지와 어머니 및 배우자로부터 재산을 증여받은 경우 증여시점별 부담할 증여세액은 아래와 같이 계산한다.

| 증여일 | 증여자 | 증여재산 | 합산대상 | 과세가액 | 증여공제 | 과세표준 | 산출세액 | 납부세액공제 | 납부할 세액 |
|---|---|---|---|---|---|---|---|---|---|
| 15.1.20 | 아버지 | 3억원 | - | 3억원 | 0.5억원 | 2.5억원 | 0.4억원 | - | 0.4억원 |
| 16.2.20 | 어머니 | 5억원 | 3억원 | 8억원 | 0.5억원 | 7.5억원 | 1.65억원 | 0.4억원 | 1.25억원 |
| 17.6.20 | 배우자 | 10억원 | - | 10억원 | 6억원 | 4억원 | 0.7억원 | - | 0.7억원 |
| 18.6.20 | 아버지 | 2억원 | 8억원 | 10억원 | 0.5억원 | 9.5억원 | 2.25억원 | 1.65억원 | 0.6억원 |

\* 아버지와 어머니는 동일인으로 보아 증여재산을 합산하여 증여세를 산출하고, 종전 증여 당시 증여세액 상당액을 납부세액공제한다.

 **관련법령**

- 상속세 및 증여세법 제47조(증여세 과세가액), 제55조(증여세 과세표준 및 과세최저한)

## 98. 한국 증여세의 세율은?

증여세는 다음과 같이 증여세 과세표준에 따라 5단계 초과누진세율 체계를 가지고 있다.

| 과 세 표 준 | 세율 | 누진공제 |
|---|---|---|
| 1억원 이하 | 10% | - |
| 1억원 초과 5억원 이하 | 20% | 1천만원 |
| 5억원 초과 10억원 이하 | 30% | 6천만원 |
| 10억원 초과 30억원 이하 | 40% | 1억 6천만원 |
| 30억원 초과 | 50% | 4억 6천만원 |

구체적인 증여세 산출세액 계산방법은 아래의 사례와 같다.

| 과세표준(사례) | 산출세액의 계산 |
|---|---|
| 9천만원 | 9천만원 × 10% = 9백만원 |
| 3억원 | 3억원 × 20% - 누진공제 1천만원 = 5천만원 |
| 8억원 | 8억원 × 30% - 누진공제 6천만원 = 1억 8천만원 |
| 20억원 | 20억원 × 40% - 누진공제 1억 6천만원 = 6억 4천만원 |
| 100억원 | 100억원 × 50% - 누진공제 4억 6천만원 = 45억 4천만원 |

**관련법령**

• 상속세및증여세법 제56조(증여세 세율)

 **한국은 비거주자가 증여를 받은 경우 증여재산공제를 받을 수 있는가? 거주자가 증여를 받은 경우 증여재산공제를 받을 수 있는가?**

수증자(증여를 받은 자)가 비거주자인 경우에는 증여자가 거주자인지 비거주자인지에 관계없이 증여재산공제를 받을 수 없다.

수증자가 거주자인 경우에는 증여자가 거주자인지 비거주자인지에 관계없이 10년 동안 다음에 해당하는 금액을 공제받을 수 있다.

(1) 배우자로부터 증여를 받는 경우 : 6억원

(2) 직계존속(2010.1.1 이후 증여분부터 계부모자간 증여도 동일하게 적용)으로부터 증여를 받는 경우 : 5천만원. 단, 증여받는 자가 미성년자*인 경우 2천만원
  ※ 직계비속으로부터 증여받는 경우 : 5천만원(2015.12.31. 이전에는 3천만원)
  * 미성년자 : 만 19세 미만인 자

(3) 배우자, 직계존비속을 제외한 6촌이내의 혈족, 4촌이내의 인척으로부터 증여를 받는 경우 : 1천만원(2015.12.31. 이전에는 5백만원)
  ※ 혈족 : 혈연관계가 있는 친족으로 자연혈족과 법정혈족(양자)으로 구분된다.
  ※ 인척 : 혼인으로 생기는 친족관계로 혈족의 배우자, 배우자의 혈족 등이다.

(4) 타인(위에 해당하지 않는 자)으로부터 증여를 받는 경우 : 증여재산공제 없음

**관련예규**
- 거주자 및 비거주자인 미성년자 손자녀에게 현금을 증여하는 경우 증여세 과세표준 및 연대납부의무 등(재산세과-534, 2011.11.11)
  증여재산공제는 거주자 신분으로 증여받은 재산에 한하여 적용되며 수증자가 증여자의 자녀가 아닌 직계비속인 경우에는 할증과세 하고 수증자가 증여일 현재 비거주자인 경우에는 증여자가 수증자와 연대하여 납부할 의무가 있는 것임

**관련법령**
- 상속세및증여세법 제53조(증여재산공제)

## 100. 한국 증여세는 언제, 어디에, 어떻게 신고·납부하여야 하는가?

수증자(증여를 받은 자)는 증여일이 속하는 달의 말일로부터 3개월 이내에 관할 세무서에 증여세 과세표준을 신고하고, 세금을 납부하여야 한다. 증여세 신고납부기한은 거주자와 비거주자가 동일하다.

증여세를 신고하여야 할 관할 세무서는 수증자가 거주자인가 또는 비거주자인가에 따라 다음과 같다.

(1) 수증자가 거주자인 경우 : 수증자의 주소지 관할 세무서. 단, 수증자의 주소지가 불분명한 경우에는 수증자의 거소지 관할 세무서

(2) 수증자가 비거주자이거나 주소 또는 거소 불분명한 경우 : 증여자의 주소지 관할 세무서

(3) 수증자와 증여자가 모두 비거주자이거나 주소 또는 거소가 불분명한 경우 : 증여 재산 소재지 관할 세무서

증여세 납부방법은 일시 현금납부, 분납, 연부연납이 있다.

(1) 분납 : 증여세액이 1천만원을 초과하는 경우에는 2개월 이내에서 분납(나누어 납부하는 것)이 가능하다 다만, 연부연납세액은 분납을 할 수 없다.

(2) 부연납 : 증여세액이 2천만원을 초과하는 경우에는 담보를 제공하고 5년 이내의 기간 동안 연부연납(연도별로 나누어 납부하는 것으로 매년 납부할 금액은 1천만원을 초과 하여야 함)이 가능하며, 연부연납세액에 대해서는 각 분할납부세액의 납부일 현재 국세기본법 시행령 §43의3②항에 따른 이자율('20.3.13.이후 연 1천분의 18)에 해당하는 가산금(이자상당액)을 부담해야 한다.

(3) 물납 : '16.1.1. 이후 증여분부터는 물납을 할 수 없다.

 **관련법령**

- 상속세 및 증여세법 제6조(과세관할), 제68조(증여세 과세표준신고), 제70조(자진납부), 제71조(연부연납)

## 101 미국의 증여세 납세의무는?

미국의 경우 증여세 납세의무자는 증여자이다(한국의 경우 증여세 납세의무자는 증여를 받은 수증자임). 증여자가 미국 시민권자 또는 미국 증여세법상 거주자인 경우에는 전 세계에 소재한 증여재산에 대하여 증여세 납세의무가 있고, 증여자가 비거주 외국인인 경우에는 일반적으로 미국 내에 소재하는 유형재산을 증여한 경우에만 증여세 납세의무가 있다. 증여자가 증여세를 납부하지 않으면 수증자가 대신 납부할 의무가 있다.

각 수증자에 대하여 연간 $15,000씩(Annual Gift Tax Exclusion) 증여세가 면제된다. 수증자(Donee)가 배우자로서 미국 시민권자(U.S. Citizen)인 경우에는 배우자에 대한 증여에 대하여 전액 증여세가 면제된다. 증여를 받는 배우자가 미국 시민권자(U.S. Citizen)가 아닌 외국인인 경우 $15,000의 연간 증여세 면제액(Annual Exclusion) 대신 연간 $157,000(2020년 기준)을 증여가액에서 차감해 준다.

2020년 증여세 최고세율은 40%이다.

연간 증여세 면제액을 초과하여 증여하는 경우 2020년에는 통합세액공제(Unified Tax Credit)를 활용하여 한 번 또는 여러 번에 걸쳐 증여자 1인당 평생 증여재산가액 $11,580,000까지 증여세를 납부하지 않고 증여를 할 수 있다. 증여세에서 통합세액공제를 활용하는 경우 상속세에서 사용할 수 있는 통합세액공제가 줄어들게 된다.

증여자가 미국 시민권자 또는 미국 증여세법상 거주자인 경우 수증자에게 연간 증여재산 공제액보다 많은 재산을 증여한 때 증여일이 속하는 연도의 다음 해 4월 15일까지 증여세 신고서(Form 709)를 제출해야 한다. 또한 증여재산의 가액이 연간 공제액보다 적더라도 부부가 함께 분할 증여를 한 때에는 납부할 증여세가 없더라도 증여세 신고서를 제출할 의무가 있다.

**관련법령**

- IRC §2501, 2502, 2503, 2505, 2513, 2523, 6075, 6901

## 102. Form 3520 보고의무의 내용, 보고를 하지 않을 경우의 Penalty는?

시민권자, 영주권자 등 미국세법상의 미국인은 다음의 경우에 다음 해 4월 15일까지 소득세 신고 시에 Form 3520을 제출하여 정보를 보고하여야 한다.

(1) 연간 $100,000를 초과하여 비거주자인 외국인(Nonresident Alien)으로부터 재산을 증여 또는 상속받은 경우

(2) 연간 $16,388(2020년 기준)를 초과하여 외국회사 또는 외국 Partnership 으로부터 증여를 받은 경우

(3) 외국신탁(Foreign Trust)으로부터 직접 또는 간접적으로 분배를 받거나, 외국신탁에 투자하거나, 또는 외국신탁과 거래를 한 경우

Form 3520을 제출하지 않은 경우 Penalty는 다음과 같다.

(1) 위의 (1)과 (2)에 해당하는 증여의 경우에는 신고가 지연된 월수에 대하여 매월 증여가액의 5%(최고 25% 한도)

(2) 위의 (3)에 해당하는 외국 신탁의 경우에는 외국신탁에 이전한 재산가액 또는 분배 받은 재산가액(Gross Value)의 35%

**관련법령**

- IRC §6039F(c), 6677

 **한국 거주 부모가 미국 거주 자녀에게 한국 소재 재산을 증여하는 경우 한국 또는 미국에서 증여세가 과세되는가?**

한국의 경우 거주자가 비거주자에게 국외에 있는 재산을 증여하는 경우에는 국제조세조정에 관한 법률 제21조에 의하여 증여자는 한국에서 증여세의 납세의무가 있다. 다만, 외국의 법령에 의하여 증여세가 부과되는 경우(세액을 면제받는 경우 포함)에는 증여자에게 한국에서 증여세가 과세되지 않으나 증여자와 수증자가 특수관계인일 경우에는 증여세 납세의무가 있다.

미국의 경우 증여자에게 증여세가 과세되며, 증여자가 미국 증여세법상 비거주외국인인 경우에는 증여재산이 미국에 소재한 경우에 증여세가 과세된다.

따라서 본 사례와 같이 한국 거주 부모(단, 미국시민이 아닐 것)가 미국 거주 자녀에게 한국 소재 재산을 증여하는 경우 한국에서는 수증자(자녀)에게 증여세가 과세되나, 미국에서는 증여세가 과세되지 않는다. 다만, 미국 세법상 미국인이 연간 $100,000를 초과하여 비거주자인 외국인으로부터 재산을 증여받은 경우 다음 해 4월 15일까지 소득세 신고 시에 Form 3520을 제출하여 정보를 보고하여야 한다.

 **관련법령**

- 상속세 및 증여세법 제4조(증여세 과세대상), 제4조의2(증여세 납부의무)
- 국제조세조정법 제21조(국외 증여에 대한 증여세 과세특례)

## 104. 한국 거주 부모가 미국 거주 자녀에게 미국 소재 부동산을 증여하는 경우 한국 또는 미국에서 증여세가 과세되는가?

한국의 경우 거주자가 비거주자에게 국외에 있는 재산을 증여하는 경우에는 국제조세 조정에 관한 법률 제21조에 의하여 증여자는 한국에서 증여세의 납세의무가 있다. 다만, 외국의 법령에 의하여 증여세가 부과되는 경우(세액을 면제받는 경우 포함)에는 증여자에게 한국에서 증여세가 과세되지 않으나 증여자와 수증자가 특수관계인일 경우에는 증여세 납세의무가 있다.

다만, 미국에서 증여세를 납부할 경우 그 세액은 외국납부세액으로 공제를 받을 수 있다.

미국의 경우 증여자에게 증여세가 과세되며, 증여자가 시민권자 또는 미국 증여세법상 미국거주자인 경우에는 전세계의 모든 증여재산에 대하여 증여세 보고 및 납세의무가 있으며, 증여자가 미국 증여세법상 비거주외국인인 경우에는 증여재산이 미국에 소재한 경우에 증여세 보고 및 납세의무가 있다. 증여자가 미국 비거주자인 경우에는 수증자에게 증여세 연대납세의무가 있다.

따라서 본 사례와 같이 한국 거주 부모가 미국 거주 자녀에게 미국 소재 부동산을 증여하는 경우 한국에서도 증여자인 부모에게 증여세를 과세할 수 있고, 미국에서도 증여자인 부모에게 증여세를 과세할 수 있다.

⇒ 2020년 미국은 증여세, 상속세 면제상당금액이 1,158만불임. 따라서 2020년에 미국 시민권자인 한국 거주자가 미국 증여세법상 미국거주자에게 미국 소재 9백만불 상당의 재산을 증여한다 하더라도(그리고 기존 증여한 자산이 있을 경우) 미국에서는 증여세를 납부하지 않을 수 있음

**관련법령**
- 상속세및증여세법 제4조(증여세 과세대상), 제4조의2(증여세 납부의무)
- 국제조세조정법 제21조(국외 증여에 대한 증여세 과세특례)

 **미국 거주 부모가 한국 거주 자녀에게 한국 소재 재산을 증여하는 경우 한국 또는 미국에서 증여세가 과세되는가?**

한국의 경우 수증자가 증여일 현재 한국 거주자인 경우에는 증여받는 재산의 소재지를 불문하고 전 세계 모든 증여재산에 대하여 증여세의 납세의무가 있다. 이 경우에 증여자가 거주자인가 비거주자인가에 관계없이 수증자는 한국에서 증여세 납세의무가 있다. 수증자가 거주자인 경우에는 증여재산공제가 적용된다.

미국의 경우 증여자에게 증여세가 과세되며, 증여자가 시민권자 또는 미국 증여세법상 미국 거주자에 해당하는 경우에는 전 세계 모든 증여재산에 대하여 증여세가 과세된다.

따라서 본 사례와 같이 미국 거주 부모(미국 거주자)가 한국 거주 자녀(한국 거주자)에게 한국 소재 재산을 증여하는 경우 한국에서는 수증자인 자녀에게 증여세를 과세할 수 있고, 미국에서는 증여자인 부모에게 증여세를 과세할 수 있다. 이 경우 미국에서 외국납부세액 공제를 해 주지 않으면 이중과세문제가 발생할 수 있으므로 전문가와 상의해야 한다.

 **관련법령**

- 상속세 및 증여세법 제4조(증여세 과세대상), 제4조의2(증여세 납부의무)

## 106. 미국 거주 부모가 한국 거주 자녀에게 미국 소재 재산을 증여하는 경우 한국 또는 미국에서 증여세가 과세되는가?

한국의 경우 수증자(증여를 받은 자)가 증여일 현재 한국 거주자인 경우에는 증여받은 재산의 소재지를 불문하고 전 세계 모든 증여재산에 대하여 증여세의 납세의무가 있다. 이 경우에 증여자가 거주자이든 비거주자이든 상관없이 수증자는 한국에서 증여세 납세 의무가 있다.

수증자가 거주자인 경우에는 증여재산공제가 적용된다. 또한, 외국에 소재하는 증여재산에 대하여 외국의 법령에 의하여 증여세를 부과받은 경우에는 한국에서 증여세를 계산할 때 그 부과받은 증여세에 상당하는 금액을 외국납부세액으로 공제받을 수 있다.

미국의 경우 증여자에게 증여세가 과세되며, 증여자가 시민권자나 미국증여세법상 미국거주자인 경우에는 전 세계 증여재산에 대하여 증여세가 과세된다.

따라서 본 사례와 같이 미국 거주 부모가 한국 거주 자녀에게 미국 소재 재산을 증여하는 경우 한국에서는 수증자인 자녀에게 증여세를 과세할 수 있고, 미국에서는 증여자인 부모에게 증여세를 과세할 수 있다. 이 경우에 미국에서 증여세를 납부한 경우 한국에서 증여세를 계산할 때 미국에서 납부한 세액을 외국납부세액으로 공제할 수 있다.

**관련법령**
- 상속세 및 증여세법 제4조(증여세 과세대상), 제4조의2(증여세 납부의무)
- 상속세및증여세법 제59조(외국납부세액공제)

 **미국 거주 부모가 미국 거주 자녀에게 한국 소재 재산을 증여하는 경우 한국 또는 미국에서 증여세가 과세되는가**

한국의 경우 수증자에게 증여세를 과세하며, 수증자(증여를 받은 자)가 비거주자인 경우에는 증여재산이 국내에 소재한 경우에만 증여세가 과세된다. 이 경우 수증자가 비거주자이므로 증여재산공제는 허용되지 않는다.

미국의 경우 증여자에게 증여세가 과세되며, 증여자가 시민권자 또는 미국 증여세법상 미국 거주자에 해당하는 경우에는 전 세계 모든 증여재산에 대하여 증여세가 과세된다.

따라서 본 사례와 같이 미국 거주 부모가 미국 거주 자녀에게 한국 소재 재산을 증여하는 경우 한국에서는 수증자인 자녀에게 증여세를 과세할 수 있고, 미국에서는 증여자인 부모에게 증여세를 과세할 수 있다. 따라서 이중과세문제가 발생할 수 있다.

 **관련법령**

- 상속세 및 증여세법 제4조(증여세 과세대상), 제4조의2(증여세 납부의무)

## 108. 한국 거주 부모가 한국 거주 자녀에게 미국 소재 재산을 증여하는 경우 한국 또는 미국에서 증여세가 과세되는가?

한국의 경우 수증자(증여 받은 자)가 증여일 현재 한국 거주자인 경우에는 증여받은 재산의 소재지를 불문하고 전 세계 모든 증여재산에 대하여 증여세의 납세의무가 있다.

수증자가 거주자인 경우에는 증여재산공제가 적용된다. 또한, 외국에 소재하는 증여재산에 대하여 외국의 법령에 의하여 증여세를 부과받은 경우에는 한국에서 증여세를 계산할 때 그 부과받은 증여세에 상당하는 금액을 외국납부세액으로 공제받을 수 있다.

미국의 경우 증여자에게 증여세가 과세되고, 증여자가 미국 비거주외국인인 경우에는 미국 소재 증여재산에 대하여 증여세가 과세된다.

따라서 본 사례와 같이 한국 거주 부모가 한국 거주 자녀에게 미국 소재 재산을 증여하는 경우 한국에서는 수증자인 자녀에게 증여세를 과세할 수 있고, 미국에서는 증여자인 부모에게 증여세를 과세할 수 있다. 이 경우에 미국에서 증여세를 납부한 경우 한국에서 증여세를 계산할 때 미국에서 납부한 세액을 외국납부세액으로 공제할 수 있다.

| 증여세 과세문제 |

| 증여자 | 수증자 | 증여재산 | 증여세 과세내용 | | FAQ |
| --- | --- | --- | --- | --- | --- |
| | | | 한 국 | 미 국 | |
| 한국 거주 부모 | 미국 거주 자녀 | 한국 소재 재산 | 한국 소재 재산 과세 증여자 연대납세의무 | 과세안함 | 103 |
| 한국 거주 부모 | 미국 거주 자녀 | 미국 소재 재산 | 미국 소재 재산 과세 외국납부세액 공제 가능 | 증여자에게 과세가능 | 104 |
| 미국 거주 부모 | 한국 거주 자녀 | 한국 소재 재산 | 한국 소재 재산 과세 | 증여자에게 과세 | 105 |
| 미국 거주 부모 | 한국 거주 자녀 | 미국 소재 재산 | 미국 소재 재산 과세 외국납부세액 공제 가능 | 증여자에게 과세 | 106 |
| 미국 거주 부모 | 미국 거주 자녀 | 한국 소재 재산 | 한국 소재 재산 과세 | 증여자에게 과세 | 107 |
| 한국 거주 부모 | 한국 거주 자녀 | 미국 소재 재산 | 미국 소재 재산 과세 외국납부세액 공제 가능 | 증여자에게 과세가능 | 108 |

 **영주권자 또는 시민권자가 미국의 본인 계좌에서 자금을 인출하여 한국에 송금한 후, 자녀 또는 배우자 명의로 아파트를 사는 경우 어떤 세금문제가 있는가?**

미국에 거주하는 시민권자 또는 영주권자가 미국의 본인 계좌에서 자금을 인출하여 한국에 송금한 후 그 자금으로 배우자 또는 자녀 명의로 국내 아파트를 사는 경우 배우자 또는 자녀에게 증여한 경우에 해당된다.

한국에서는 수증자인 배우자 또는 자녀에게 증여세가 과세된다. 배우자 또는 자녀가 한국 거주자인 경우에는 10년 동안 다음에 해당하는 금액을 공제받을 수 있으나(즉, 동 기준금액 이하인 경우에는 증여세가 과세되지 않는다.), 한국 비거주자인 경우에는 공제받을 수 없다.

(1) 직계존속(2010. 1. 1. 이후 계부모자 포함)으로부터 증여를 받는 경우 : 5천만원. 단, 증여받는 자가 미성년자인 경우 2천만원
(2) 배우자로부터 증여를 받는 경우 : 6억원

미국에서는 증여자가 미국 시민권자 또는 미국 증여세법상 미국 거주자인 경우 전세계 모든 증여재산에 대하여 증여자에게 증여세가 과세된다. 수증자(Donee)가 배우자로서 미국 시민권자(U.S. Citizen)인 경우에는 배우자에 대한 증여에 대하여 전액 증여세가 면제되며, 배우자가 미국 비거주자인 경우 재산공제액은 연간 $157,000(2020년 기준)까지 증여세가 면제된다. 수증자가 자녀 또는 기타의 자인 경우에는 각 수증자에 대하여 $15,000까지 증여세가 면제된다.

연간 증여세 면제액을 초과하여 증여하는 경우 통합세액공제(Unified Tax Credit)를 활용하여 한 번 또는 여러 번에 걸쳐 증여자 1인당 평생 증여재산가액 $11,580,000 (2020년 기준)을 증여세 과세가액에서 공제하는 효과가 있다. 증여세에서 통합세액공제를 활용하는 경우 상속세에서 사용할 수 있는 통합세액공제가 줄어들게 된다.

증여자가 미국 시민권자 또는 미국 증여세법상 미국 거주자인 경우 수증자에게 연간 증여재산 공제액보다 많은 재산을 증여한 때에는 증여일이 속하는 연도의 다음 해 4월 15일까지 증여세 신고서(Form 709)를 제출해야 한다.

 **관련법령**

- 상속세 및 증여세법 제4조(증여세 과세대상)

## 110. 미국에서 납부한 증여세에 대하여 한국에서 외국납부세액 공제를 받을 수 있는가?

한국 거주자가 미국 소재 재산을 증여받은 경우로서 미국에서 증여세가 과세된 경우에는 한국에서 증여세를 계산할 때 미국에서 납부한 증여세액과 아래 공제세액 중 적은 금액을 외국납부세액으로 공제받을 수 있다.

$$공제세액 = 증여세\ 산출세액 \times \frac{외국에서\ 증여세가\ 부과된\ 과세표준}{총\ 증여세\ 과세표준}$$

한편, 한국 거주자가 미국 거주자에게 미국 소재 재산을 증여하는 경우에 한국에서도 증여자에게 증여세를 과세할 수 있고, 미국에서도 증여자에게 증여세를 과세할 수 있다. 다만, 수증자가 증여자의 「국세기본법」 제2조제20호에 따른 특수관계인이 아닌 경우로서 해당 재산에 대하여 미국 법령에 따라 증여세가 부과되는 경우(세액을 면제받는 경우를 포함)에는 증여세 납부의무를 면제한다. 수증자가 증여자의 특수관계인인 경우 증여자가 국내에서 증여세를 납부하되 외국납부세액공제를 적용한다. (위 산식을 한도로 한다.) 미국의 증여세 결정·통지의 지연, 세액의 경정, 납부기간의 차이 등의 경우에는 결정통지일부터 2개월 이내 공제신청 할 수 있다.

다만, 2013.1.1.이후부터는 국외재산 중 거주자로부터 증여받은 국외 예금·적금 등 해외금융계좌에 보유된 재산이나 국내소재 재산을 50% 이상 보유한 외국법인 주식에 대해서는 해당 재산에 대하여 미국의 법령에 의하여 증여자에게 증여세가 부과되더라도 한국에서 수증자인 비거주자에게 증여세를 부과(미국에서 증여세를 납부한 경우 그 세액은 외국납부세액으로 공제)하게 된다.

**관련법령**

- 상속세 및 증여세법 제4조(증여세 과세대상), 제4조의2(증여세 납부의무)
- 상속세 및 증여세법 제59조(외국납부세액 공제)
- 국제조세조정에 관한 법률 제21조(국외 증여에 대한 증여세 과세특례)

 **영주권자 또는 시민권자가 한국에서 증여받은 재산을 처분할 경우 한국 또는 미국에서 세금은 어떻게 되는가? 처분대금을 미국으로 가지고 오는 방법은?**

비거주자가 증여받은 국내 부동산을 처분한 경우 보유기간 중 발생된 양도소득에 대하여 먼저 한국에서 양도소득세를 납부하여야 한다.

시민권자, 영주권자, 거주외국인 등 미국세법상 미국인은 일반적으로 전 세계 소득에 대하여 미국에서 납세의무가 있으므로 양도일이 속하는 연도의 다음 연도 4월 15일까지 한국에서의 부동산 양도소득을 미국 국세청에 신고하여야 한다. 이 경우 한국에서 납부한 양도소득세에 상당하는 금액을 외국납부세액으로 공제받을 수 있다.

증여받은 재산의 양도소득을 계산할 때 재산의 취득가액은 한국에서는 증여 당시의 가액(시가)으로 하게 되며, 미국에서는 증여자가 당초 취득할 당시의 가액(Transferred Basis or Carryover Basis)으로 하되, 예외적으로 증여 당시의 시가가 증여자의 세무조정 취득가액(Adjusted Basis)보다 낮고, 손실이 발생하는 경우에는 증여재산의 취득가액은 증여 당시의 시가로 한다.

영주권자 또는 시민권자가 증여받은 부동산 처분대금을 해외로 반출하려면 거래 외국환은행을 지정하고, '재외동포 재산반출 신청서', '부동산 취득신고 수리서', '부동산 매매계약서', 세무서장이 발급한 '부동산 매각자금 확인서'(확인서 신청일이 부동산 양도일부터 5년 이내인 경우에 한함)를 거래 외국환은행에 제출하여야 한다.

한편, 한국에 소재하는 재산이 동산이나 주식인 경우, 동 재산을 처분하여 발생한 양도소득에 대해서는 현행 한미조세조약상 양도자의 거주지국인 미국에서만 과세되고 한국에서의 과세는 면제된다.

 **관련법령**

- IRC §61, 1015, 7701
- Treas. Reg. §1.1015-1(a)(1).
- 한미조세조약 제16조(양도소득)

# VIII

## 한국의 해외금융계좌 신고제도 관련

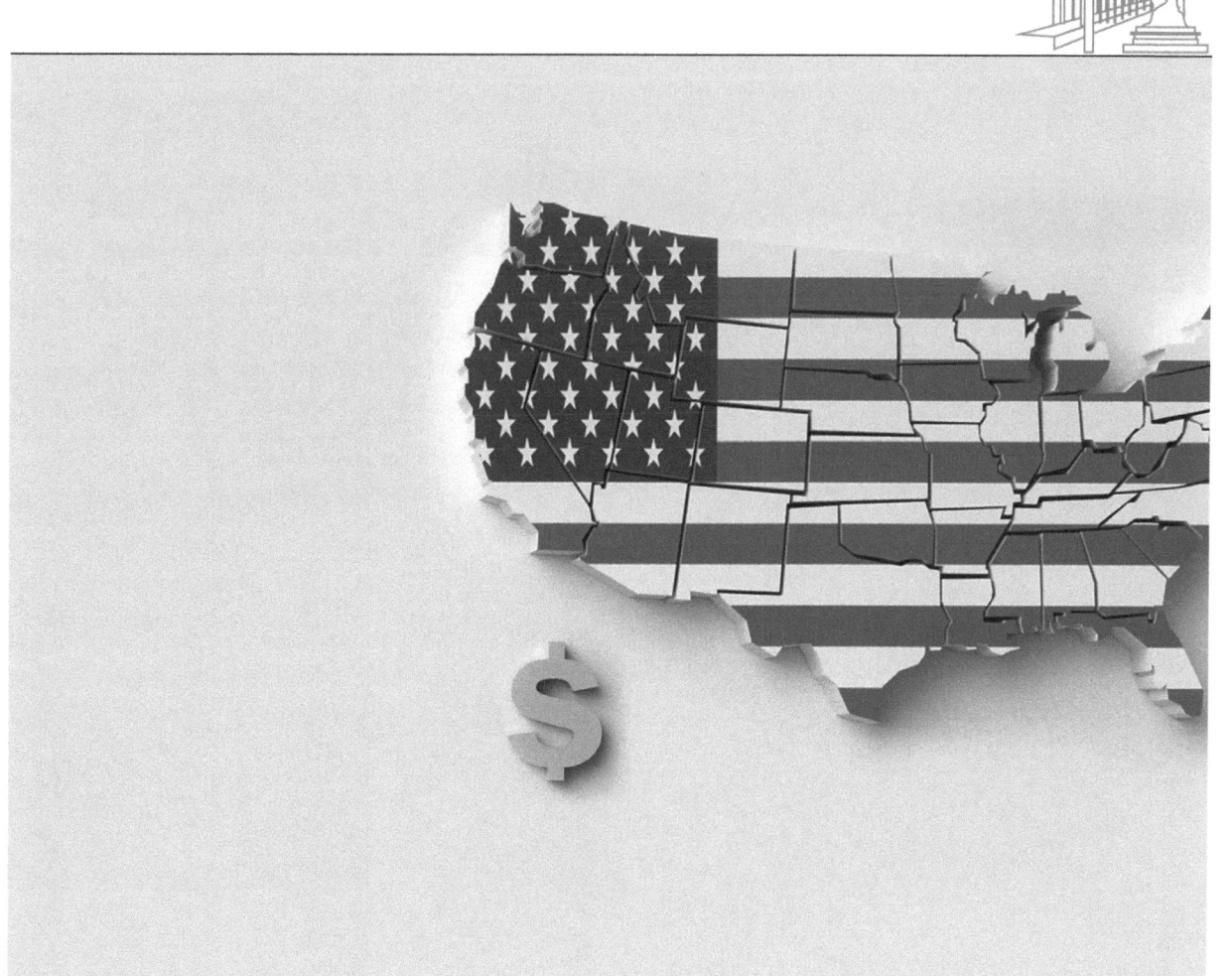

# VIII 한국의 해외금융계좌 신고제도 관련

## 112 재외국민은 어떤 경우에 신고의무가 있는가?

재외국민이라도 한국 거주자에 해당하고 해당연도의 매월 말일 중 어느 하루의 해외 금융계좌 잔액의 합이 5억원을 초과하는 경우 신고의무가 발생한다.

다만, 재외국민의 경우 해당 신고대상 연도 종료일 1년('18년 보유분까지는 2년)전부터 국내에 거소를 둔 기간의 합계가 183일 이하인 경우 신고의무가 면제된다.

> **재외국민**
> 대한민국의 국민으로서 외국의 영주권을 취득한 자 또는 영주할 목적으로 외국에 거주하고 있는 자(「재외동포의 출입국과 법적 지위에 관한 법률」 제2조 제1호)

거주자란 국내에 주소를 두거나, 183일 이상의 거소를 둔 개인을 말한다(소득세법 제1조의2).

여기에서 거소란 주소지 외의 장소 중 상당기간에 걸쳐 거주하는 장소로서 주소와 같이 밀접한 일반적 생활관계가 형성되지 아니한 장소를 의미하며 거주기간의 계산은 아래와 같이 한다.

① 국내에 거소를 둔 기간은 입국하는 날의 다음날부터 출국하는 날까지로 한다.
② 국내에 거소를 두고 있던 개인이 출국 후 다시 입국한 경우에 생계를 같이하는 가족의 거주지나 자산 소재지 등에 비추어 그 출국 목적이 명백하게 일시적인 것으로 인정되는 때에는 그 출국한 기간도 국내에 거소를 둔 기간으로 본다.

③ 국내에 거소를 둔 기간이 1과세기간 동안 183일 이상인 경우에는 국내에 183일 이상 거소를 둔 것으로 본다.

> **관련법령**
> - 국제조세조정에 관한 법률 제34조(해외금융계좌의 신고) ⑤
> - 소득세법 제1조의2(정의), 소득세법시행령 제2조(주소와 거소의 판정), 제3조(해외현지법인등의 임직원 등에 대한 거주자 판정), 제4조(거주기간의 계산), 소득세법 기본통칙 2-2-1(주소 우선에 의한 거주자와 비거주자와의 구분)

 예금계좌, 주식계좌, 채권계좌, 파생상품계좌 등 해외 금융계좌가 여러 개 있는데, 모든 해외금융계좌를 전부 신고해야 하는가?

신고대상 해외금융계좌의 범위는 예·적금 계좌 등 은행업무와 관련하여 개설한 계좌, 증권계좌, 파생상품계좌, 그 밖에 금융거래를 위해 개설한 계좌로서 해외금융회사와 금융거래를 위하여 해외금융회사에 개설한 모든 계좌가 해당된다.

따라서 질문의 예금계좌, 주식계좌, 채권계좌, 보험계좌 및 파생상품계좌 모두 신고대상 해외금융계좌의 범위에 포함된다.

즉, 해외금융계좌에 보유하고 있는 현금, 상장주식(예탁증서포함), 상장채권, 집합투자증권, 보험상품, 그밖에 모든 자산(비상장 주식·채권 등)을 신고하여야 한다.

 **관련법령**

- 국제조세조정에 관한 법률 제34조(해외금융계좌의 신고)
- 국제조세조정에 관한 법률 시행령 제50조(신고의무자의 판정기준 등)

## 114 해외자회사의 해외금융계좌 실질적 소유자 관련 최근 대법원 판례 (대법원 2019도11381, 2020. 3.12.)

완전모회사와 완전자회사는 독립적인 법인격을 가지는 것이 사실이나, 완전모회사는 그 내부 의사결정 등을 통해 완전자회사를 직접 지배·관리하게 되고, 실제로 다수의 해외법인 소유 해외금융계좌들이 완전모회사의 자금은닉 등을 위한 목적으로 이용되고 있는 실정으로…(중략)… 정부가 괄호규정을 추가한 취지도 현지 보유 해외금융계좌에 대해 내국법인이 해외지점을 개설한 경우는 신고의무를 부담하는 반면, 해외에 완전자회사를 설립한 경우는 신고의무를 부담하지 않도록 한 것이 형평에 반하기 때문…(중략)… 완전자회사를 통해 해외금융계좌를 사실상 관리하는 완전모회사를 실질적 소유자로 보아 신고의무를 부담시킬 필요성이 인정된다.

# IX

# 미국의 국적포기세 과세제도 관련

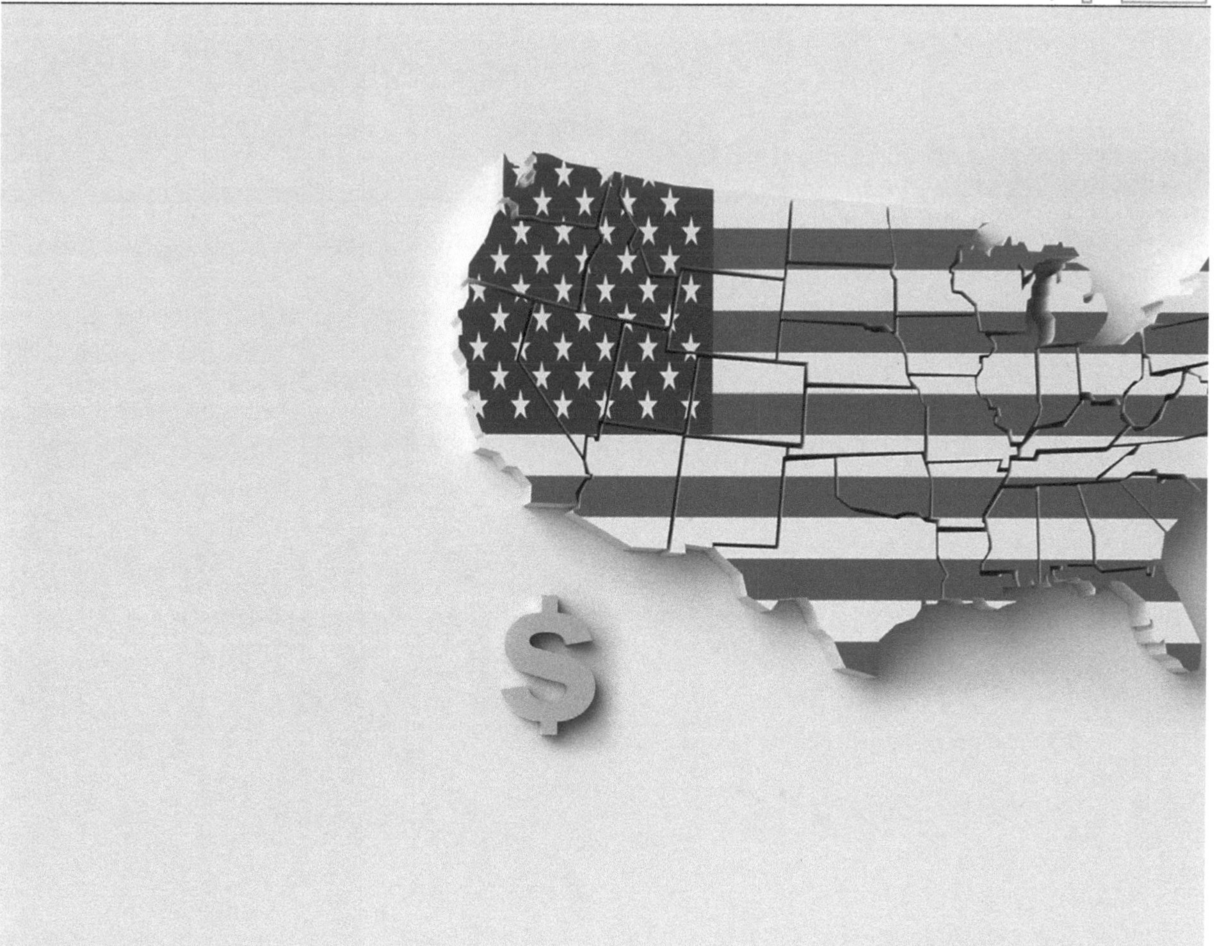

# IX  미국의 국적포기세 과세제도 관련

 외국에 있는 재산이 국적포기세 과세대상인 경우 어떠한 과세문제가 있을 수 있는가?

외국에 있는 재산이 국적포기세 과세대상이 된 경우 나중에 동 재산을 양도하더라도 당해 국가에서 취득가액을 조정할 수 없으므로 이중과세 소지가 있다. 따라서 이런 경우는 국적을 포기하면서 재산도 함께 처분하는 것이 유리하다.

**사례**

A는 미국 영주권을 포기하고 한국으로 2012년 역이민을 갔는데, 국적포기일 현재 미국에 시가 $1,000,000짜리 주택 1채(2001년 $500,000에 취득), 한국에 시가 $3,000,000짜리 상가 1동(1995년 $1,500,000에 취득)이 있었다. 이 경우 A는 주택과 상가를 국적포기일 현재 양도한 것으로 가정하여 주택 양도차익 $500,000, 상가 양도차익 $1,5000,000 합계 $2,000,000에서 $737,000을 차감한 $1,263,000의 양도차익에 대하여 미국에 국적포기세를 납부하여야 한다.

국적포기후 2020년에 A는 미국에 있는 주택을 $1,500,000에 양도하였다. 이 경우 주택이 미국에 있기 때문에 A는 비거주자로서 주택 양도소득에 대한 양도소득세를 미국에 납부하여야 하는데, 이 때 동 주택은 국적포기세가 과세된 재산이므로 국적포기일 현재의 시가 $1,000,000을 주택의 취득가격으로 보아 양도가액과의 차액 $500,000에 대해서만 양도소득세를 납부하면 된다.

A는 또 한국에 있는 상가를 $4,000,000에 양도하였다. 이 경우 A는 한국 거주자이고, 상가가 한국에 있기 때문에 한국에 양도소득세를 납부하여야 하는데, 동 상가에 대한 취득가액을 산정함에 있어서 취득당시의 가액 $1,500,000로 하게 된다. 따라서 A는 양도가액과의 차액 $2,500,000에 대하여 한국에 양도소득세를 납부하게 된다. 따라서 상가 양도차익 중 $1,500,000에 대해서는 미국의 국적포기세와 한국의 양도소득세가 이중으로 과세된다. 이중과세를 피하기 위해서는 국적포기일 이전에 재산을 미리 처분하는 것이 현명할 수 있다.

**관련법령**

- IRC §877A

# X

# 연금소득 관련

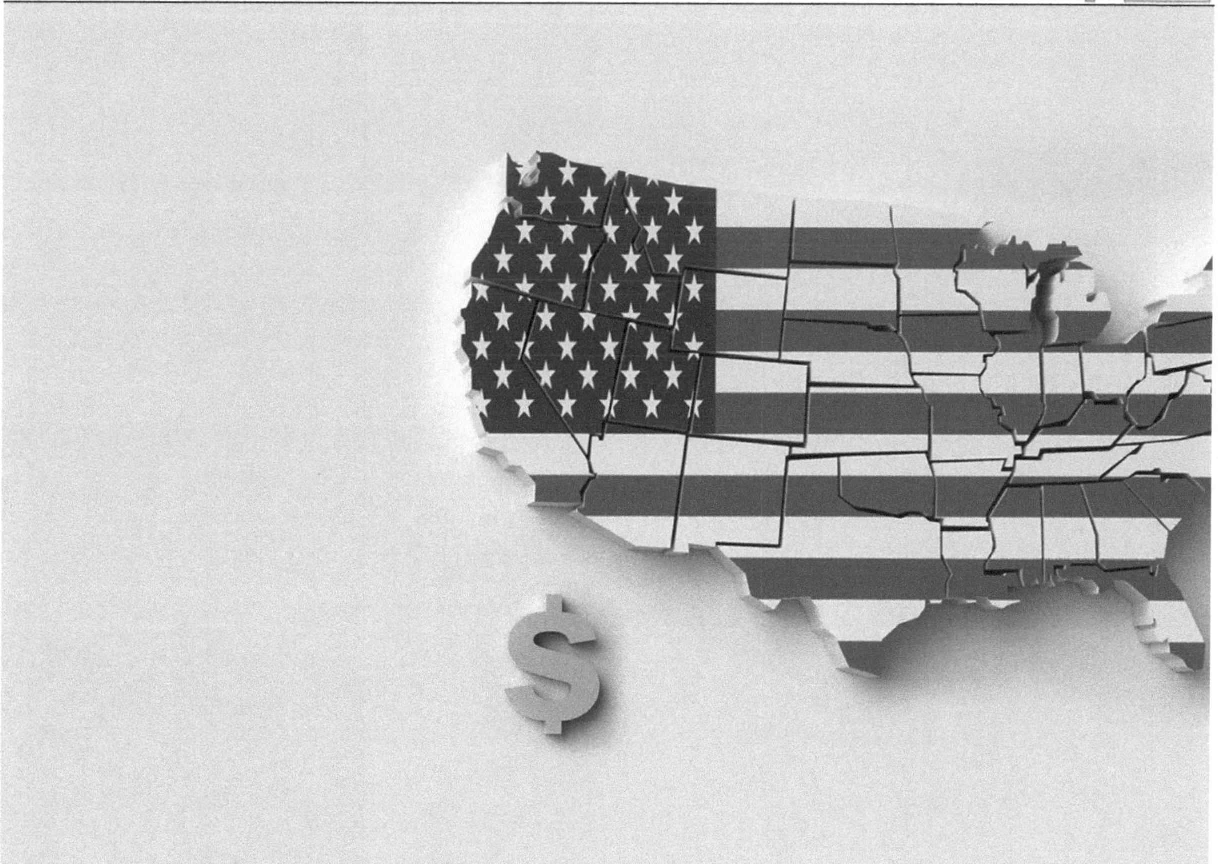

# X. 연금소득 관련

 **연금소득의 한국과 미국의 과세제도는 어떠한가?**

한국의 경우, 연금 소득자 중 총연금액(연금소득에서 제외되는 소득 및 비과세 소득 제외)이 연 600만원을 초과하는 사람은 다른 소득과 합산하여 소득세 신고를 하여야 합니다. 다만 공적연금만 있는 자로서 연말정산을 한 경우는 제외합니다.

미국의 경우 크게 다섯가지의 연금이 존재하며, 그 성격에 따라 수령시점에서 전부 혹은 일부가 과세될 수 있다.

## (1) 사회보장소득(Social Security Benefits)

사회보장소득은, 수급자가 다른 소득원이 있는 경우, 그 합산 소득의 정도에 따라 일부가 과세 될 수 있다. 합산 소득은 소득세의 납세 기준금액에 특정 비과세 소득을 더하고, 사회보장소득의 50%를 더한 금액으로 산출된다. 합산소득이 $25,000(부부합산 과세의 경우 $32,000)에서 $34,000(부부합산 과세의 경우 $44,000) 사이인 경우에는 사회보장소득의 50%까지 소득세 과세 대상에 포함되며, 합산소득이 $34,000(부부합산 과세의 경우 $44,000) 이상인 경우에는 85%까지 소득세 과세 대상에 포함될 수 있다. 다만 부부가 따로 세금보고를 하는 경우에는 사회보장 소득의 전부가 과세될 수 있다.

## (2) 연금급여소득(Retirement Benefits)

연금급여소득은 일반적으로 수급자가 연금을 수령하는 시점에 수급자의 소득으로 포함되어 과세된다. 다만, 수급자의 부담금에 해당하는 금액은 연금급여를 취득한 취득원가로 간주되어 손금산입이 가능하다.

### (3) 401(k)

401(k)의 경우 그 기여금액에 해당하는 소득에 대해서는 기여시점에서 소득세가 과세되지 않기 때문에, 수령시점에 수령금액 전액에 대해 통상 세율에 따라 과세한다. 다만 특정한 경우를 제외하고 조기 인출(59.5세 이전 인출)의 경우 통상 소득세 외에 10%의 페널티가 추가로 적용된다. 다만 코로나 19와 관련되어 조기 인출한 경우 패널티가 면제될 수 있다. CARES Act로 인한 변경 사항은 앞에 소개된 CARES Act 세법 변화 내용 중 연금 분배금에 관한 구제(Relief for Retirement Fund Distributions)를 참조.

### (4) 전통적 개인퇴직계좌(Traditional IRA)

전통적 IRA의 경우 기여금액의 일부 혹은 전부가 기여시점의 소득금액에서 공제 될 수 있으며, 소득금액서 공제된 부분에 대해서는 수령시점에서 전액 수령시점의 소득에 포함되어 과세된다. 401(k)의 경우와 마찬가지로, 조기인출(59.5세 이전)의 경우 10%의 페널티가 부과될 수 있다. 다만 코로나 19와 관련되어 조기 인출한 경우 패널티가 면제될 수 있다. CARES Act로 인한 변경 사항은 앞에 소개된 CARES Act 세법 변화 내용 중 연금 분배금에 관한 구제(Relief for Retirement Fund Distributions)를 참조.

### (5) Roth 개인퇴직계좌(Roth IRA)

Roth IRA의 경우, 기여금액이 기여시점의 소득에서 공제되지 않는다. 따라서 이미 세후 금액으로 계좌가 계설되었기 때문에 수령시점에는 기여금액의 반환에 해당하는 금액, 혹은 특정조건에 부합하는 수령금액의 경우, 추가로 소득세를 납부하지 않아도 된다.

# XI

# 기타 미국세법 관련

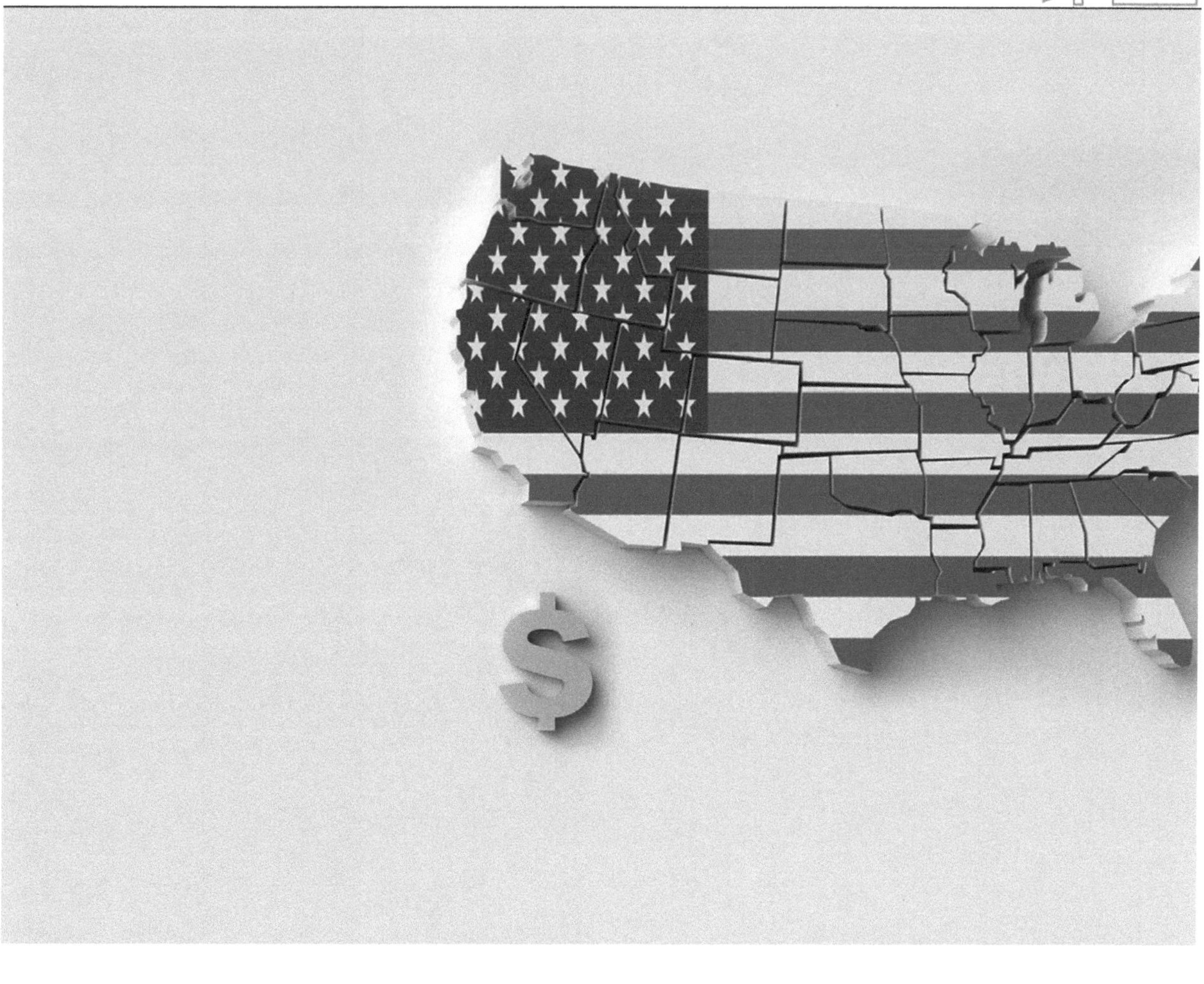

# XI 기타 미국세법 관련

 **급여보호 프로그램(Paycheck Protection Program)에 지원하는 방법은?**

SBA 7(a) lender 로 지정된 은행이나 연방보험 공사업체로 지정된 업체, 크레딧유니언, 농업협동조합 등 단체나 이 융자프로그램을 사용하도록 허가된 업체 등을 통해서 지원하면 된다.

지원서는 다음 웹사이트에서 다운로드 받을 수 있다:

http://home.treasury.gov/system/files/136/Ppaychek-Protection-Program-Application-3-30-2020-v3.pdf

지원신청서에는 다음 내용이 포함되어야 한다:

(1) 급여를 받는 직원 수와 각 직원 별 임금, IRS고용세 보고 내용 및 주 소득세, 고용세, 실업급여 보고 내용

(2) 해당되는 부동산 담보대출 모기지, 임차료 (렌트), 공과금 (수도, 전기) 증빙 서류

(3) 제출 문서의 내용이 정확하며, 탕감액을 급여보호 프로그램 지침에 따라 사용할 것이라고 확인하는 사업체 또는 조직의 대표 명의로 작정된 확인서

 고용주들을 위한 직원 유지 세액공제(Employee Retention Credit for Employers Subject to Closure Due to COVID-19)의 혜택을 받는 방법은?

자격 조건을 충족하는 고용주들은 미국 국세청 (IRS) 에 지불해야 하는 세액을 줄임으로써 급여 자금을 조달할 수 있다. 이 프로그램의 혜택을 받아 미국 국세청에 지불해야 하는 세액이 감소되었다면 Form 941(Employer's Quarterly Federal Tax Return)에 감소된 금액을 반영해야 한다.

예를 들어, 50명의 직원을 고용하고 있고, 총 $2,500,000의 급여를 지불해야 하는 고용주는 급여의 50%에 해당하는 금액($1,250,000) 중 직원당 $5,000까지 총 $250,000의 세액공제를 받을 수 있고, 만약 원래 $300,000의 연방 고용세를 내야 했다면 $250,000의 세액공제를 받아 $50,000( = $300,000 - $250,000)만 고용세로 지불하면 된다. 세액공제를 받은 $250,000에 대해서는 그 분기 Form 941에 반영하면 된다.

# XII

# 일반세무 안내

# XII. 일반세무 안내

 **119** 영주권자 또는 시민권자가 한국에 사업자등록 신청을 하려고 하는데 절차와 구비서류는?

사업자등록은 부가가치세법 제8조에 의거 사업개시일로부터 20일 이내에 등록하여야 하며, 사업개시일 전이라도 등록할 수 있다. 사업자등록 신청을 받은 세무서장은 신청일로부터 3일 이내에 사업자등록증을 신청인에게 교부하며, 사업현황 확인 등을 위하여 필요한 경우 5일 이내에서 추가 연장할 수 있고, 신청내용을 보완할 필요가 있다고 인정되는 경우 10일 이내의 기간을 정하여 보정을 요구할 수 있다.

사업자의 종류별로 다음장 표에 기재된 서류가 필요하며, 상가건물임대차보호법에 의한 확정일자*를 받고자 하는 경우 임대차계약서 원본, 임차한 사업장이 건물의 일부인 경우 해당부분의 도면이 추가로 필요하다.

* 확정일자란 임대차 계약서의 작성내용을 공증하는 행위를 말함

본인이외 대리인이 신청하는 경우 위임장(재외공관장이 공증), 대리인의 신분증이 반드시 필요하며, 관할 세무서에서는 위임자의 신분증(신분증 사본포함), 전화통화 등으로 위임의사를 확인한 후 사업자등록을 발급한다.

 **관련법령**

- 부가가치세법 제8조(사업자등록), 부가가치세법 시행령 제11조(사업자등록 신청과 사업자등록증 발급)

| 구 분 | 제 출 서 류 |
|---|---|
| 개 인 | 1. 사업자등록신청서<br>　주민등록번호란에는 외국인등록번호(없을 경우에는 여권번호)를 기재하되 여권 또는 외국인등록증 원본과 대조할 것<br>2. 사업장을 임차한 경우 임대차계약서 사본<br>3. 관허사업은 사업허가·등록·신고필증 사본<br>4. 상가건물임대차보호법 제2조제1항에 의한 상가건물의 일부분을 임차한 경우에는 해당부분의 도면<br>5. 자금출처명세서(금지금 도·소매업 및 과세유흥장소 영위자, 연료판매업, 재생용 재료판매업)<br>6. 국내거주자가 아닌 경우에는 외국인등록증(혹은 여권)원본 제시 후 사본 제출<br>7. 공동사업자인 경우 합작계약서<br>8. 납세관리인설정신고서(사업자가 국내에 6개월 이상 체류하지 않는 경우)<br>　납세관리인의 주민등록등본 또는 사업자등록증 사본 첨부 |
| 영리내국<br>법인(본점) | 1. 법인설립신고 및 사업자등록신청서<br>2. 사업장을 임차한 경우 (법인명의)임대차계약서 사본<br>3. 주주 또는 출자자 명세서<br>4. 관허사업은 사업허가·등록·신고필증 사본<br>5. 현금출자명세서(현물출자법인의 경우만 해당)<br>6. 자금출처명세서(금지금 도·소매업 및 과세유흥장소 영위자, 연료판매업, 재생용 새료판매업))<br>7. 대표자가 국내거주자가 아닌 경우에는 외국인등록증(혹은 여권) 원본 제시 후 사본 제출<br>8. 상가건물 임대차보호법 제2조 제1항에 의한 상가건물을 임차한 경우 해당부분의 도면 (상가건물의 일부분을 임차한 경우에 한함)<br>9. 외국인 투자신고서 사본 또는 외국환매입증명서 사본(외투법인인 경우)<br>※ 근거법령 : 부가가치세법 제8조, 동법시행령 제11조 제3항, 법인세법 제109조 제1항, 동법시행령 제152조 제1항, 제2항, 제4항 |

| 구 분 | 제 출 서 류 |
|---|---|
| 비영리<br>내국법인<br>본점 | 1. 법인설립신고 및 사업자등록신청서<br>2. 사업장을 임차한 경우 (법인명의)임대차계약서 사본<br>3. 관허사업은 사업허가·등록·신고필증 사본<br>4. 주무관청의 설립허가증 사본<br>5. 대표자가 국내거주자가 아닌 경우에는 외국인등록증(혹은 여권) 원본 제시 후 사본 제출<br>6. 상가건물 임대차보호법 제2조 제1항에 의한 상가건물을 임차한 경우 해당부분의 도면 (상가건물의 일부분을 임차한 경우에 한함)<br>※ 근거법령 : 부가가치세법 제8조, 동법시행령 제11조 제3항, 법인세법 제109조 제1항, 동법시행령 제152조 제1항, 제2항, 제4항 |
| 외국법인<br>국내사업장 | 1. 법인설립신고 및 사업자등록신청서<br>2. 본점의 등기에 관한 서류<br>3. 정관사본<br>4. 지점등기부등본(국내에서 수행하는 사업 활동의 성격상 한시성이 있는 경우로서 상법상 등기할 의무가 없는 경우는 제외) 또는 국내 사업장의 사업영위 내용을 입증할 수 있는 서류<br>5. 관허사업은 사업허가·등록·신고필증 사본<br>6. 임차사업자의 경우(법인명의)임대차계약서 사본<br>7. 상가건물임대차보호법 제2조 제1항에 의한 상가건물을 임차한 경우 해당 부분의 도면 (상가건물의 일부분을 임차한 경우에 한함)<br>8. 자금출처명세서(금지금 도·소매업 및 과세유흥장소 영위자, 연료판매업, 재생용 재료판매업)<br>9. 외국기업 국내지사 설치신고서 사본 (외국환거래규정 별지 제9-8호 서식)<br>10. 국내사업장을 가지게 된 날의 재무상태표<br>※ 근거법령 : 법인세법 제109조 제2항, 동법 시행령 제152조 제3항, 국세청민원사무처리규정 제49조 |

## 120. 영주권자 또는 시민권자가 한국에 양도소득세 등을 과다신고하여 경정청구하려고 하는데 어떻게 하여야 하는가? 본인이 당초 신고한 신고서 등은 어떻게 열람할 수 있는가?

과세표준신고서를 법정신고기한 내에 제출한 자는 다음에 해당하는 때에 법정신고기한이 지난 후 5년 이내에 최초 신고 및 수정신고한 국세의 과세표준과 세액(각 세법에 따라 결정 또는 경정이 있는 경우에는 해당 결정 또는 경정 후의 과세표준과 세액)의 결정 또는 경정을 관할세무서장에게 청구할 수 있다(국세기본법 제45조의2 제1항).

① 과세표준신고서에 기재된 과세표준 및 세액(각 세법에 따라 결정 또는 경정이 있는 경우에는 해당 결정 또는 경정 후의 과세표준과 세액)이 세법에 따라 신고하여야 할 과세표준과 세액을 초과할 때

② 과세표준신고서에 기재된 결손금액 또는 환급세액(각 세법에 따라 결정 또는 경정이 있는 경우에는 해당 결정 또는 경정 후의 결손금액 또는 환급세액)이 세법에 따라 신고하여야 할 결손금액 또는 환급세액에 미치지 못할 때

예를들어 2015년 귀속 양도소득세의 경우 2016.5.31이 법정신고기한 이므로 5년에 해당하는 2021.5.31까지 경정청구를 할 수 있다. 이 경우 경정청구서와 함께 계좌개설 신고서, 통장사본을 제출하면 신고한 계좌로 환급금을 받을 수 있다.

계좌개설 신고서의 환급계좌는 반드시 본인 계좌이어야 하며, 거래은행은 한국은행과 국고금 지급계약을 체결한 은행이어야 한다. 현재 한국은행은 한국에 있는 은행과 국고금 지급계약을 체결하였으며, 국내은행 해외지점이나 해외은행 국내지점 등은 해당이 없다. (예: 우리은행 뉴욕지점, HSBC 한국지점 등은 안됨)

납세자 본인이 신고한 신고서 및 부속서류(부동산양도계약서 등)는 관할세무서에 납세자 본인이 신청할 경우 신분증(재외국민등록증, 여권 등) 확인 후 사본을 제공받을 수 있다. 대리인이 신청할 경우 위임장(재외공관장이 공증)을 제출하여야 하고, 대리인의 신분증을 제시하여야 한다. 세무서에서는 납세자 본인의 위임의사를 확인한 후 신고서 사본 등을 제공한다.

**관련법령**
- 국세기본법 제45조의2 제1항(경정 등의 청구)
- 국세기본법 제81조의14(납세자의 권리행사에 필요한 정보의 제공)

## 한국에서 억울하게 부과된 세금에 대하여 어떻게 구제받을 수 있는가?

세금과 관련하여 부당한 처분을 받거나 필요한 처분을 받지 못하여 억울하다고 생각되는 경우가 있을 수 있다. 이런 경우에는 다음과 같은 제도를 이용하여 불복을 청구함으로써 침해된 권리를 구제받을 수 있다.

### (1) 행정에 의한 권리구제 제도

1) 납세자보호담당관제도

'납세자보호담당관제도'는 세금과 관련된 고충민원을 납세자의 편에 서서 적극적으로 처리해 줌으로써 납세자의 권익을 실질적으로 보호하기 위해 도입한 제도로, 이를 위해 전국의 모든 세무관서에는 납세자보호담당관이 설치되어 있다.

납세자는 국세청에서 담당하는 모든 세금과 관련된 애로 및 불편사항에 대하여 고충 또는 권리보호를 요청할 수 있는데, 예를 들면 다음과 같다.

- 세금구제 절차를 알지 못하여 불복청구 기간이 지났거나, 입증자료를 내지 못하여 세금을 물게 된 경우
- 실제로는 국내에 한 채의 주택을 갖고 3년 이상 소유한 후 팔았으나 여러 가지 사유로 공부상 기재 내용과 같지 아니하여 1세대 1주택 비과세 혜택을 받지 못한 경우
- 기타 세금관련 애로사항 발생
 납세자의 고충청구 및 권리보호 요청이 접수되면 납세자보호담당관이 책임지고 성의껏 처리해 주고 있다. 그러므로 국세와 관련된 애로사항이 있으면 가까운 세무서의 납세자보호담당관에게 상담해 보는 것이 좋다. 전국 어디서나 국번없이 126번으로 전화하여 3번을 누르면 관할 세무서 납세자보호담당관과 연결되어 친절한 상담을 받을 수 있다.

## (2) 법에 의한 권리구제 제도

### 1) 고지 전에는 과세전적부심사제도를 이용할 수 있다.

'과세전적부심사제도'는 세무조사(업무감사 및 세무조사 파생자료의 처리 포함)등을 실시하고 그 조사결과를 납세자에게 통지하거나 과세자료에 의하여 결정하는 경우에 (예상고지세액 100만원 이상) 과세할 내용을 미리 납세자에게 알려 준 다음 납세자가 그 내용에 대하여 이의가 있을 때 과세예고의 옳고 그름에 대한 심사를 청구하게 하고, 심사결과 납세자의 주장이 타당하면 세금을 고지하기 전에 자체적으로 시정하여 주는 제도이다.

'과세전적부심사'를 청구하려면 세무조사결과통지서 또는 과세예고통지서를 받은 날로부터 30일 이내에 통지서를 보낸 해당 세무서장·지방국세청장에게 청구서를 제출하여야 한다. 다만, 쟁점사항이 국세청장의 유권해석을 변경하여야 하거나 새로운 해석이 필요한 경우 및 감사지적에 의한 경우, 감사원의 시정요구에 따라 세무서장 또는 지방국세청장이 과세처분하는 경우로서 시정 요구 전에 과세처분 대상자가 감사원 지적사항에 대한 소명안내를 받지 못한 경우 및 그 외 청구세액이 10억원 이상인 경우에는 국세청장에게 제출할 수 있다. 그러면 세무서장 등은 이를 심사하여 30일 이내에 국세심사위원회의 심의를 거쳐 결정을 한 후 납세자에게 그 결과를 통지하여 준다.

### 2) 고지 후에는 다음과 같은 제도를 이용할 수 있다.

세금이 고지된 후에는 다음과 같은 권리구제 제도를 이용할 수 있다.
- 세무서 또는 지방국세청에 제기하는 '이의신청'
- 국세청에 제기하는 '심사청구'
- 국무총리실 조세심판원에 제기하는 '심판청구'
- 감사원에 제기하는 '감사원 심사청구'
- 행정소송법에 의하여 법원에 제기하는 '행정소송'

위와 같은 권리구제 절차를 밟고자 하는 경우에는 1단계로 이의신청·심사청구·심판청구·감사원 심사청구 중 하나의 방법을 선택하여 청구할 수 있으며, 1단계 절차에서 구제를 받지 못한 경우에는 2단계로 법원에 행정소송을 제기할 수 있다(다만, 이의신청을 한 경우에는 심사 또는 심판청구를 거쳐야 한다).

또한 세금이 고지된 이후의 구제절차는 반드시 고지서 등을 받은 날 또는 세금부과 사실을 안 날로부터 90일 이내에 서류를 제출해야 하며, 1단계 절차에서 권리구제를 받지 못하여 행정소송을 제기하고자하는 경우에는 결정통지서를 받은 날로부터 90일 이내에 서류를 법원에 제출하여야 한다. 만약 이 기간을 지나서 서류를 제출하면 아무리 청구이유가 타당하더라도 '각하'결정을 하므로 청구기간은 반드시 지켜야 한다(다만, 결정의 통지를 받기 전이라도 그 결정기간이 지난날부터는 행정소송을 제기할 수 있다).

**관련법령**

- 국세기본법 제55조(불복), 제81조의15(과세전적부심사)

## 122 국내 세금에 관하여 궁금한 사항이 있을 경우 상담은 어떻게 하는가? 세금에 관한 법령정보 및 일반 법령정보는 어떻게 얻을 수 있는가?

'국세청상담센터'에서는 납세자의 세법에 관한 궁금증 해소를 위하여 다음과 같이 상담서비스를 제공하고 있다.

(1) 전화 상담 : 한국국가번호(82), 제주 지역번호(64)를 누르고 국내전화 126번으로 전화한 후 음성안내멘트에 따라 상담분야를 선택하면 상담관과 연결되어 상담을 할 수 있다.

(2) 인터넷 상담 : 국세청 홈택스 인터넷 홈페이지(https://www.hometax.go.kr)를 방문하여 「상담/제보→ 인터넷 상담하기」에서 국세에 관한 궁금한 사항을 문의하면, 익일 9시부터 48시간 이내에 답변하고 있다. 다만, 인터넷 상담은 회원가입이나 PIN 번호가 있어야 상담이 가능하다.

국내 세금에 관한 법령 정보는 국세법령정보시스템(http://taxi.hometax.go.kr)을 통하여 얻을 수 있다. 국세법령정보시스템은 세무관련 법령과 예규, 심사·심판 결정례, 판례, 훈령, 고시, 서식 등 국세관련 정보를 망라하여 수록하고 있다.

일반 법령에 관한 정보는 법제처 국가법령정보센터 인터넷 홈페이지(http://www.law/go.kr)를 통하여 얻을 수 있다. 여기에는 각종 법령, 최근 입법현황, 법령 해석사례 등이 수록되어 있다.

## 123. 미국 세법에 관한 정보는 어떻게 얻을 수 있는가? 미국 일반 법령에 관한 정보는 어떻게 얻을 수 있는가?

미국 세금에 관한 법령정보는 IRS 웹사이트(http://www.irs.gov)를 통하여 얻을 수 있다. 검색창에 검색하고자 하는 법령, 서식, 간행물, 용어 등을 입력하면 미국 세금에 대한 모든 공개정보를 무료로 얻을 수 있다.

미국의 일반 법령정보는 http://www.findlaw.com 또는 http://www.law.cornell.edu에서 얻을 수 있다.

http://www.findlaw.com은 법률분야에 관하여 매우 자세한 분류체계를 가지고 있으며, 미국의 분야별 법령, 서식, 연방 및 주 법원 판례, Court Opinions 등에 관한 정보를 유료 또는 무료로 얻을 수 있다.

http://www.law.cornell.edu는 Cornell 대학교의 법률정보연구소 홈페이지이며, 미국의 법령을 잘 정리하여 제공하고 있다. US Code 전질과 미국 연방 헌법, Federal Rules of Evidence and Civil Procedure, 기타 중요한 연방 및 각 주의 법령에 관한 정보를 무료로 얻을 수 있다.

# 124 전국 세무서 연락처 및 담당구역 안내(128개)

## (1) 서울지방국세청(28)

| 세무서 명칭 | 전화번호 | 관 할 구 역 |
|---|---|---|
| 종로세무서 | 82-2-760-9200 | 종로구 전역 |
| 중부세무서 | 82-2-2260-9200 | 광희동 1,2가, 남대문로 2가, 남산동 1,2,3가, 남학동, 명동 1,2가, 무학동, 묵정동, 방산동, 신당동, 쌍림동, 예관동, 예장동, 오장동, 을지로 6,7가, 인현동 1,2가, 장충동 1,2가, 주자동, 초동, 충무로 1,2,3,4,5가, 필동 1,2,3가, 황학동, 흥인동. |
| 남대문세무서 | 82-2-2260-0200 | 남대문로 1,3,4,5가, 을지로 1,2,3,4,5가, 주교동, 삼각동, 수하동, 장교동, 수표동, 저동 1,2가, 입정동, 산림동, 무교동, 다동, 북창동, 남창동, 봉래동 1,2가, 회현동 1,2,3가, 소공동, 태평로 1,2가, 서소문동, 정동, 순화동, 의주로 1,2가, 중림동, 만리동 1,2가 충정로 1가 |
| 용산세무서 | 82-2-748-8200 | 용산구 |
| 성북세무서 | 82-2-760-8200 | 성북구 |
| 서대문세무서 | 82-2-2287-4200 | 서대문구 |
| 마포세무서 | 82-2-705-7200 | 마포구 |
| 영등포세무서 | 82-2-2630-9200 | 영등포구(대림동, 도림동 및 신길동 제외) |
| 강서세무서 | 82-2-2630-4200 | 강서구 |
| 양천세무서 | 82-2-2650-9200 | 양천구 |
| 구로세무서 | 82-2- 2630-7200 | 구로구 |

| 세무서 명칭 | 전화번호 | 관 할 구 역 |
|---|---|---|
| 동작세무서 | 82-2-840-9200 | 동작구, 영등포구 중 대림동, 도림동, 신길동 |
| 금천세무서 | 82-2-850-4200 | 금천구 |
| 관악세무서 | 82-2-2173-4200 | 관악구 |
| 강남세무서 | 82-2-519-4200 | 강남구, 신사동, 압구정동, 논현동, 청담동 |
| 삼성세무서 | 82-2-3011-7200 | 강남구(신사동, 논현동, 압구정동, 청담동, 역삼동, 도곡동 제외) |
| 서초세무서 | 82-2-3011-6200 | 서초구(잠원동, 반포동 및 방배동 제외) |
| 역삼세무서 | 82-2-3011-8200 | 강남구 중 역삼동, 도곡동 |
| 반포세무서 | 82-2-590-4200 | 서초구 중 방배동, 반포동, 잠원동 |
| 성동세무서 | 82-2-460-4200 | 성동구, 광진구 |
| 동대문세무서 | 82-2-958-0200 | 동대문구 |
| 도봉세무서 | 82-2-944-0200 | 강북구, 도봉구(창동 제외) |
| 강동세무서 | 82-2-2224-0200 | 강동구 |
| 송파세무서 | 82-2-2224-9200 | 송파구 중 송파동, 장지동, 거여동, 마천동, 가락동, 문정동, 석촌동 |
| 노원세무서 | 82-2-3499-0200 | 노원구, 도봉구 중 창동 |
| 잠실세무서 | 82-2-2055-9200 | 송파구 잠실동, 신천동, 삼전동, 방이동, 오금동, 풍납동 |
| 중랑세무서 | 82-2-2170-0200 | 중랑구 |
| 은평세무서 | 82-2-2132-9200 | 은평구 |

## (2) 중부지방국세청(23)

| 세무서 명칭 | 전화번호 | 관할구역 |
|---|---|---|
| 안양세무서 | 82-31-467-1200 | 안양시 만안구, 군포시 |
| 동안양세무서 | 82-31-389-8200 | 안양시 동안구, 과천시, 의왕시 |
| 안산세무서 | 82-31-412-3200 | 안산시 |
| 수원세무서 | 82-31-250-4200 | 수원시 장안구, 팔달구, 권선구 |
| 동수원세무서 | 82-31-695-4200 | 수원시 영통구, 화성시 일부(기배동, 화산동, 진안동, 반월동, 병점1~2동, 동탄 1~6동), 오산시 |
| 평택세무서 | 82-31-650-0200 | 경기도 평택시, 안성시 |
| 성남세무서 | 82-31-730-6200 | 성남시 수정구, 중원구 |
| 이천세무서 | 82-31-644-0200 | 이천시, 여주시, 양평군 |
| 남양주세무서 | 82-31-550-3200 | 남양주시(별내면, 별내동, 퇴계원읍, 다산1동, 다산2동, 양정동, 와부읍, 조안면 제외), 가평군 |
| 구리세무서 | 82-31-326-7200 | 구리시, 남양주시 중 별내면, 별내동, 퇴계원읍, 다산1동, 다산2동, 양정동, 와부읍, 조안면 |
| 시흥세무서 | 82-31-310-7200 | 경기도 시흥시 |
| 용인세무서 | 82-31-329-2200 | 용인시 수지구, 처인구 |
| 화성세무서 | 82-31-8019-1200 | 화성시(기배동, 화산동, 진안동, 반월동, 병점1,2동, 동탄1~6동 제외) |
| 분당세무서 | 82-31-219-9200 | 성남시 분당구 |
| 춘천세무서 | 82-33-250-0200 | 춘천시, 화천군, 양구군 |
| 홍천세무서 | 82-33-430 1200 | 강원도 홍천군, 인제군 |
| 원주세무서 | 82-33-740-9200 | 원주시, 횡성군, 평창군 중 봉평면, 대화면, 방림면 |
| 영월세무서 | 82-33-370-0200 | 강원도 영월군, 정선군(임계면 제외), 평창군 중 평창읍, 미탄면 관할 |
| 삼척세무서 | 82-33-570-0200 | 삼척시, 동해시, 태백시(태백지서 관할) |
| 강릉세무서 | 82-33-610-9200 | 강릉시, 평창군 중 대관령면, 진부면, 용평면 및 정선군 중 임계면 |
| 속초세무서 | 82-33-639-9200 | 속초시, 고성군, 양양군 |
| 경기광주세무서 | 82-31-880-9200 | 광주시, 하남시 |
| 기흥세무서 | 82-31-8007-1200 | 용인시 기흥구 전체 |

## (3) 인천지방국세청(13)

| 세무서 명칭 | 전화번호 | 관 할 구 역 |
|---|---|---|
| 인천세무서 | 82-32-770-0200 | 인천광역시 동구, 중구, 미추홀구, 옹진군 |
| 북인천세무서 | 82-32-540-6200 | 인천광역시 부평구, 계양구 |
| 서인천세무서 | 82-32-560-5200 | 인천광역시 서구 |
| 남인천세무서 | 82-32-460-5200 | 인천시 남동구 |
| 연수세무서 | 82-32-670-9200 | 인천시 연수구 |
| 부천세무서 | 82-32-320-5200 | 경기도 부천시 |
| 의정부세무서 | 82-31-870-4200 | 경기도 의정부시, 양주시 |
| 포천세무서 | 82-31-538-7200 | 포천시, 동두천시, 연천군, 철원군 |
| 고양세무서 | 82-31-900-9200 | 고양시 일산동구, 일산서구 |
| 파주세무서 | 82-31-956-0200 | 경기도 파주시 전역 |
| 김포세무서 | 82-31-980-3200 | 김포시, 인천시 강화군 |
| 동고양세무서 | 82-31-900-6200 | 고양시 덕양구 |
| 광명세무서 | 82-2-2610-8200 | 광명시 |

## (4) 대전지방국세청(17)

| 세무서 명칭 | 전화번호 | 관 할 구 역 |
|---|---|---|
| 대전세무서 | 82-42-229-8200 | 대전광역시 동구, 중구, 충청남도 금산군 |
| 서대전세무서 | 82-42-480-8200 | 대전광역시 서구 |
| 북대전세무서 | 82-42-603-8200 | 대덕구, 유성구 |
| 청주세무서 | 82-43-230-9200 | 청주시 흥덕구, 서원구, 진천군 |
| 동청주세무서 | 82-43-229-4200 | 청주시 상당구, 청원구, 증평군, 괴산군 |
| 영동세무서 | 82-43-740-6200 | 영동군, 옥천군, 보은군 |
| 충주세무서 | 82-43-841-6200 | 충주시, 음성군 |
| 제천세무서 | 82-43-649-2200 | 제천시, 단양군 |
| 공주세무서 | 82-41-850-3200 | 충청남도 공주시 |
| 논산세무서 | 82-41-730-8200 | 충청남도 논산시, 부여군, 계룡시 |
| 보령세무서 | 82-41-930-9200 | 충청남도 보령시, 서천군 |
| 서산세무서 | 82-41-660-9200 | 충청남도 서산시, 태안군 |
| 홍성세무서 | 82-41-630-4200 | 홍성군, 청양군 |
| 예산세무서 | 82-41-330-5305 | 예산군, 당진시 |
| 천안세무서 | 82-41-559-8200 | 충청남도 천안시 |
| 아산세무서 | 82-41-536-7200 | 충청남도 아산시 |
| 세종세무서 | 82-44-850-8200 | 세종특별자치시 |

## (5) 광주지방국세청(15)

| 세무서 명칭 | 전화번호 | 관할구역 |
|---|---|---|
| 광주세무서 | 82-62-605-0200 | 광주광역시 동구, 남구, 전남 화순군, 곡성군 |
| 북광주세무서 | 82-62-520-9200 | 광주광역시 북구, 장성군, 담양군 전체 |
| 서광주세무서 | 82-62-380-5200 | 광주광역시 서구 |
| 광산세무서 | 82-62-970-2200 | 광주광역시 광산구, 전라남도 영광군 |
| 군산세무서 | 82-63-470-3200 | 군산시 |
| 전주세무서 | 82-63-250-0200 | 전주시 완산구, 완주군 |
| 북전주세무서 | 82-63-249-1200 | 전주시 덕진구, 진안군, 무주군, 장수군 일부 (천천, 계남, 계북, 장계면) |
| 익산세무서 | 82-63-840-0200 | 익산시, 김제시 |
| 정읍세무서 | 82-63-530-1200 | 정읍시, 고창군, 부안군 |
| 남원세무서 | 82-63-630-2200 | 남원시, 임실군, 순창군, 장수군 일부(장수읍, 산서, 번암) |
| 목포세무서 | 82-61-241-1200 | 전라남도 목포시, 무안군, 신안군, 영암군 중 삼호읍 |
| 나주세무서 | 82-61-330-0200 | 나주시, 영암군(삼호면 제외), 함평군 |
| 해남세무서 | 82-61-530-6200 | 해남군, 완도군, 진도군, 강진군, 장흥군 |
| 순천세무서 | 82-61-720-0200 | 전라남도 순천시, 광양시, 구례군, 보성군, 고흥군 |
| 여수세무서 | 82-61-688-0200 | 여수시 |

## (6) 대구지방국세청(14)

| 세무서 명칭 | 전화번호 | 관 할 구 역 |
|---|---|---|
| 동대구세무서 | 82-53-749-0200 | 대구광역시 동구 전체 |
| 서대구세무서 | 82-53-659-1200 | 대구광역시 서구 전체, 경상북도 고령군 전체<br>대구광역시 달서구 (갈산동, 감삼동, 두류동, 본리동, 성당동, 신당동, 용산동, 이곡동, 장기동, 장동, 죽전동, 호산동, 파호동, 호림동) |
| 남대구세무서 | 82-53-659-0200 | 대구광역시, 남구, 달성군, 달서구(월성동, 대천동, 월암동, 상인동, 도원동, 진천동, 대곡동, 유천동, 송현동, 본동) |
| 북대구세무서 | 82-53-350-4200 | 대구광역시 북구, 중구 |
| 수성세무서 | 82-53-749-6200 | 대구광역시 수성구 전체 |
| 경산세무서 | 82-53-819-3200 | 경산시, 청도군 |
| 경주세무서 | 82-54-779-1200 | 경주시, 영천시 전체 |
| 포항세무서 | 82-54-245-2200 | 포항시, 울릉군 |
| 영덕세무서 | 82-54-730-2200 | 영덕군, 울진군 |
| 안동세무서 | 82-54-851-0200 | 안동시, 의성군, 군위군, 청송군, 영양군 |
| 김천세무서 | 82-54-420-3200 | 김천시, 성주군 |
| 구미세무서 | 82-54-468-4200 | 경상북도 구미시, 칠곡군 |
| 상주세무서 | 82-54-530-0200 | 경상북도 상주시, 문경시 |
| 영주세무서 | 82-54-639-5200 | 경북 영주시, 봉화군, 예천군 전지역 |

## (7) 부산지방국세청(18)

| 세무서 명칭 | 전화번호 | 관할 구역 |
|---|---|---|
| 중부산세무서 | 82-51-240-0200 | 부산광역시 중구, 영도구 |
| 서부산세무서 | 82-51-250-6200 | 부산광역시 서구, 사하구 |
| 부산진세무서 | 82-51-461-9200 | 부산광역시 부산진구, 동구 |
| 수영세무서 | 82-51-620-9200 | 부산광역시 남구, 수영구 |
| 북부산세무서 | 82-51-310-6200 | 부산광역시 강서구, 북구, 사상구 |
| 동래세무서 | 82-51-860-2200 | 부산광역시중 동래구, 연제구 |
| 금정세무서 | 82-51-580-6200 | 부산광역시 금정구, 기장군 |
| 해운대세무서 | 82-51-660-9200 | 부산광역시 해운대구 |
| 울산세무서 | 82-52-259-0200 | 울산광역시 남구, 울주군(웅촌면, 온산읍, 온양읍, 청량면, 서생면) |
| 동울산세무서 | 82-52-219-9200 | 울산광역시 중구, 동구, 북구 울주군(언양읍, 범서읍, 상북면, 삼남면, 삼동면, 두동면, 두서면) |
| 마산세무서 | 82-55-240-0200 | 창원시 마산합포구, 마산회원구, 함안군, 의령군, 창녕군 |
| 창원세무서 | 82-55-239-0200 | 창원시 성산구, 의창구, 진해구 |
| 김해세무서 | 82-55-320-6200 | 경상남도 김해시, 밀양시 전체 |
| 거창세무서 | 82-55-940-0200 | 경남 거창군, 함양군, 합천군 |
| 통영세무서 | 82-55-640-7200 | 통영시, 거제시, 고성군 |
| 진주세무서 | 82-55-751-0200 | 진주시, 사천시, 산청군, 하동군, 남해군 전체 |
| 양산세무서 | 82-55-389-6200 | 경상남도 양산시 전체 |
| 제주세무서 | 82-64-720-5200 | 제주특별자치도 |

집필·편집 :

| 주 뉴 욕 총 영 사 관 | 이 인 섭 | 세무협력관 |
| --- | --- | --- |
| 주 미 국 한 국 대 사 관 | 박 상 준 | 세무협력관 |
| 국　　세　　청 | | 국제협력담당관실 |
| Mayer Brown, LLP | JoonBeom Pae | 美 변호사 |
| | Minju Kim | 美 변호사 |

## 2020
## 재미납세자가 알아야 할
# 한·미 세금상식

초판 인쇄 2020년 10월 21일
초판 발행 2020년 10월 26일

저 자 국세청
발행인 김갑용

발행처 진한엠앤비
주소 서울시 서대문구 독립문로 14길 66 205호(냉천동 260)
전화 02) 364 - 8491(대) / 팩스 02) 319 - 3537
홈페이지주소 http://www.jinhanbook.co.kr
등록번호 제25100-2016-000019호 (등록일자 : 1993년 05월 25일)
ⓒ2020 jinhan M&B INC, Printed in Korea

ISBN 979-11-290-1766-6 (93320)　　　[정가 32,000원]

☞ 이 책에 담긴 내용의 무단 전재 및 복제 행위를 금합니다.
☞ 잘못 만들어진 책자는 구입처에서 교환해 드립니다.
☞ 본 도서는 [공공데이터 제공 및 이용 활성화에 관한 법률]을 근거로 출판되었습니다.